Janine Kunze

Geschenkte Wurzeln

Janine Kunze
mit Sabine Cramer

Geschenkte Wurzeln

Warum ich mit meiner wahren Familie nicht verwandt bin

Pendo München Zürich

Mehr über unsere Autoren und Bücher:
www.pendo.de

FSC
www.fsc.org
MIX
Papier aus verantwortungsvollen Quellen
FSC® C014496

ISBN 978-3-86612-358-8

Unter Mitarbeit von Sabine Cramer, Köln
Liedrefrain auf Seite 272 aus: »NESSAJA« (Musik: Peter Maffay, Text: Rolf Zuckowski), © Ed. 2000 Red Rooster/Musik Edition Discoton GmbH
Gesetzt aus der Minion Pro
Satz: Nadine Thiel | kreativsatz
Druck und Bindung: GGP Media GmbH, Pößneck
Printed in Germany

Für meine Kinder

Man liebt, weil man liebt.
Für die Liebe gibt es keinen Grund.
Paulo Coelho

Inhalt

Liebe Leserinnen, lieber Leser,

Ein Kind wird geboren. In eine Familie, die es mit Spannung erwartet. Mit einem Vater und einer Mutter, die es mit tief empfundener Liebe empfangen und bereit sind, ihre Zukunft liebevoll mit ihm zu teilen, das Kind zu begleiten und ihm Werte zu vermitteln. »Zwei Dinge sollen Kinder von ihren Eltern bekommen: Wurzeln und Flügel«, wie es bei Goethe heißt. Wurzeln im sicheren Wissen, wo unser Zuhause und unsere Herkunft liegen, Flügel, die uns in die Welt hinaustragen und unseren Horizont erweitern.

Das ist unsere Vorstellung davon, was ein Kind idealerweise auf dieser Welt erwarten sollte. Doch viele Kinder werden in ganz andere Situationen hineingeboren. So ging es auch mir.

Im September 2011 wurde die Bitte an mich herangetragen, ein Buch über meine Kindheit und Jugend zu schreiben. Ich hatte vorher in einer Fernsehsendung zum ersten Mal öffentlich über meine Vergangenheit als Pflegekind gesprochen und – für mich ganz überraschend – eine Flut an positiver Resonanz erhalten. Vielen Betroffenen machte meine Geschichte Mut. Andere erkannten sich in meinen Erzählungen wieder und waren erleichtert, dass jemand öffentlich erzählte, wie sich ein Kind fühlt, das in einer Welt ankommt, die nicht so recht weiß, wohin mit ihm. In einer Welt, die es zunächst nicht liebevoll empfängt.

In den kommenden Tagen folgten viele Gespräche mit meinem Mann und einigen engen Freunden. Schnell war mir klar, dass es mir ein großes Anliegen ist, ein Bewusstsein für Kinder zu schaffen, die wie ich keine idealen Startvoraussetzungen haben. Verständnis für sie und die Familien, in denen sie aufwachsen, zu stiften. Ihnen Mut zu machen. Trotzdem blieben Zweifel. Würden meine Erinnerungen für ein ganzes Buch ausreichen? Konnte ich den Erinnerungen meines neun- oder zehnjährigen Ichs überhaupt trauen?

An Vieles aus meiner Kindheit und Jugend kann ich mich nämlich gar nicht mehr detailliert erinnern. Vielleicht sind diese Lücken das Ergebnis eines Mechanismus, der mich vor schmerzhaften Erinnerungen schützt. Oft sind mir lediglich die Gefühle, die ich in den verschiedenen Situationen empfunden habe im Gedächtnis geblieben. Was genau passiert ist und wer was wann gesagt hat, weiß ich heute nicht mehr. Manchmal könnte ich noch nicht mal mit Sicherheit sagen, wer in welcher Situation anwesend war oder wo sich etwas abgespielt hat. Manchmal vermischen sich mehrere Begebenheiten im Rückblick zu einer einzigen.

Deshalb schlug ich dem Verlag vor, die Mosaiksteine meiner Erinnerung und das, was mir andere später aus meiner Kindheit erzählt haben, zu einer Geschichte zusammenzusetzen, die meinen Empfindungen entspricht, aber nicht den Anspruch erhebt, die alleinige Wahrheit zu sein.

Ich möchte mit diesem Buch niemanden bloßstellen. Ich habe heute ein wunderschönes Leben und eine großartige eigene Familie. Dafür bin ich sehr dankbar. Es gibt für mich keinen Grund, andere zu kritisieren oder zu verletzen. Ich hege keinen Groll, gegen niemanden.

Jeder Mensch denkt, fühlt und handelt anders. Ich lasse Sie teilhaben an einigen ganz persönlichen Gedanken und Begebenheiten aus meiner Vergangenheit.

Außer meinem eigenen Namen habe ich die Namen aller Personen in diesem Buch verändert, weil es mir sehr wichtig ist, die Privatsphäre derer zu wahren, die mir am Herzen liegen. Ebenso wichtig ist es mir, Verständnis für betroffene Kinder und Familien zu wecken und vor allem den Kindern eine Stimme zu geben. Deshalb erzähle ich meine Geschichte.

Danke, dass Sie sich die Zeit nehmen, mein Buch zu lesen!

Janine Kunze, im März 2013

Mutter sein

Der Sommer 2003 war einer der heißesten, an die ich mich erinnern kann. Ich liebte die Sonne, aber musste das ausgerechnet während meiner ersten Schwangerschaft sein? Seit einigen Monaten hatte ich ganz schön was zu schleppen. Jetzt schien es mir, als packte mir die Hitze zusätzlich noch mal zehn Kilo drauf. Trotz der Anstrengung genoss ich jeden Augenblick, ich war glücklich und die Sonne strahlte mir direkt ins Herz.

In der Nacht zum 28. Juli hatten die Schmerzen begonnen und ich wusste sofort, dass es losging und dass das Warten endlich ein Ende hatte. Ich war durch den Garten spaziert und hatte versucht, in der Badewanne zu entspannen. Jetzt saß ich schon seit Stunden auf diesem blöden Pezziball und versuchte, meine Schmerzen »wegzuatmen«. Aber wie zum Teufel sollte das gehen?

»Kann ich irgendetwas für dich tun?«, fragte mein Mann besorgt.

»Was hast du dir denn da so vorgestellt?«, fragte ich zurück.

»Vielleicht möchtest du etwas essen oder so?«

»Isst *du* etwas, wenn's dir total elend geht?«, giftete ich genervt.

Jetzt sah er richtig hilflos aus. In den letzten Wochen hatte ich eine völlig neue Seite an ihm kennengelernt: Unsicherheit. Sofort hatte ich ein schlechtes Gewissen. Er wollte mir ja nur beistehen und irgendwie helfen. Wir wollten ja jetzt alles gemeinsam machen. Das hatten wir uns vor gerade mal etwas mehr als einem Jahr versprochen, auf unserer wundervollen Hochzeit. Aber hier musste ich jetzt wirklich alleine durch, daran ließ sich einfach nichts ändern.

So weh mir gerade alles tat, so anstrengend es gerade war und so sehr ich mir auch wünschte, alles hinter mir zu haben, so sehr freute ich mich auch über jede Wehe. Oder redete mir das zumindest ein. Ein bisschen Autosuggestion war ein gut gemeinter Rat von meiner Hebamme gewesen. Aber eigentlich hatte sie recht, denn jede Wehe brachte mir ja das von uns ersehnte neue Leben ein Stück näher.

Die letzten Monate waren geprägt gewesen von vielen widersprüchlichen Gefühlen: Angst, Sorgen, Ungewissheit, aber vor allem von einer unbändigen Vorfreude und tiefer Liebe, wie ich sie zuvor noch nie empfunden hatte. Etwas Neues kam auf uns zu. Ich hatte mir mein Leben so hart erarbeitet, und jetzt würde es komplett umgekrempelt werden. Aber ich hatte keine Angst, sondern konnte es kaum noch aushalten vor Spannung und Neugier. Ich war glücklich, voller Tatendrang und vor allem voller Kraft, wie ich das selten erlebt hatte. Die Sonne schien. Ich war bereit für einen Neuanfang. Ich war bereit für ein neues Leben. Ich war bereit für mein Kind! Das ich niemals wieder hergeben würde.

Zwei Welten

Das Schönste im Leben ist, dass unsere Seelen nicht aufhören, an jenen Orten zu verweilen, wo wir einmal glücklich waren.
KHALIL GIBRAN

»Hey, Janine, der Ball ist heiß, gleich treff ich dich!« Markus holte weit aus, als könnte er die Wucht des Aufpralls damit steigern. Gar nicht so einfach mit einem Softball.

Ich grinste.

»Du kriegst mich niemals! Dazu müsstest du ja zielen können«, rief ich und strich mir eine Haarsträhne aus dem Gesicht. Ich wollte gewinnen, auch wenn die Lage im Moment eher aussichtslos war. Ich hatte diesmal die Loser-Mannschaft erwischt und nur noch Claudi und ich standen auf dem Feld. Alle anderen waren »Geister« und mussten außerhalb des Feldes bleiben, das wir mit weißen Kreidesteinen auf den Asphalt gemalt hatten. Markus zielte, warf, und mit einer blitzschnellen Bewegung nach rechts drehte ich mich dem Ball entgegen.

»Gefangen! Gefangen!«, triumphierte ich und hüpfte mit dem Ball in der Hand auf und ab, als wäre ich ein Flummi.

»Blöde Kuh!«, sagte Markus.

Er ärgerte sich schwarz. Ich war zwar gerade erst neun geworden, aber im Völkerball war ich auch für die Älteren kaum zu schlagen. Markus war schon zehn und ging in die vierte Klasse. Ich ging in die dritte. Markus fand es blöd, dass ich ihm immer entwischte, und dachte sich ständig neue Beschimpfungen für mich aus. Aber das war mir egal, solange ich gewann. Meine Mannschaft jubelte. Völkerball war das Beste überhaupt. Mein absolutes Lieblingsspiel.

Seit einer Woche waren Osterferien. »Kaum zu glauben, wie warm es schon ist. Dabei ist doch erst Ende März!«, sagte Mama ungefähr zehn Mal am Tag. In unserer Straße gab es nur noch eins: Völkerball spielen, bis die Laternen angingen und unsere Mütter uns zum Abendessen riefen. Alle Kinder wohnten in einem der Reihenhäuser, die eigentlich alle gleich aussahen: Jägerzaun, Vorgarten, Haustür mit Vordach, zwei Fenster unten, zwei Fenster oben, rote Dachziegel. Bei manchen hatte das Vordach Ziegel, bei anderen war es aus gewelltem Glas. Manche Häuser waren grün, andere braun und wieder andere weiß. Das waren die einzigen Unterschiede. Hinten hatten wir alle noch einen kleinen Garten und eine Terrasse, auf der wir manchmal mit den Nachbarn grillten. Auf der Straße parkten ein paar Autos. Außer unseren Eltern, unseren Verwandten und Bekannten fuhr hier niemand rum. Es gab hier auch keine Läden. Nur jede Menge Reihenhäuser, Gärten und Garagen. Wir konnten die ganze Straße als Spielfeld benutzen.

Mist, Claudi war getroffen und zum Geist geworden! Jetzt hing alles an mir. Vor Spannung kribbelte es in meinen Fingern.

»Ach du Scheiße, schaut euch den Wagen an!«, rief Tobias plötzlich und starrte mit offenem Mund die Straße hinunter. Die anderen Kinder folgten seinem Blick. Langsam näherte sich ein goldbrauner Porsche. Cabrio. Mit offenem Dach, obwohl es doch noch gar nicht Sommer war. Er passte in diese Siedlung wie ein Pfau in einen Ententeich, dachte ich und wandte mich ab. Wie aus einer anderen Welt.

»Getroffen! Getroffen!« Markus jubelte, als der Softball mich am Rücken traf. Aber keiner beachtete ihn. Ich drehte mich um und streckte ihm die Zunge raus. »Blödmann!«, sagte ich.

Alle anderen Kinder beobachteten den Porsche. Er hielt direkt neben unserem Spielfeld. Der Fahrer hatte den Ellenbogen auf den Türrahmen gelehnt. Er hatte braunes Haar, das hinten im Nacken etwas länger war, und trug einen Schnauzbart. Außerdem eine Sonnenbrille mit großen, tropfenförmigen Gläsern, die oben etwas dunkler getönt waren als unten. Neben ihm saß eine wunderschöne blonde Frau. Sie stieg aus dem Wagen. Ihre endlos langen Beine steckten in hochhackigen, spitzen Schuhen und schwarzen Strumpfhosen. Sie trug einen türkisfarbenen Minirock, eine enge Bluse und riesige pinkfarbene Plastikohrringe. Sie sah umwerfend aus.

»Deine Mutter sieht toll aus!«, sagte Claudi.

»Jaaa, na ja, geht so«, murmelte ich. »Können wir jetzt weiterspielen?«

Keiner antwortete. Einerseits fand ich es cool, dass meine Freunde meine Mutter so super fanden. Sie war ganz anders als alle unsere anderen Mütter. Ganz anders als Mama. Andererseits konnten wir jetzt nicht mehr weiterspielen. Ich zumindest nicht. Das ärgerte mich. Ich musste aufhören, das zu tun, was mir Spaß machte. Wozu ich richtig Lust hatte. Was ich am liebsten tat. Um das zu tun, was *sie* gerne tat. Denn es war mal wieder so weit: Irgendjemand hatte bestimmt, dass ich dieses Wochenende bei meiner Mutter verbringen würde. Letzten Sonntag hatte ich Geburtstag gehabt und war neun Jahre alt geworden. Am Montag hatte mich meine Mutter abgeholt und wir waren zusammen mit ihren beiden Cousinen italienisch Essen gegangen.

Sie hatte mir das Barbie-Pferd geschenkt, das ich mir gewünscht hatte. Und dazu eine Crystal Barbie, die hatte ein weißes, glitzerndes langes Kleid an, Diamantenohrringe und einen Tüllumhang. Und eine Skipper, Barbies jüngere Schwester. Danach hatte sie keine Zeit mehr gehabt, deshalb hatte sie mich wieder nach Hause gefahren. Obwohl ja eigentlich gerade Osterferien waren und ich auch bei ihr hätte schlafen können, weil am nächsten Tag keine Schule war. Das ging aber nicht, deshalb holte sie mich heute am Freitag noch einmal ab.

»Janine, Schätzchen, komm, trödel nicht! Sag schnell Tschüss zu deiner Mama und dann lass uns fahren. Wir müssen um sechs zu Hause sein, später kommen meine Freundinnen zu Besuch. Ach ja, das hier ist übrigens Ralf.« Sie deutete auf den Fahrer des Porsche. Ich lief schnell nach Hause und sagte Mama Bescheid, dass sie da war.

»Vergiss deine Jacke nicht, Maus. Es soll kalt werden morgen.« Mama drückte mich ganz fest und gab mir einen Kuss.

»Ich hab dich lieb«, sagte sie leise an meinem Ohr.

In der Zwischenzeit hatten sich alle Kinder um das Auto geschart. Die Jungs starrten wie gebannt auf den Sportwagen. Die Mädchen auf den Minirock meiner Mutter. Sie lächelte wie in einem Modekatalog. Und auch ich musste jetzt lächeln. Meine Mutter war cool. Voll cool.

Papa kam gerade zurück vom Joggen. Ich sah ihn eine Seitenstraße vor unserer noch einmal abbiegen. Er hatte wohl keine Lust, meine Mutter zu treffen, und lief noch eine Runde länger.

Der Porsche beamte uns von Köln-Frechen in eine andere Welt. Ralf hatte auf der Fahrt fast nichts gesagt und sich vor dem Haus schon wieder von uns verabschiedet. Ich wusste nicht, ob ich ihn überhaupt noch einmal zu Gesicht kriegen würde.

Bei meiner Mutter war alles anders als zu Hause: bunter und glänzender als bei uns. Ihre Wasserhähne waren golden und verschnörkelt. Die Hebel, an denen man drehen musste, damit Wasser herauskam, hatten die Form von kleinen Flügeln. Ich mochte es, mit den Fingern an den Schnörkeln entlangzufahren. Ihre Wohnung war kleiner als unser Haus, aber sie hatte einen sehr großen Kleiderschrank und war die einzige Frau, die ich kannte, die immer Stöckelschuhe trug. Niemand in unserer Siedlung trug Stöckelschuhe. Nicht einmal zu Weihnachten.

In ihrer Wohnung gab es einen großen Raum, der Wohn- und Esszimmer zusammen war. An der Seite, wo es zur Küche ging, stand ein runder Esstisch aus Glas, um den sechs glänzende Metallstühle passten. An der Wand hing ein Foto von einem Sonnenuntergang, vor dem sich die Umrisse eines schwarzen Vogels abzeichneten, der am Himmel kreiste. Gegenüber hingen Bilder, die nur aussahen wie Fotos, in Wahrheit aber gemalt waren. Auf einem war eine knallrote Kirsche, die gerade mit einem großen Platsch in einen rosa Cocktail fiel. Im Wohnzimmer hatte sie noch eine weiße Couch, in die man sich richtig tief reinlümmeln konnte. Und einen Couchtisch aus einem weißen, glatten Stein, der sich immer kühl anfasste.

Sie hatte auch einen Pudel. Er hieß einfach nur »Pudel« und trug meistens ein Halsband mit Strasssteinen. Ich mochte ihn überhaupt nicht.

Etwas unschlüssig folgte ich ihr ins Schlafzimmer und setzte mich auf ihr riesiges, weiches Bett.

»Janine-Schätzchen, soll ich dich schminken?«

»Mhm, gerne«, murmelte ich. Schminken mochte ich.

»Und morgen gehen wir erst mal einkaufen. Dann kauf ich dir ein paar tolle T-Shirts. Pink würde dir sicher besser stehen als dieses Dunkelblau, in dem du da rumläufst. Das ist doch total langweilig und trist!«

»Okay«, sagte ich. Ich liebte mein dunkelblaues T-Shirt. Immerhin hatte es eine gelbe Blume auf der Brusttasche. Mama hatte es mir erst vor ein paar Wochen zu meinem neunten Geburtstag geschenkt.

Sie nahm ein pinkfarbenes Lipgloss von der Frisierkommode und setzte sich vor mich auf einen Hocker. Ganz konzentriert guckte sie auf meine Lippen, während sie sie anmalte. Ich kannte niemanden, der so lange Wimpern hatte wie sie. Heute hatte sie knallblaue Wimperntusche genommen. Ihre Augen sahen immer aus wie Sterne.

Jetzt kam der Kajal – ich musste nach oben schauen und sie schob mit einem Finger leicht das Lid nach unten und malte einen Strich in die Innenseite über die Wimpern. Ich musste blinzeln, aber ich wusste, gleich würde ich wunderschön aussehen.

Sie lehnte sich zurück und sah mich prüfend an: »Wenn du groß bist, siehst du mal genauso aus wie ich. Gefällt dir das? Findest du mich schön?«

»Ja, klar!« Was für eine Frage! Sie war die schönste Frau, die ich kannte. Und die alle anderen Kinder in der Siedlung kannten.

Lächelnd drehte sie sich zur Frisierkommode um und zog die Schmuckschublade heraus.

»Guck mal, was hältst du von der Strasskette? Damit wirst du aussehen wie meine kleine Prinzessin!«

Sie hielt mir eine Kette mit tausend funkelnden Steinen vor die Nase. Ich wusste, sie hatte recht: Damit würde ich aussehen wie eine Prinzessin. Oder wie Crystal Barbie.

»Danke«, sagte ich.

Nach dem Schminken bestellten wir bei einem Lieferservice Spaghetti Bolognese. Sie schmeckten lecker. Nudeln waren mein Lieblingsessen. Bei meiner Mutter gab es eigentlich immer Nudeln. Manchmal auch Pizza. Beim Essen erzählte mir meine Mutter, was wir am nächsten Tag machen würden:

»Morgen fahren wir mit dem Taxi in die Stadt, das machst du doch so gerne! Ich will mir ein paar neue Schuhe kaufen und dazu eine passende Handtasche. Du bekommst etwas Schönes von Esprit oder Benetton, ja?«

»Ja, super!«, sagte ich. Mit dem Taxi fahren war toll, trotzdem musste ich ganz kurz an die anderen Kinder denken, die morgen wieder Völkerball spielen konnten.

Als wir aufgegessen hatten, klingelte es. Ich rannte zur Tür. Davor standen Muttis beste Freundinnen: Petra, Sandra und Renate. Die drei waren oft zu Besuch, manchmal brachte Petra mir irgendein Spielzeug mit.

»Hallo, Janine!«, begrüßte mich Petra und streichelte mir über den Kopf. Ich mochte es nicht so richtig, wenn mir jemand über den Kopf streichelte. Aber ich sagte lieber nichts.

»Sie ist dir wirklich wie aus dem Gesicht geschnitten. Total süß!«, sagte Petra zu meiner Mutter und tat dabei so, als würde sie sie auf beide Wangen küssen.

Die Frauen setzten sich an den großen Esstisch. Meine Mutter goss jeder ein Glas Wein ein und stellte Chips, Erdnussflips und Salzstangen auf den Tisch. Ich wollte mich gerade auf einen der beiden freien Stühle setzen, da sagte sie: »Janine-Schätzchen, schau doch ein bisschen Video! Ich hab viele neue Filme da, such dir was aus!«, und deutete lächelnd auf die Couch und den Fernseher im Wohnzimmer.

Super! Videoschauen fand ich toll. Ich hüpfte zu dem Schränkchen, auf dem der Fernseher stand. In den Fächern darunter waren wie immer die neu ausgeliehenen Videos. Sofort hatte ich den besten Film gefunden. Ich schnappte mir die Kassette und hielt sie in die Höhe.

»Darf ich Rocky gucken?«, fragte ich vorsichtig. Ich wusste genau, dass Rocky ein Film für Erwachsene war. Zu Hause würden sie mir das nie erlauben. Egal, wie sehr ich darum bitten würde. Aber immerhin war ich ja jetzt schon neun.

»Ja, klar! Du weißt doch, du darfst gucken, was du willst!«, rief meine Mutter von der Essecke rüber. »Und jetzt lass uns ein bisschen quatschen, ja?«

Ich legte den Film in den Videorekorder, kuschelte mich auf die Couch und drückte auf die Fernbedienung. Plötzlich berührte mich etwas am Fuß. Ich guckte nach unten. Oh Mann, der Pudel!

»Na komm, hüpf hoch!«, forderte ich ihn auf und tätschelte auf den Platz neben mir. Doch der Pudel schaute nur ratlos aus seinen kleinen Augen und trottete wieder zurück ins Esszimmer.

Pflegekind

Alles, was man vergessen hat,
schreit im Traum um Hilfe.
ELIAS CANETTI

Alles ist nass und kalt. Ich fühle mich so unwohl. So allein. Ich bin so furchtbar traurig. Niemand versteht mich, niemand ist da. Ich bin ganz allein in diesem Zimmer. Ich höre niemanden. Warum bin ich so allein? Ich friere so sehr. Und ich habe Hunger. Ich schreie, aber niemand kommt. Warum hört mich niemand? Ich schreie lauter und noch lauter und so laut ich überhaupt kann …

»Janine, wach auf! Was ist denn los? Hast du wieder schlecht geträumt, Maus?«

Ich machte schnell die Augen auf und sah mich um: Um mich herum war die hellblau-weiße Wolkentapete meines Zimmers. Gott sei Dank, ich war zu Hause in meinem Bett! Ich sah in das Gesicht meiner Mama, die sich über mich beugte. Ihre kühle Hand strich über meine Stirn. Zwischen ihren Augenbrauen war eine Falte, die da sonst nicht war.

Ich war so erleichtert, sie zu sehen, aber ich konnte ihr das nicht sagen. Meine Kehle war wie zugeschnürt. Die Tränen liefen mir von ganz alleine aus den Augen und ich musste dauernd nach Luft schnappen. Ich konnte gar nichts dagegen tun.

Sie nahm mich in die Arme, drückte mich und sagte: »Ach Schatz, es ist doch alles gut. Beruhige dich doch.«

»Ja, ich weiß, Mama«, schluchzte ich mühsam und setzte mich langsam auf. Es war sicher nur, weil ich wieder krank geworden war nach dem Wochenende bei Mutti. Ich hatte die ganze Zeit gefroren und geschwitzt gleichzeitig. Zwei Tage lang. Heute war es mir eigentlich schon wieder besser gegangen. Es waren doch Ferien. Und morgen wollte ich zu Oma. Ich hatte keine Lust mehr, krank zu sein und blöde Sachen zu träumen!

Wir setzten uns nebeneinander auf den Bettrand, sie legte den Arm um meine Schulter und wiegte uns beide sanft hin und her. Hin und her. Langsam hörte mein Herz auf, so laut zu pochen, und ich konnte wieder normal atmen.

»Mama, warum träume ich das immer? Ich will das nicht mehr träumen! Woher kommt das denn? Kannst du nicht machen, dass das aufhört?« Mama wusste doch alles, konnte sie denn nichts gegen diesen schrecklichen Traum tun?

»Ach Mäuschen, ich weiß es doch auch nicht. Das ist alles eine lange und schwierige Geschichte«, sagte sie leise.

»Was meinst du damit?«, fragte ich vorsichtig. Warum war sie plötzlich so komisch?

Mama antwortete nicht.

Nach einer langen Pause sagte sie: »Vielleicht erinnerst du dich in deinen Träumen manchmal daran, wie es war, bevor du zu uns gekommen bist.« Sie guckte an die Decke.

»Wieso bevor ich zu euch gekommen bin? Ich war doch immer bei euch!«, rief ich. Klar, ich wusste, dass ich nicht in Mamas Bauch gewesen war, so wie Kerstin und Anne, meine beiden großen Schwestern, und Stefan, mein kleiner Bruder. Ich kam aus dem Bauch meiner Mutter, die mich manchmal am Wochenende abholte. Aber sonst war ich immer bei Mama, Papa, Anne und Kerstin gewesen. Zumindest konnte ich mich an nichts anderes erinnern. Als ich zwei Jahre alt war, kam noch Stefan dazu, mein kleiner Bruder, den Mama geboren hatte, genauso wie Kerstin und Anne. Aber das war doch alles ganz normal, was hatte das mit diesem blöden Traum zu tun?

»Du weißt doch, dass nicht ich dich geboren habe, sondern deine Mutter, oder? Und dass du gleich danach zu uns gekommen bist?«

Ich nickte. »Klar.«

Sie lächelte. »Weißt du, wann wir uns das erste Mal gesehen haben?«

Ich schüttelte den Kopf.

»Da warst du sechs Tage alt. Ein ganz kleines, süßes Baby. Du warst bei einer anderen Familie, aber dort ging es dir nicht so gut. Die Leute vom Jugendamt hatten Papa und mich angerufen und gefragt, ob wir uns vorstellen könnten, diesmal ein Kind für länger zu nehmen. Sie sagten: ›Wir haben hier ein Kind, für das wir dringend eine Familie suchen. Die Mutter will es aber nicht zur Adoption freigeben, sondern nur auf unbestimmte Zeit in eine Pflegefamilie.‹ Wir hatten vorher ja schon manchmal Pflegekinder auf Zeit gehabt.« Mama sah mich nicht an, als sie das erzählte.

»Warum sind die denn nicht auch für immer bei euch geblieben?«, fragte ich, um ihre Gedanken zu unterbrechen. Dass es vor mir schon andere Pflegekinder bei Mama und Papa gegeben hatte, war irgendwie komisch.

»Wir haben nur in Notfällen ausgeholfen«, sagte sie und sah mich wieder an, »wenn die Mutter auf Kur war oder im Krankenhaus und sie nicht wusste, wo das Kind in dieser Zeit bleiben sollte.«

»Die Kinder mussten dann wieder zurück zu ihrer anderen Mutter?«

»Ja, so war das ja von Anfang an abgemacht.«

Mir kam plötzlich ein schrecklicher Verdacht. Obwohl ich mich fast so sehr vor der Antwort fürchtete wie vor dem bösen Traum, fragte ich: »Und was habt ihr für mich abgemacht?«

Meine Mama antwortete lange nichts. Dann erzählte sie einfach weiter: »Als wir dich bei der anderen Familie besucht haben, war ich sehr traurig. Im Flur habe ich angefangen zu weinen und zu Papa gesagt: ›Wir können sie doch nicht hierlassen, wir müssen sie doch mitnehmen!‹ Aber das ging natürlich nicht so schnell. Deine Mutter wollte sich noch von dir verabschieden. Trotzdem war ich mir in dem Moment ganz sicher, dass du zu uns gehörst und wir dich zu uns nehmen werden. Abends haben wir lange darüber diskutiert. Auch mit Oma Anna.«

»Warum habt ihr denn so lange diskutiert? Wenn ihr mich doch eigentlich gleich mitnehmen wolltet?« Hatte ich irgendetwas verpasst? Oder nicht verstanden?

Meine Mama sah mich lange schweigend an. Wieder war da diese Falte zwischen ihren Augenbrauen.

»Das erzähl ich dir, wenn du größer bist, mein Schatz. Schlaf jetzt wieder. Ich bleibe noch hier sitzen, bis du eingeschlafen bist, dann kommt der böse Traum nicht wieder, ja?«

Ich legte mich wieder unter die Decke, nahm Cheeta, das kleine Steiff-Äffchen, das mir meine Oma geschenkt hatte, in den Arm und machte die Augen zu. Plötzlich kam mir ein Gedanke und ich setzte mich wieder auf:

»Mama, musste meine Mutter eigentlich auch ins Krankenhaus? Oder auf Kur?«

Sie streichelte mir über den Kopf und sagte nur: »Schlaf jetzt, Mäuschen, morgen willst du doch mit Oma in den Zoo gehen. Da kriegst du ja kein Auge auf, wenn wir heute die ganze Nacht verquatschen. Gute Nacht.«

»Gute Nacht, Mama.«

Oma

Die Liebe allein versteht das Geheimnis,
andere zu beschenken und dabei selbst reich zu werden.
CLEMENS BRENTANO

Mickymaus reckte beide Arme nach oben. Die Hände mit den weißen Handschuhen zeigten auf die Zehn und auf die Zwölf. Mama und Papa hatten mir die Armbanduhr zusammen mit dem dunkelblauen T-Shirt mit der gelben Blume vor eineinhalb Wochen zu meinem neunten Geburtstag geschenkt. Die Uhr konnte ich natürlich schon längst lesen. Kerstin hatte es mir gezeigt, als ich in die Schule gekommen war. Zum Glück ging es mir heute wieder gut. Ich war gestern Nacht schnell wieder eingeschlafen und hatte heute Morgen bis acht Uhr geschlafen. Richtig lange. Den ganzen Vormittag hatte ich mit Mama und Stefan Ostereier bemalt. Am Wochenende war Ostern und Mama wollte heute das Haus dekorieren. Aber schon seit zehn Minuten rührte ich nur noch mit dem Pinsel in den Farben rum und wartete, bis es endlich zwölf war.

Fünf Minuten vor zwölf. Ich konnte es kaum erwarten. Oma wollte mich abholen, das hatten wir Anfang der Woche am Telefon so verabredet. Und sie war immer ganz genau pünktlich. Wir wollten zusammen mit dem Bus zu ihrer Wohnung fahren und nach dem Mittagessen in den Zoo gehen. Ich wusste gar nicht, worauf ich mich am meisten freute: auf das gemeinsame Essen mit Oma, auf ihre Steifftiersammlung, auf den Zoo oder auf das Busfahren. Ich liebte Busfahren! Ich liebte den Zoo! Ich liebte Oma!

Endlich klingelte es. Ich ließ den Pinsel fallen und rief »Tschüss Mama, Oma ist da!«, rannte in den Flur, schlüpfte in meine Schuhe, schnappte mir meine Jacke von der Garderobe und riss die Haustür auf.

»Oma!«, rief ich. Sie stand noch am Gartentürchen und bückte sich gerade, um die Klinke runterzudrücken.

Oma strahlte über das ganze Gesicht und in den dunklen Locken, die ihr Gesicht umrahmten, blitzten ihre großen, runden, goldenen Ohrringe. Sie hießen »Creolen«, hatte sie mir erklärt. Sie ging durch das Türchen, breitete die Arme aus und rief: »Janine, mein Sonnenschein! Hallo!«

Wie immer fand ich sie sehr elegant: Sie trug ein kariertes Jackett, eine weiße Bluse mit einem großen Kragen, einen beigefarbenen Rock mit kleinem Schlitz, Schuhe mit goldener Schnalle und einem kleinen Absatz. Ihre Handtasche passte perfekt zu den Schuhen. Am Handgelenk trug sie ihr goldenes Armband mit den grünen Steinen.

Ich lief auf sie zu und wir umarmten uns. Sie fühlte sich an wie ein Kissen, denn Oma war ein bisschen pummelig. Und nicht besonders groß. Sie war die kleinste Erwachsene, die ich kannte, und nur noch fünfzehn Zentimeter größer als ich. Das hatten wir das letzte Mal ausgemessen. »Bald hast du mich eingeholt! Wenn du mich überholt hast, musst du mir sagen, wie die Luft da oben ist«, hatte sie gesagt. Oma redete immer viel Quatsch und ich musste oft über sie lachen.

Meine Nase landete an ihrem Hals. Ich hatte sie mal gefragt, warum sie so besonders roch. Sie hatte mir erklärt, das wäre ihr Parfüm. Auf ihrer Kommode stand immer eine Flasche davon. Eigentlich hieß es nicht Flasche, sondern »Flakooo«, hatte Oma mich verbessert.

»O-P-I-U-M-D-I-O-R«, hatte ich gelesen. »Was soll das denn heißen?«

»Das ist der Name von dem Parfüm. Es kommt aus Frankreich. Es heißt ›Opium‹ und die Firma, die es herstellt, heißt ›Dior‹.«

Zu dem Duft des Parfüms mischte sich noch der Geruch von frischem Kaffee. In ihrer Wohnung roch es immer danach. Aber sie konnte den Geruch auch mit nach draußen nehmen. Sie roch super und ihr ganzes Gesicht war voller Sommersprossen.

»Ach Janine, wenn ich dich sehe, geht die Sonne auf. Los, komm, der Bus fährt gleich!«, sagte sie lachend. Sie winkte Mama zu, die uns von der Tür aus lächelnd beobachtete, und zog mich in Richtung Bushaltestelle.

»Wenn ich sie wiederbringe, habe ich mehr Zeit, aber jetzt müssen wir schnell machen, damit wir den Bus noch kriegen«, rief sie Mama zu.

»Schon gut, bis heute Abend!«, sagte Mama, winkte noch mal und schloss die Tür.

»Hast du Lust auf Kotelett? Ich hab dir Kotelett mit Rahmerbsen und -möhrchen und Kartoffeln gemacht«, quatschte Oma fröhlich weiter, als wir im Bus saßen. Wie immer durfte ich am Fenster sitzen.

»Mhm, ja, lecker!«, sagte ich und nickte. Das war ein bisschen gelogen. Ehrlich gesagt, Kotelett war okay, aber so richtig gut schmeckte es mir nicht, selbst wenn Oma es kochte.

Oma grinste mich an und sagte: »Es ist schön, dass du so höflich bist. Höflichkeit schmückt, das weißt du ja. Trotzdem – gib dir keine Mühe, ich weiß schon, dass du lieber Nudeln essen würdest, aber immer nur Nudeln, das ist doch nichts. So ein schönes Kotelett ist gut für die Knochen!« Sie tätschelte mein Bein.

Oma konnte man einfach nichts vorlügen! Aber das Gute war: Man musste ihr auch nichts vorlügen. Weil sie nie sauer war und mich immer verstand.

»Und danach gibt's noch einen Mohrenkopf, der ist auch sehr gut für die Knochen, glaube ich.«

»Echt?«, fragte ich und grinste.
»Ganz bestimmt!«

Ihre Straße hieß »Gottesweg«. Sie schloss die Wohnung auf und wir betraten den großen, runden Flur, von dem die anderen Zimmer abgingen. Die Decke war viel weiter oben als zu Hause und an den Wänden waren gelbe Tapeten mit einem feinen Blümchenmuster. Die Türen waren weiß und hatten alte goldene Griffe. Auf einem kleinen Tischchen stand eine Lampe mit einem verschnörkelten Fuß und kleinen Troddeln am Schirm.

Sie zog ihr Jackett aus und hängte es an die Garderobe. Ihre Schuhe zog sie auch zu Hause nie aus.

Wir setzten uns an den großen Esstisch aus dunklem Holz im Wohnzimmer und aßen zu Mittag. Zum Nachtisch gab es den Mohrenkopf und als ich behauptete, dass sich meine Knochen immer noch ganz labberig anfühlten, bekam ich noch einen. Wie immer lachten wir die ganze Zeit. Mit Oma konnte man einfach am besten Quatsch machen!

Trotzdem war es heute nicht ganz so wie sonst. Der Traum von gestern Nacht und das Gespräch mit Mama spukten immer noch in meinem Kopf herum und ich konnte nicht aufhören, daran zu denken, auch wenn ich mich noch so anstrengte und noch so viel Quatsch mit Oma machte. Mama sagte immer, dass es toll war, dass ich zwei Mütter und zwei Omas hatte. Das war etwas Besonderes und mehr, als die meisten anderen Kinder hatten. Ich fand es super, etwas Besonderes zu sein, aber manchmal wünschte ich mir auch, ich wäre genauso wie alle anderen.

Nach dem Essen spielten wir noch ein bisschen mit meinem Äffchen Cheeta und Omas Steiff-Tieren und dann brachen wir auf in den Zoo. Diesmal fuhren wir mit der Bahn.

Unsere erste Station waren wie immer die Giraffen, die ganz nah am Eingang des Zoos ihr Gehege hatten. Oma mochte sie besonders gerne, weil sie so elegant waren und weil sie das Muster ihres Fells so schön fand.

»Oma, magst du die Giraffen so gerne, weil sie so groß sind und du so klein?«, fragte ich.

»Du freches Stück! Dir muss man wohl mal die Ohren langziehen!«, rief sie und tat so, als wollte sie einen Angriff auf meine Ohren starten.

»Schau mal, sogar die ist schon viel größer als du!«, sagte ich, um sie noch ein bisschen zu ärgern, und deutete auf eine ganz junge Baby-Giraffe, die gerade aus dem Giraffenhaus kam.

»Na guck mal! Das muss Juvi sein, die ist erst vor ein paar Wochen geboren. Das hab ich neulich in der Zeitung gelesen.«

Juvi war zwar größer als Oma und ich, aber neben ihrer Mutter sah sie trotzdem aus wie ein Winzling. Sie schaffte es gerade, sich bis zu dem Euter der Mutter zu strecken.

»Kann ich dich mal was fragen, Oma?«

»Ja, klar, spuck's aus!«

Ich gab mir einen Ruck und fragte: »Muss ich irgendwann zu meiner Mutter zurück?«

Oma wurde plötzlich ganz ernst. Dann schaute sie wieder zu den Giraffen hinüber. Von der Seite sah ich, dass sie das Gesicht verzog, so als würde ihr etwas wehtun.

»Es macht mich immer unglücklich, wenn ich daran denke, dass deine Mutter dich weggegeben hat«, hatte sie mir mal erklärt. Deshalb sprachen wir nicht so oft darüber. Eigentlich nie. Meine Mutter, die ich manchmal am Wochenende besuchte, war ihre Tochter. Obwohl sie sich wirklich gar nicht ähnlich sahen und auch gar nicht ähnlich waren.

Oma wusste, dass ich zu Hause glücklich war, und mochte auch Mama sehr gerne. Trotzdem wurde sie immer sehr traurig, wenn wir über meine leibliche Mutter sprachen.

»Deine Mutter hat viele Entscheidungen getroffen, die ich bis heute überhaupt nicht nachvollziehen kann und die mich sehr traurig machen.« Oma sah immer noch zu den Giraffen rüber und redete sehr leise. »Ich habe deiner Mutter viele Türen aufgemacht und sie hat sie alle einfach wieder zugemacht. Sie hätte all die Fehlentscheidungen, die sie für ihr Leben getroffen hat, nie treffen müssen.«

Sie klang fast ein bisschen böse, als sie das sagte. Es tat mir leid, dass ich mit dem Thema angefangen hatte. Was meinte Oma damit? Welche Entscheidungen?

Sie klemmte sich eine ihrer schwarzen Locken hinter das rechte Ohr und sagte: »Nina, man muss Entscheidungen für sich treffen, nicht für die anderen, aber man sollte trotzdem Rücksicht nehmen. Und nur um jemandem wehzutun, sein eigenes Leben kaputtzumachen … das macht keinen Sinn.«

Ich wollte nicht, dass sie traurig war. Ich nahm ihre Hand. Oma sah mich an. Sie verzog immer noch das Gesicht und ihr Doppelkinn wackelte.

»Glaub mir, deine Mutter liebt dich, aber ein Kind würde nicht in ihr Leben passen. Ich finde das nicht gut und ich kann es nicht nachvollziehen, aber ich kann es auch nicht ändern. Sie kommt wohl mehr nach deinem Großvater, der ist auch so unstet. Sie ist ihm sehr ähnlich. Mir war die Freiheit nie so wichtig wie ihm und wie ihr. Ich bin so froh, dass du ein schönes Zuhause hast, eine nette Familie und eine Mama, die dich liebt!«

Oma hatte viel Pech im Leben gehabt, hatte Mama mal gesagt. Ihren Mann, meinen Großvater, hatte ich nur einmal gesehen. Ich hatte ihn zwar kaum kennengelernt, aber ich wusste trotzdem sofort, dass ich ihn überhaupt nicht leiden konnte, egal ob er mein Opa war oder nicht. Er hatte so laut geredet und dauernd so angeberisch getan, als wäre er ein Hollywoodstar. Alles musste sich um ihn drehen, für die anderen hatte er sich gar nicht interessiert. Ich glaube, er hat Oma sehr wehgetan, deshalb hat sie sich damals von ihm getrennt.

Plötzlich lächelte Oma wieder, drückte meine Hand und sagte: »Nina, du bist mein Sonnenschein. Du bist das Allerbeste in meinem Leben. Du machst mich so glücklich. Wenn ich an dich denke, freue ich mich immer. Lass uns den Nachmittag genießen und nicht über so traurige Dinge sprechen, ja? Mach dir keine Sorgen, niemand wird dich von deiner Mama wegholen, da bin ich mir ganz sicher.«

Sie strich mir über den Kopf. Ich sah das goldene Armband an ihrem Handgelenk baumeln. Ich hatte sie noch nie ohne dieses Armband gesehen. Es klebte an Oma wie ihr Geruch nach Kaffee und Opium. Es hatte längliche Glieder, die ein bisschen verschnörkelt waren. In jedem Glied saß ein grüner Stein. Die Steine waren gewölbt und wenn man darüberfuhr, fühlten sie sich an wie flache, kühle Beulen. Ich beruhigte mich. Oma hatte sicher recht: Alles war gut.

Plötzlich rauschte und platschte es im Gehege. Die junge Giraffe pinkelte. Aber es war, als würde jemand einen Eimer hinter ihr ausschütten, wie ein Wasserfall! Oma und ich mussten laut lachen und konnten fast nicht mehr aufhören. Als wir uns wieder beruhigt hatten, fragte Oma:

»Was hältst du davon, wenn wir Juvi am Sonntag nach Ostern noch mal besuchen und nachsehen, wie viel sie bis dahin gewachsen ist?«

Ich rechnete nach und zählte die Tage an den Fingern ab. Übernächsten Sonntag?

»Aber da ist doch meine heilige Erstkommunion!«, rief ich. Wie konnte sie das denn vergessen?

Sie grinste: »Ach sag bloß! Da ist deine heilige Erstkommunion? Was wünschst du dir denn zu deiner heiligen Erstkommunion?«

An ihrem Grinsen sah ich, dass sie mich bloß veräppeln wollte. Sie hatte die Kommunion gar nicht vergessen und ich war mir sicher, dass sie schon längst ein Geschenk für mich hatte. Es waren schließlich bloß noch zehn Tage bis zu meinem großen Fest. Und ich hatte mir schon lange ein Barbie-Schaumbad von Oma gewünscht. Aber ich wollte keine Spielverderberin sein und sagte: »Eine Giraffe!«

»Na, aber ob deine kleine Oma dir so etwas Großes schenken kann, ich weiß nicht«, sie zog die Augenbrauen hoch und schüttelte den Kopf.

»Ich meine doch eine aus Stoff!«, sagte ich und lachte.

»Ach so, alles klar. Das ist eventuell möglich. Die kann deine winzige Oma ja vielleicht gerade noch so tragen«, sagte sie und lachte auch.

Kommunion

Lass dich durch nichts erschrecken und verliere nie den Mut; denn ich dein Gott bin bei dir, wohin du auch gehst.
JOSUA 1,9

Ich sah als Einzige nicht aus wie eine Sahnetorte. Alle anderen Mädchen hatten Kleider, die verziert waren mit Rüschen, Spitzen und Bändern, manche sogar mit Reifrock oder mit ganz bauschigen Puffärmeln. Sie hatten Kränze oder Krönchen im Haar. Mama hatte gesagt, dass solche Kommunionskleider eher aussehen wie Karnevalskostüme, sie fand das nicht gut. Mein Kleid war bodenlang, weiß und schlicht. Es gefiel mir sehr. Ich war neun, schon fast erwachsen, dachte ich, als ich mit meiner weißen Kerze mit dem roten Kreuz darauf in der Reihe mit den anderen Kindern stand und darauf wartete, dass der Gottesdienst begann. Viele der Kinder kannte ich aus der Schule oder aus dem Kindergottesdienst. Die meisten waren wie ich in der dritten Klasse, manche aber auch schon in der vierten.

Noch nie hatte ich mich so auf Ostern gefreut wie dieses Jahr. Weil eine Woche später »Weißer Sonntag« war und das hieß: meine heilige Erstkommunion. An Ostern letztes Wochenende waren wir auch viel in der Kirche gewesen: An Karfreitag, in der Osternacht und am Ostersonntag. Aber das war trotzdem etwas ganz anderes als heute. Denn heute ging es um mich.

Mama und ich hatten beschlossen, dass es besser war, wenn ich nicht in ihre Kommunionsgruppe ging, sondern in die ihrer Freundin. Sonst würde vielleicht jemand denken, ich würde bevorzugt oder sie müsste besonders streng mit mir sein. Auch wenn sie nicht beide Gruppen selber leiten konnte, war Mama diejenige, die bei den Kommunionsvorbereitungskursen alles in der Hand hatte. Sie dachte sich die meisten Ausflüge aus, organisierte alles und hatte immer neue Ideen. Am besten hatte mir das Brotbacken mit den Zigeunern gefallen. Auch Papa hatte mitgemacht. Hinter unserer Kirche gab es einen freien Platz, auf dem eine Gruppe von Sinti und Roma, wie die Zigeuner eigentlich hießen, wohnen durften, wenn sie wollten und in der Gegend waren. Obwohl sie anders lebten und auch ein bisschen anders aussahen, waren sie genauso wie wir. Alle Menschen waren eine Gemeinschaft. Damit wir das spürten und verstanden, hatten Mama und ihre Freundinnen aus der Kirchengemeinde ein gemeinsames Brotbacken organisiert. Auf großen Tischen kneteten wir die Teiglaibe nach der Anleitung der Sinti-und-Roma-Frauen und schoben sie anschließend in den selbstgebauten Ofen. Zum Schluss spielten ein paar der Sinti-und-Roma-Männer Geige und sangen dazu.

Am zweitbesten fand ich den Ausflug nach Maria Laach, den wir alle zusammen im Februar, direkt nach Karneval, gemacht hatten. Meine Schwestern waren beide Jahre vorher schon in Maria Laach zur Kommunionsfreizeit gewesen. Kerstin hatte mir die besten Tipps gegeben. Z. B., dass ich eine Taschenlampe mitnehmen sollte, damit wir nachts heimlich über die Gänge des alten Klosters schleichen konnten.

Mama kochte und backte schon die ganze Woche. Wir hatten ein ganzes Menü geplant, auf das ich mich jetzt schon freute: Zuerst würde es Mamas Hühnersuppe geben. Dafür kochte sie selbst die Hühner aus und machte Nudeln aus großen Teigplatten, die einen Tag über der Lehne des Küchenstuhls trockneten. Danach gab es gemischten Salat mit Lachs, das hatte ich mir gewünscht. Als Hauptgericht würde es Rouladen mit selbstgemachten Knödeln geben. Und als Nachtisch Eis mit heißen Himbeeren.

Wir waren heute sehr früh aufgestanden und hatten das komplette Wohn- und Esszimmer ausgeräumt. Mama und Papa hatten eine Riesentafel gebaut, auf die wir alle weißen Tischdecken legten, die wir finden konnten. Dann verteilte ich die Tulpen, die wir gekauft hatten, in kleinen Vasen auf den Tischen. Weil ein besonderer Tag war, deckten wir das Goldrandgeschirr und ich durfte die Tafel dekorieren. Mama gab mir ein paar Tipps und zeigte mir, wie man Servietten faltete, damit sie aussahen wie Lilien.

Anne war schon gestern gekommen. Sie war zehn Jahre älter als ich und studierte in einer anderen Stadt. Sie war extra zu meiner Kommunion angereist. Um neun Uhr klingelte es zum ersten Mal an der Haustür. Es waren mein Onkel und meine Tante, die Schwester meiner Mama und meine beiden Cousins. So ging es die nächste halbe Stunde weiter, bis alle da waren: Oma Anna, das war Mamas Mutter, nach der Anne benannt war, alle Onkel, Tanten, Cousinen und Cousins und natürlich Mama, Papa, Stefan, Kerstin, Anne und ich.

Jetzt waren sie alle in der Kirche und schauten mir zu, wie ich zusammen mit den anderen Kindern langsam den Mittelgang der Kirche entlangschritt. Immer zwei Kinder gingen nebeneinander. Unsere Kerzen waren noch aus. Vorne im Altarraum sollten sie mit dem Osterfeuer angezündet werden. Ich versuchte, mich in der Kirche umzusehen, ohne den Kopf zu bewegen. Vermutlich sah das ein bisschen dämlich aus, aber das war mir egal, denn ich musste wissen, wer alles da war. Ich sah Onkel Jochen und Tante Ingrid mit meinen beiden Cousins zwei Reihen weiter vorne. Die meisten Eltern und Verwandten waren aufgestanden und hatten sich umgedreht, damit sie uns besser sehen konnten. Mama stand vorne im Altarraum, sie half dem Pfarrer und den

Messdienern. Papa, Anne, Kerstin und mein kleiner Bruder Stefan standen vorne in der zweiten Reihe, Papa hatte wie viele andere auch seine Kamera vor der Nase und es blitzte.

Ich konnte sie nirgendwo entdecken. Ob sie da war?

Mama und ich hatten lange überlegt, ob wir meine Mutter einladen sollen. Mama hatte schließlich darauf bestanden, ihr anzubieten, zu kommen.

»Du bist schließlich ihr Kind. Das ist ein wichtiger Tag in deinem Leben, da dürfen wir sie nicht ausschließen«, hatte sie mir erklärt. »Außerdem wollen wir sie doch nicht verärgern, oder?«, hatte sie noch hinzugefügt.

»Aber sie ist so anders als wir und die anderen Verwandten, Mama. Das wird bestimmt komisch, oder?« Ich hatte ein mulmiges Gefühl, wenn ich mir vorstellte, wie sie zwischen all meinen Onkeln und Tanten saß. Mit ihren langen, blonden Haaren, ihren Stöckelschuhen und den schicken Kleidern.

Mama rief sie an, um sie einzuladen. Ich stand neben ihr und lauschte. Sie wechselten ein paar Worte, dann sagte Mama sehr freundlich:

»Sie können sehr gerne am Sonntag zu uns kommen und mit uns allen gemeinsam feiern. Aber wenn Ihnen das zu viel Trubel ist – was halten Sie von der Idee, am Montagnachmittag zum Kaffeetrinken zu kommen? Dann haben Sie und Janines Oma sie ganz für sich und können in Ruhe mit ihr feiern?«

Gute Idee, Mama!, jubelte ich innerlich. Mama sprach weiter:

»Kommen Sie doch am Sonntag in die Kirche, dann können Sie die Zeremonie miterleben! Der Gottesdienst beginnt um zehn Uhr. Danach werden noch Fotos gemacht.«

Als sie aufgelegt hatte, erzählte mir Mama, dass meine Mutter gesagt hatte, sie wüsste noch nicht, ob sie es am Sonntag zum Gottesdienst schaffte. Am Montag wollte sie aber zusammen mit Oma kommen, um mit mir bei uns zu Hause nachzufeiern.

Wir waren vorne am Altarraum angekommen. Die Kinder in der rechten Reihe gingen nach rechts, die in der linken Reihe nach links. Vor dem Altar verbeugten wir uns, dann stellten wir uns in einem Halbkreis um den Altar herum auf. Ich war so stolz, dass ich hier stand und mich alle ansahen. Ich fühlte mich schön und erwachsen. Mittlerweile war ich mir sicher, dass sie nicht gekommen war. Ich hatte sie nirgends entdecken können. Ich blickte auf und sah, dass Mama mich anlächelte und kurz nickte. Nicht zu viel, dass es die anderen nicht mitbekamen, aber genug, dass ich wusste, dieses Lächeln war für mich bestimmt.

»Heute ist der große Tag gekommen. Der Tag, auf den ihr euch so lange in euren Gruppen vorbereitet habt. Heute dürft ihr zum ersten Mal Jesus, euren Freund, ganz in euch aufnehmen. Wie Jesus sich mit uns verbinden will, so sind auch wir Menschen untereinander verbunden«, sagte der Pfarrer.

Das war das Stichwort für sechs Kinder aus meiner Kommunionsgruppe, die ihre Kerzen absetzten und sich im Kreis einander gegenüber aufstellten. Immer zwei von ihnen hielten die Enden einer roten Schnur, sodass sich ein sternförmiges Netz bildete. Der Pfarrer sagte:

»Was hier entstanden ist, ist ein Netz. Die Fäden sind die Verbindungen zwischen den Menschen, die alle zusammen die Gemeinschaft bilden, die uns auffängt und trägt.«

Eines der Kinder nahm eine Schere und zerschnitt die Fäden. Der Pfarrer fuhr fort:

»Manchmal schneiden wir diese Verbindungen ab, das Netz reißt und wir müssen es wieder knüpfen. Mit der Kraft Gottes gelingt uns dies. Jesus hilft uns, uns untereinander zu verbinden und als Gemeinschaft stark zu sein.«

Die Kinder knoteten die Fäden wieder zusammen und legten das reparierte Netz auf den Altar.

Danach las der Pfarrer aus dem Evangelium etwas über Jesus vor und wir zündeten unsere Kerzen am Osterlicht an. Jesus Christus war das Licht der Welt und die Osterkerze war das Symbol dafür, hatten wir im Kommunionsunterricht gelernt. Die Kerzen würden unsere ganz persönliche Erinnerung an den Tag der ersten heiligen Kommunion sein.

Zum Schluss kam der Höhepunkt der Zeremonie: Die Eucharistie, während der wir zum ersten Mal den Leib Christi bekamen. Wir hatten das Wort im Kommunionsunterricht gelernt. Es war das Erwachsenenwort für Abendmahl.

Ich fand es ein bisschen komisch, dass wir ein Stück von Jesus essen sollten, und hatte Mama vor ein paar Wochen gefragt, warum wir das machten. Sie hatte mir erklärt, dass früher, zu der Zeit, in der Jesus gelebt hatte, unter »Leib« der ganze Mensch verstanden wurde. Also nicht nur der Körper, sondern auch seine Gedanken und seine Gefühle. »Leib Christi« bedeutete also so ungefähr: »Alles, was Jesus ausmacht«. Wenn der Pfarrer bei der Kommunionsausteilung sagte, das wäre »der Leib Christi«, bedeutete das, Jesus Christus selbst kommt jetzt zu dir und du nimmst ihn ganz in dich und deine Person auf. Dann ist er ein Teil von dir. Das gemeinsame Mahl in der Eucharistiefeier verbindet uns mit Jesus Christus und untereinander. Wenn wir Amen sagen, sagen wir Ja zur Gemeinschaft mit Jesus und gehören jetzt auch richtig zu der Gemeinschaft der Gläubigen und der Kirche. Ich fand es kompliziert, aber auch sehr feierlich. Und als der Pfarrer mir die weiße Oblate gab, gehörte ich dazu.

Mamas Freundin hatte im Kommunionsunterricht gesagt, wir sollten nicht »Oblate« denken oder sagen, sondern »Leib Christi«, aber sie sahen einfach genauso aus wie die Oblaten, die wir immer unter die Kokosmakronen legten beim Plätzchenbacken vor Weihnachten.

Als wir später bei uns zu Hause alle zusammen an der großen Tafel saßen und die besten Rouladen der Welt, die von Mama, aßen, musste ich noch einmal an das Netz denken, das die Kinder geknüpft hatten, und daran, was der Pfarrer darüber gesagt hatte. Wir hier waren auch so ein Netz. Mit allen hier am Tisch verband mich etwas, dachte ich stolz.

Am Montag nach der Kommunion hatten wir schulfrei, weil morgens noch ein Gottesdienst stattfand. Papa hatte sich sogar extra einen Tag frei genommen, damit Mama, Papa und ich zusammen frühstücken und danach gemeinsam in die Kirche gehen konnten. Als wir aus der Kirche zurückkamen, schauten Mama und ich uns noch einmal in aller Ruhe die Geschenke an, die ich am Tag zuvor bekommen hatte. Mama und Papa hatten mir ein Gebetbuch geschenkt. Es war in weißes Leder gebunden. Auf der Vorderseite war ein goldener Rahmen, in dem mit goldener Schrift *Gebetbuch* stand. Die Ränder der Seiten hießen »Schnitt«, hatte Mama mir erklärt, sie waren auch golden. Von Oma Anna hatte ich ein wunderschönes silbernes Armband bekommen, mit kleinen, lilafarbenen Perlen daran. Die Perlen waren echt und das Armband wertvoll, hatte Oma Anna gesagt. Ich musste gut darauf aufpassen und würde es nur zu besonderen Anlässen tragen. Von den anderen Verwandten hatte ich ein paar Bücher, eine Bibel und noch anderen Schmuck bekommen. Außerdem von fast jedem etwas Geld, sodass es insgesamt ganz schön viel war. So viel Geld hatte ich noch nie gehabt! Mama sagte, wir sollten es gleich am nächsten Tag auf mein Sparbuch einzahlen.

Nach dem Mittagessen ging ich nach oben, um mich umzuziehen. Oma und Mutti wollten zwar erst um drei Uhr kommen, aber ich konnte es nicht erwarten, mein weißes Kleid noch einmal anzuziehen. Ich hatte ein bisschen gekleckert gestern, aber Mama hatte die Flecken am Abend schnell rausgewaschen und heute war das Kleid schon wieder trocken und genauso sauber wie gestern. Mama und ich hatten extra für heute eine Torte gebacken, für das Kaffeetrinken mit Oma und meiner Mutter. Wenn ich schon nicht so aussah wie eine Torte, sollte es wenigstens eine zu essen geben, hatte Mama gesagt.

Ich freute mich auf Oma. Und auch ein bisschen auf meine Mutter. Sicher würde ihr mein schönes Kleid gefallen. Und sie würde mir garantiert ein tolles Geschenk mitbringen. Sie schenkte mir immer super Sachen. Spielzeug oder Anziehsachen. Papa meinte oft, es wäre zu viel, so viel würde ich doch gar nicht brauchen, wenn ich am zweiten Weihnachtsfeiertag oder am Tag nach meinem Geburtstag bei meiner Mutter gewesen war und wieder nach Hause kam.

Ich hörte unten das Telefon klingeln. Es verstummte gleich wieder, also war Mama wohl drangegangen.

»Janine, Telefon für dich! Deine Mutter!«, rief sie kurz danach nach oben.

Ich lief die Treppe hinunter.

»Ja, hallo, hier ist Janine«, meldete ich mich.

»Janine, mein Schätzchen, es tut mir leid, aber ich muss für heute leider absagen.«

Ich hatte es irgendwie geahnt. Wenn meine Mutter sagte, dass sie mich besuchen oder abholen kam, hieß das noch lange nicht, dass es auch passierte.

Weil meine Mutter aussah wie ein Model und oft mit tollen Autos oder im Taxi kam, waren die anderen Kinder immer neugierig, wann sie mich wieder abholen kam, und fragten mich, wenn wir spielten: »Janine, wann kommt deine Mutter das nächste Mal?« Früher hatte ich genau das geantwortet, was wir ausgemacht hatten. Und sie war dann einfach nicht gekommen. Wenn ich sagte: »Am Samstag kann ich nicht, da holt mich meine Mutter«, lachten die anderen jetzt und riefen: »Du erzählst doch nur Quatsch, die kommt sicher wieder nicht.« Deshalb sagte ich manchmal nur noch »Weiß nicht«, wenn mich einer von ihnen fragte, wann sie mich das nächste Mal abholen würde.

»Warum kommst du denn nicht?«, fragte ich meine Mutter jetzt.

»Ich kann nicht kommen, ich habe einen Pickel. Mitten im Gesicht.«

»Was hast du?«, fragte ich noch einmal nach.

»Janine, ich habe einen Pickel, ich kann heute nicht kommen.«

Wieso konnte man denn nicht zu Besuch kommen, wenn man einen Pickel hatte? Machte sie einen Scherz?

»Okay.«

»Alles klar, feiere noch schön und grüß Oma. Tschüss!«, sagte sie und war weg.

Ich legte den Hörer auf. Kam sie jetzt wirklich nicht? Oder kam sie einfach später? Sie kam bestimmt noch und brachte mir ein super Geschenk mit.

Um Punkt drei Uhr klingelte es und Oma stand vor der Tür. Neben ihr stand ein großes Paket, eingepackt in rosa Geschenkpapier. Sie strahlte, nahm mich in den Arm und drückte mir einen dicken Schmatz auf die Wange.

Nachdem sie Mama begrüßt und mein Kleid bewundert hatte, gingen wir ins Wohnzimmer und setzten uns aufs Sofa.

»Was ist mit deiner Mutter? Bin ich zu pünktlich oder sie zu spät?«, fragte Oma.

»Zu pünktlich gibt es gar nicht«, sagte ich. Sie wollte mich schon wieder veräppeln. »Sie kann nicht kommen, sie hat einen Pickel. Aber vielleicht kommt sie ja trotzdem noch.«

Oma zog die Brauen hoch und schüttelte den Kopf. Dann seufzte sie und sagte: »Hört sich nicht danach an.«

»Mhm.«

»Aber weißt du was, dann machen wir zwei uns einfach alleine einen schönen Nachmittag. Und dafür hab ich uns was Tolles mitgebracht. Was ist? Willst du nicht sehen, was in dem Monsterpaket hier drin ist?«, fragte sie und zeigte auf das große rosa Paket.

Ich packte das Paket aus.

»Ein Barbie-Schaumbad!«, rief ich, als ich das Papier abgewickelt hatte. Es war eine rosa Badewanne mit einer durchsichtigen Wand, auf die grüne Pflanzen und rote Schmetterlinge aufgemalt waren. In einem kleinen Fläschchen war Schaumbad, das man mit etwas Wasser in die Wanne einfüllte. Wenn man mehrmals auf einen Knopf drückte, wurde Luft in die Wanne gepumpt und das Wasser begann zu schäumen. Es gab sogar eine Brause, aus der man Wasser fließen lassen konnte! Wir spielten den ganzen Nachmittag damit und badeten alle meine Barbies.

Irgendwann hatte Oma Kopfschmerzen. Mama sah sie besorgt an und fragte, ob sie vielleicht eine Aspirin wollte. Aber Oma winkte ab und meinte nur, es wäre gerade so ein komisches Wetter, das ihr nicht gut bekommen würde. Sie müsste sich zu Hause ein bisschen ausruhen.

Bevor Oma sich verabschiedete, holte sie noch zwei weitere Geschenke aus ihrer Handtasche. Das eine war sehr klein. Zuerst dachte ich, es wäre eine Kette oder ein Armband, aber dann sah ich, dass es ein Rosenkranz war. Die Perlen waren weiß und schimmerten, Oma sagte, sie wären aus Perlmutt. Das war das, was man sah, wenn man Muscheln öffnete und von innen anschaute.

Zum Schluss zog sie noch ein letztes Geschenk aus ihrer Handtasche. Es war eine Giraffe, wie ich sie mir an unserem Nachmittag im Zoo gewünscht hatte. Natürlich aus Stoff. Sie hatte ein Schild um den Hals, auf dem »Juvi« stand. Sie hieß wie die Giraffe im Zoo! Oma machte ein Geräusch von rauschendem Wasser und wir mussten beide lachen.

Die Prinzessin, die nicht lachen konnte

Nicht Fleisch und Blut, das Herz macht uns zu Vätern.
FRIEDRICH SCHILLER

»Oh, da kommt der König zurück, mit Prinzessin Titi!«

Endlich! Das war Franks und mein Stichwort. Ich hatte es kaum noch ausgehalten vor Lampenfieber. Schnell wickelte ich die Finger aus dem glänzenden hellblauen Band, das Mama um die Taille meines Kommunionskleides genäht hatte. Vor lauter Aufregung hatte ich es ganz verknittert. Mit dem Gürtel und zwei Bändern in der gleichen Farbe für die Ärmel war aus dem Kommunionskleid ein Prinzessinnenkostüm geworden. Mama hatte das Kleid auch noch etwas länger machen müssen, denn die Kommunion war schon über ein Jahr her und seit letztem Jahr war ich ganz schön gewachsen. Aber ich war nur nach oben gewachsen. Deshalb musste Mama einfach nur unten etwas blauen Stoff drannähen. Ich war jetzt schon fast so groß wie die Kinder auf dem Gymnasium, auf das ich nach den Sommerferien gehen würde. Zum Glück war Frank ein Jahr älter als ich und größer. Das hätte sonst ja blöd ausgesehen, schließlich spielte er meinen Vater.

Ich setzte ein trauriges Gesicht auf, ließ die Arme baumeln und betrat gleich hinter Frank von rechts die Bühne. Das Bühnenbild bestand aus zwei Sesseln, die wir mit Tüchern und goldenen Kordeln zu königlichen Thronsesseln umdekoriert hatten. Vor den Sesseln stand Grimmbart, der böse Erste Minister meines Vaters, des Königs. Zwischen den Thronsesseln gab es noch einen kleinen Tisch, auf dem Grimmbart einen Trinkpokal abgestellt hatte.

»Einen wunderschönen guten Morgen, teuerste Prinzessin!«, grüßte Grimmbart scheinheilig.

»Es ist kein guter Morgen«, erwiderte ich, Prinzessin Titi, traurig.

»Aber liebes Kind, der Erste Minister meint es doch nur gut mit dir«, sagte der König zu mir und Franks große braune Augen sahen mich besorgt an.

»Ich mag keine Minister«, gab ich einsilbig zurück.

»Aber teuerste Prinzessin, hört doch nur, wie lieblich die Vögel singen!«, schleimte Grimmbart weiter. Grimmbart wurde von Oliver gespielt, dem größten Kasper in unserer Theater- und Musicalgruppe. Er war ein bisschen zu dick und machte ständig irgendeinen Quatsch. In Wahrheit war er lustig und nett, aber die Rolle des Ekelpakets war trotzdem perfekt für ihn.

»Ich mag keine Vögel«, sagte ich und starrte ohne die Spur eines Lächelns geradeaus in die Scheinwerfer. Ich versuchte, trotz des hellen Lichts meine Eltern zu erkennen. Saßen sie in der ersten Reihe? Ja, da waren sie! Papa sah mich an und lächelte. Aber ich durfte auf gar keinen Fall zurücklächeln. Denn in diesem Stück musste ich vor allem eins tun: Nicht lächeln. Und auf gar keinen Fall lachen. Denn Prinzessin Titi war mithilfe eines Zaubertranks von Grimmbart verzaubert worden, sodass sie nicht mehr lachen konnte und immer traurig war. Erst zum Schluss des Stückes würde der Hofnarr dem Minister auf die Schliche kommen und ich durfte wieder lachen und fröhlich sein. Bei den Proben hatte es zum Glück immer funktioniert. Wenn ich merkte, dass sich ein freundlicher Ausdruck auf mein Gesicht schleichen wollte, konzentrierte ich mich einfach ganz schnell auf etwas Blödes oder Trauriges. Das war im Moment nicht so schwer, weil eigentlich dauernd blöde oder traurige Sachen passierten. Gestern hatte meine Mutter angerufen. Sie und Mama hatten lange telefoniert.

»Es ist wirklich schrecklich, Durchlaucht. Ich werde den Hofnarren rufen, damit er die Prinzessin aufheitert. Hofnarr! Hofnarr! Komm sofort herein!«

Nach Grimmbarts Rufen stolperte der Hofnarr auf die Bühne.

»Guten Morgen, Prinzessin, ich hoffe, Ihr habt etwas Hübsches geträumt heute Nacht?«, fragte der Hofnarr.

»Ich mag keine Träume«, sagte ich, ohne eine Miene zu verziehen.

Ich versuchte, mich ein bisschen auf der Bühne umzusehen, ohne dabei den Kopf zu bewegen. Der Schnürsenkel von Olivers rechtem Schuh war anscheinend aufgegangen. Dummerweise stand er auch noch mit dem linken Fuß auf dem offenen Schnürsenkel. Er schien das allerdings noch nicht gemerkt zu haben. Als nächstes sollte Grimmbart dem Hofnarren einen Tritt in den Hintern geben, damit er mich endlich aufheiterte. Oje, hoffentlich ging das gut!

»Na los, mach schon! Mach ein paar Faxen und heitere die ...«, rief Grimmbart. Beim Versuch, für den Tritt auszuholen, riss ihn seine Bewegung aus dem Gleichgewicht und er stolperte über seine eigenen Füße. Er konnte sich gerade noch mit der rechten Hand auf dem kleinen Tischchen zwischen den beiden Thronen abstützen. Ich sah es schon wie in Zeitlupe, bevor es überhaupt passierte, und dann passierte es tatsächlich genau so: Der Trinkpokal geriet ins Wanken und der Zaubertrank – in echt war es natürlich bloß Wasser – spritzte direkt auf Olis Hose! Oli war kurz durcheinander, dann brüllte er den Hofnarren an. Mit einem erfundenen Text.

»Hofnarr! Wenn du nicht augenblicklich einen Witz erzählst, wirst du entlassen!«

Frank und ich sahen zu Oli/Grimmbart hinüber. Der Zaubertrank aus dem Pokal hatte die ganze Vorderseite seiner Hose nass gemacht. Er sah aus, als hätte er sich in die Hose gepinkelt! Das war fast wie bei »Dick und Doof«! Ich blickte zu Frank und sah, dass er gleich platzen würde. Ich wusste: Nur noch ein paar Sekunden und er würde vor Lachen losprusten. Ich fand Frank total süß, aber zusammenreißen konnte er sich nicht, das wusste ich aus all den Kindergottesdiensten, während denen er nicht hatte aufhören können, mit mir zu tuscheln.

Ich sah schnell weg und dachte nur: Zusammenreißen, zusammenreißen, zusammenreißen! Welche Textstelle würde uns aus dem Schlamassel retten? »Ein echter Schauspieler spielt immer weiter, egal was passiert«, hatte uns Günter, der Leiter unserer Theatergruppe, gesagt.

Frank prustete los. Auch im Publikum hatten schon ein paar Leute angefangen zu lachen.

»Ich mag keine Witze!«, sagte ich todernst.

»Dann vielleicht eine Grimasse?«, nahm der Hofnarr den Faden dankbar wieder auf.

»Ich mag keine Grimassen.« Puh! Das war geschafft. Wir waren wieder im Spiel und in dem normalen Text des Theaterstücks. Jetzt konnten wir einfach mit den Sätzen, die wir auswendig gelernt hatten, weitermachen. Franks Lachen wurde leiser und Oli sah auch wieder ganz normal aus. Er ignorierte seine nasse Hose einfach so gut es ging.

Nach der Aufführung des Stücks kam der Applaus. Ich fand es immer toll, auf der Bühne zu stehen. Alle sahen mir zu. Und alle hörten mir zu! Und dann klatschten auch noch alle. Ich strahlte. Zusammen mit Frank und Oli kam ich durch einen der seitlich angebrachten schwarzen Vorhänge hinter der Bühne hervor. Ich sah mich um. Mama und Papa standen mit Freunden vor dem Gemeindesaal. Ich lief zu ihnen und Papa nahm mich in den Arm. Er sagte:

»Janine, wie hast du es denn bloß die ganze Zeit geschafft, nicht zu lachen? Ohne mit der Wimper zu zucken! Wie eine echte Schauspielerin. Das war großartig! Ich bin so stolz auf dich!«

Papa fand es immer toll, wenn ich bei den Theater- oder Musicalaufführungen der Gemeinde mitspielte. Ich mochte auch den Chor und die Flötengruppe, aber am liebsten waren mir die Theater- und Musicalstücke.

Ich hüpfte auf und ab: »Das hat so Spaß gemacht! Und es war gar nicht schwierig.«

Mama gab mir einen Kuss, lächelte und sagte:

»Sammle deine Geschwister ein und dann lass uns nach Hause gehen. Nach der ganzen Aufregung habt ihr sicher alle Hunger.«

Das hatte ich tatsächlich. Heute war Sonntag und die Aufführung hatte direkt nach der Sonntagsmesse stattgefunden.

Es gab wie fast immer sonntags Braten mit selbstgemachten Knödeln und Rahmgemüse. Es schmeckte super und alle außer Mama, die mal wieder auf ihr Gewicht achtete, schlugen sich die Bäuche voll.

Trotzdem waren wir heute ein bisschen stiller als sonst. Nach dem Essen wollten wir Familienrat halten. Das machten wir immer, wenn es etwas Wichtiges zu besprechen gab. Sonst waren das oft die Besuche vom Jugendamt, vor denen Mama immer ziemlich nervös war, aber heute war es etwas anderes. Ich wusste, dass es mit dem Telefonat zwischen meiner leiblichen Mutter und Mama gestern zu tun hatte.

Als wir zusammen die Küche aufgeräumt hatten, setzten wir uns alle wieder an den Esstisch. Kerstin hatte Tee gekocht und verteilte die Tassen.

Mama sagte: »Deine Mutter hat gestern angerufen und hat Neuigkeiten berichtet«. Sie sprach sehr ruhig, aber ich merkte, dass es ihr schwerfiel. »Sie zieht um. In eine größere Wohnung, zusammen mit ihrem neuen Lebensgefährten. Du hast ihn ja schon kurz kennengelernt, als du letzten Monat das Wochenende bei ihr warst. Er heißt Helmut.«

Ich zuckte mit den Schultern und sagte: »Aha.« Sie hatte ja immer mal wieder einen neuen Partner und an Helmut konnte ich mich natürlich erinnern. Er sah älter aus als meine Mutter und hatte einen riesigen Amischlitten mit roten Ledersitzen. Damit waren wir durch die Stadt gefahren. Das Auto war cool, aber Helmut fand ich nicht besonders nett. Sie hatte immer alleine gewohnt. Ich hätte es besser gefunden, wenn sie weiterhin alleine gewohnt hätte, weil ich Helmut irgendwie blöd fand. Aber so oft besuchte ich sie ja gar nicht. Und vielleicht war er ja auch nicht immer da.

»Es ist so ... Deine Mutter glaubt, dass der Mann, also dieser Helmut, dein Vater ist.«

»Wieso mein Vater, das ist doch Papa!«, sagte ich völlig perplex und sah zu Papa hinüber. Er sah sehr traurig aus. Kerstin rutschte auf ihrem Stuhl herum und rührte in ihrer Teetasse. Stefan zeichnete mit einem Finger unsichtbare Bilder auf den Tisch.

Mama nahm meine Hand. Leise sagte sie: »Natürlich ist Papa dein Vater, aber nicht dein leiblicher, das weißt du doch. Wir wussten bisher nicht, wer dein leiblicher Vater ist, aber nun hat deine Mutter es erzählt und mich gebeten, es dir zu sagen. Es ist dieser Helmut.«

»Nein!«, schrie ich plötzlich. Ich konnte einfach nicht anders. »Das kann nicht sein, ich habe nur einen Vater und das ist Papa!« Ich war aufgesprungen und ballte die Fäuste.

Papa stand auf, legte mir die Hand auf die Schulter und sagte: »Ganz ruhig, Janine. Reg dich nicht auf.«

Ich setzte mich wieder hin. Was sollte denn das jetzt bedeuten? Warum denn plötzlich noch ein zweiter Vater?

»Du hast doch auch zwei Mütter, eine Pflegemutter und eine leibliche Mutter, da ist es doch logisch, dass du neben deinem Pflegevater auch einen leiblichen Vater hast«, sagte Kerstin. Bei Kerstin war immer alles logisch.

Zwei Mütter, zwei Omas, das kannte ich, aber noch einen Vater? Das ging doch nicht. Mein Vater war doch Papa!

»Mein Vater ist Papa! Nur Papa! Die erzählt doch wieder nur Quatsch! Was soll das alles? Ich will das nicht!«, schrie ich, sprang auf, rannte aus dem Wohnzimmer, knallte die Tür hinter mir zu und stürmte die Treppe hoch in mein Zimmer, wo ich mich auf mein Bett warf und das Gesicht im Kissen vergrub. Konnte sie mich nicht einfach mal in Ruhe lassen mit ihrem Kram? Es machte mich so wütend!

Nach einer Weile klopfte es an der Tür. Ich sagte nichts, aber ich hörte, dass jemand die Türklinke herunterdrückte und hereinkam. Ich spürte eine Hand, die langsam über meinen Rücken streichelte.

»Hast du dich wieder ein bisschen beruhigt? Wollen wir noch einmal in Ruhe darüber reden?«, fragte Mama dicht an meinem Ohr.

»Mhm«, brummte ich und drehte mich langsam um.

Wir setzten uns nebeneinander auf die Bettkante.

»Es ist ziemlich außergewöhnlich, dass deine leibliche Mutter und dein leiblicher Vater jetzt wieder ein Paar sind, weißt du? Es kommt gar nicht so oft vor, dass sich zwei Menschen nach so langer Zeit wieder finden«, begann Mama.

»Wer sagt eigentlich, dass das stimmt, dass der mein Vater ist?«, fragte ich.

»Deine Mutter sagt, dass es stimmt.«

»Ich glaube ihr nicht! Sie hat doch schon so oft Quatsch erzählt.«

Mama seufzte: »Wir wissen es einfach alle noch nicht sicher. Und deshalb fordert dieser Mann jetzt, dass du einen Vaterschaftstest machst«, ihre Augen wurden ganz nass. Plötzlich nahm sie mich in den Arm und sagte schluchzend: »Nina, mein Mäuschen, es tut mir so schrecklich leid. Dass die dir das antun! Du bist noch viel zu klein für diese ganzen Dinge. Aber ich muss es dir doch erklären!«

»Was ist ein Vaterschaftstest?«, fragte ich.

Sie wischte sich über die Augen und sagte: »Dir werden ein oder zwei Tropfen Blut abgenommen. Das tut fast gar nicht weh. Dann wird dein Blut mit dem Blut von diesem Helmut verglichen. Wenn es ähnlich ist, heißt das, dass er dein leiblicher Vater ist.«

»Wie wird das gemacht mit dem Blut? Schneiden die mich auf?«

»Sie pieksen dich nur ganz leicht in den Finger. Das tut fast gar nicht weh. Ich komme mit und halte dich ganz fest an der Hand.«

Mama lächelte mich an. Ich hatte das Gefühl, dass sie sich zusammenreißen musste wie ich vorhin in unserem Theaterstück. Nur umgekehrt: Sie musste sich zusammenreißen, um zu lächeln.

»Warum will sie, dass ich das tue?«

»Nina, gib deiner Mutter nicht die Schuld dafür. Deine Mutter liebt dich, sie will dir bestimmt nichts Böses. Glaub mir. Morgen mache ich einen Termin.«

»Das ist nicht mein Vater, ich will mit dem nichts zu tun haben«, sagte ich entschlossen.

»Das kann ich verstehen, mein Schatz. Aber wir können im Moment nichts daran ändern. Es ist das Beste für uns alle, wenn wir deine Mutter nicht verärgern. Ist ja nur ein kleiner Piekser.«

Bloß ein Name

Nicht die Vollkommenen,
sondern die Unvollkommenen brauchen Liebe.
OSCAR WILDE

Ich packte meinen Malblock und mein Heft aus dem Ranzen und legte beides auf den Tisch. Es war die erste Stunde am Montagmorgen: Kunst. »Hast du die Hausaufgabe gemacht?«, fragte Steffi, meine Banknachbarin.

Klar hatte ich das. Ich nickte und schob ihr mein Heft zu.

Wir hatten zwei verschiedene Wiesenblumen möglichst genau mit Buntstiften abmalen sollen. Ich hatte mich für eine Glockenblume und ein Gänseblümchen entschieden. Kerstin hatte mir ein bisschen geholfen, aber nur bei den Umrissen, die sie ganz leicht mit Bleistift vorgemalt hatte. Sie war acht Jahre älter als ich und ziemlich gut im Malen.

Steffi nahm das in einer dunkelblauen Plastikhülle eingebundene DIN-A4-Heft. Seit ich auf dem Gymnasium war, hatten alle meine Hefte die gleiche Art von Schutzhülle: einfarbig, mit einem riffeligen Karomuster in dem Plastik. In der Mitte oben hatten sie ein kleines Fach aus durchsichtigem Plastik, in dem das Namensschild steckte: Janine Götz, Klasse 5a, stand da. Bis gestern.

»Welche Blume hast du genommen? Ich hab …«, Steffi hörte plötzlich auf zu reden. »Warum steht da Janine Schuster? Du heißt doch Janine Götz?«, sie sah von dem Namensschild auf.

Gestern hatte ich alle Namensschilder aus allen Heften

herausgenommen, umgedreht und auf die Rückseite den neuen Namen geschrieben: Janine Schuster. Die beiden Jungs in der Bank vor uns, Kazim und Mathias, drehten sich neugierig um.

»Ach, das ist egal. Meine Mutter hat geheiratet und deshalb heißen wir jetzt anders«, antwortete ich schnell, machte eine grinsende Grimasse und zuckte mit den Schultern. »Mein Nachname ist mir sowieso total egal!« War ja bloß ein Name. Der gar nichts bedeutete.

»Hier gibt's nichts umsonst und auch nichts zu sehen, ihr könnt euch wieder umdrehen!«, sagte ich lachend zu den beiden Jungs in der Bank vor uns und machte eine wegscheuchende Handbewegung. So wie Oma, wenn sie die Tauben an der Bushaltestelle wegscheuchte.

Ich drehte mich zu Steffi und sagte: »Ich hab eine Glockenblume und ein Gänseblümchen gemalt. Das Gänseblümchen war aber viel einfacher. Und du?«

Ich hatte heute keine große Lust, über diese Pflegekind-Sache zu reden. In der Schule wussten sowieso alle, dass ich ein Pflegekind war. Ich war zwar noch nicht lange auf dem Gymnasium, aber viele kannte ich ja noch von der Grundschule und die wussten, dass ich nicht wie meine Familie Kunze hieß, sondern den Namen meiner Mutter hatte. Mama hatte mir erklärt, dass das daran lag, dass ich nicht adoptiert war, sondern ein Pflegekind. Aber es war ja bloß ein Name. Zum Glück hatten es die, die ich aus der Grundschule kannte, den anderen erzählt, sodass ich selten etwas dazu gefragt wurde. Ich hasste es, wenn meine Schulfreundinnen sagten: »Oh du Arme, wie ist das denn, ein Pflegekind zu sein?«

Ich sagte dann immer: »Wieso denn ›Arme‹, seh ich etwa so aus, als ginge es mir schlecht?«, und grinste dabei. Ich war ja gar keine »Arme«, mir ging's super! Klar, ein paar Dinge nervten manchmal, aber im Grunde war zu Hause alles genauso wie bei allen anderen. Total normal.

Steffi war zum Glück anders. Sie fand es cool, dass ich noch eine zweite Mutter hatte, und wollte immer Geschichten von ihr hören. Was sie angehabt hatte, was wir gemacht hatten, wenn ich mal am Wochenende bei ihr gewesen war. Ich hatte ihr erzählt, dass sie mir immer super Klamotten kaufte, dass wir Taxi fuhren, wann immer sie Lust dazu hatte, und chinesisch oder italienisch essen gingen. Und, dass ich Fernsehen durfte, wann ich wollte. Sogar Videos anschauen.

»Und, wie war die Hochzeit? Wie sah ihr Kleid aus?«, fragte Steffi. Die Jungs hatten sich wieder nach vorne gedreht.

»Äh, keine Ahnung, ich war ja gar nicht dabei«, antwortete ich. Meine Mutter hatte ja nur angerufen und mir erklärt, dass sich ihr und mein Name zum 1. September geändert hatten, weil sie meinen Vater geheiratet hatte. Und dass sie mich nächstes Wochenende abholen und wir alle zusammen was Tolles machen würden. Dass er mein Vater war, wussten wir jetzt seit drei Monaten, da hatte ich diesen blöden Test gemacht. Seitdem war ich zwei oder dreimal bei ihnen gewesen am Wochenende.

»Ich konnte nicht, ich war krank«, log ich für alle Fälle.

Mittlerweile hatte die Stunde angefangen. Unsere Kunstlehrerin ging langsam durch die Reihen, sah sich unsere Hausaufgaben an und blieb ab und zu stehen, um leise etwas zu erklären oder jemanden zu loben. Währenddessen hatten wir alle begonnen, das Bild einer Mohnblume abzuzeichnen, das mit einem Dia an die Wand über der Tafel geworfen wurde.

»Kommst du eigentlich auf deine Mutter? Deinen Eltern siehst du ja gar nicht ähnlich«, fragte Steffi leise. Steffi und ihre Eltern waren in der gleichen Kirchengemeinde wie wir, wir sahen uns deshalb öfter mal am Sonntag in der Messe.

»Doch, ich seh meinem Papa voll ähnlich, der hat doch auch blonde Haare und blaue Augen!«, antwortete ich. »Willst du jetzt meine Hausaufgabe sehen?«

Steffi nickte und ich blätterte in meinem Heft bis zur heutigen Hausaufgabe und deutete auf die Glockenblume. Sie nahm das Heft und sah sich meine Glockenblume und das Gänseblümchen an.

»Sieht voll super aus. Schöner als mein Bild«, sagte sie.

Ich nahm mir ihr Heft von ihrer Seite der Bank und schlug es auf. Sie hatte recht. Es hatte sich gelohnt, dass ich Kerstin um Hilfe gebeten hatte.

Die Lehrerin näherte sich und wir tauschten die Hefte zurück. Ich klappte meins zu. Janine Schuster, Klasse 5a, stand da. Götz hatte mir besser gefallen. Vor allem, weil auch Oma so hieß. Jetzt hatten wir nicht mehr den gleichen Namen.

Für Janine von Kazim stand auf dem zusammengefalteten Zettel, den Mathias zehn Minuten später an Steffi nach hinten gegeben hatte und Steffi jetzt zu mir rüberschob. Oh nein, nicht Kazim!, dachte ich nur. Steffi hatte mir letzte Woche schon erzählt, dass Kazim ihr gesagt hätte, er wäre total in mich verknallt. Ich faltete den Zettel auf.

Liebe Janine, willst du mit mir gehen? Kazim

Ich verdrehte die Augen und hoffte, dass Steffi es gesehen hatte. Nicht, dass die dachte, ich fände Kazim süß. Ich stupste sie an und hielt ihr den Zettel hin. Sie las ihn, zur Sicherheit verdrehte ich noch mal die Augen und wir mussten beide anfangen zu kichern. Kazim nervte! Echt!

Unten auf dem Zettel war noch etwas Platz. Ich überlegte. Dann nahm ich den Bleistift, mit dem ich gerade gezeichnet hatte, und schrieb: *Nein, danke. Ich möchte gerade keinen Freund haben. Janine*

Ich faltete den Zettel wieder zusammen und ließ ihn über Steffi und Mathias zurück zu Kazim wandern. Ich sah, wie Kazim den Zettel mit seiner Handfläche bedeckte, zu sich rüberschob und unter die Bank gleiten ließ. Er faltete ihn auf und las. Sein Nacken spannte sich an. Seine Schultern hoben sich ein bisschen. Plötzlich drehte er sich um. Er sah total wütend aus und hatte rote Flecken auf den Wangen. Völlig ohne Vorwarnung schrie er:

»Du hast doch noch nicht mal richtige Eltern, du kannst doch froh sein, wenn überhaupt einer was von dir will!«

In der Klasse war es plötzlich mucksmäuschenstill. Die Lehrerin starrte zu uns herüber. Ich wollte irgendetwas sagen, aber meine Kehle war wie zugeschnürt. Mir fiel überhaupt nichts ein und ich fühlte mich wie gelähmt. Niemand sagte ein Wort. Ich nahm mein Heft, meinen Malblock und meine Stifte und stopfte alles so schnell ich konnte in meinen Schulranzen. Ich schnappte mir im Gehen meine Jacke von der Stuhllehne und rannte aus dem Klassenzimmer und die Treppe hinunter.

»Janine, warte!«, rief meine Kunstlehrerin hinter mir.

Ich hörte ihre Schritte. Und lief einfach weiter. Im Erdgeschoss hatte sie mich eingeholt, hielt mich an der Schulter fest und sagte außer Atem: »Komm, lass uns darüber reden!«

Ich schüttelte mit einem Ruck ihre Hand ab, drehte mich um und erwiderte: »Ich brauche hier über gar nichts zu reden! Mit solchen Idioten in der Klasse muss ich mich nicht abgeben. Ich gehe jetzt nach Hause!«

Ich ging auf die große Schultür zu.

»Du kannst doch nicht einfach nach Hause gehen!«, rief sie mir hinterher, aber das war mir komplett egal. Ich ging zum Fahrradständer, schloss mein Fahrrad auf und fuhr los.

Mama machte die Haustür auf. Sie hatte ein Geschirrtuch in der Hand.

»Was ist denn mit dir los? Ist irgendwas passiert?«, fragte sie.

Ich war so wütend! Was fiel diesem Asi eigentlich ein? Ich würde nie mehr ein Wort mit ihm reden.

Mama schob mich in die Küche, wir setzten uns an den Tisch und ich erzählte ihr, was passiert war. Die Sache, dass ich Steffi erzählt hatte, ich wäre bei der Hochzeit meiner Mutter krank gewesen, ließ ich vorsichtshalber weg.

Als ich mich etwas beruhigt und Mama alles erzählt hatte, fragte sie: »Sag mal, hat in der Schule schon öfter jemand so etwas Gemeines zu dir gesagt, seit du auf dem Gymnasium bist?«

»Nein«, antwortete ich. Allein der Gedanke machte mich schon wieder total wütend. »Aber die wissen ja auch alle, dass ich ein Pflegekind bin, und das ist ja auch nichts Schlimmes.« Zum Glück stimmte das: Normalerweise war das allen wurscht. Es hatte vorher noch nie jemand gesagt, dass ich keine richtigen Eltern hatte.

»Dann ist ja gut. Wenn doch mal jemand etwas sagt, würde ich sofort zu den Eltern des Kindes gehen und mit ihnen reden. Du musst dir da nichts gefallen lassen, hörst du! Es ist wirklich nichts Schlimmes, ein Pflegekind zu sein. Das ist etwas ganz Normales und es gibt keinen Grund, sich dafür zu schämen. Papa und ich sind genauso richtige Eltern wie die von allen anderen.«

Ich überlegte. »Aber wenn es so normal ist, warum bin ich dann das einzige Kind, das nicht bei seinen leiblichen Eltern wohnt, sondern bei anderen Eltern? In der Gemeinde, in der Schule – nirgendwo gibt es noch ein Kind wie mich. Alle anderen haben normale Familien. Manchmal sind die Eltern geschieden, wie die Eltern von Silvia, aber so wie bei uns ist es sonst bei niemandem!«

»Ja, das stimmt, aber ...«

»Warum sagst du dann, das ist normal?« Ich war eigentlich gar nicht sauer auf Mama, aber ich schrie sie trotzdem an.

»Nina, beruhige dich. Es gibt viele andere Pflegekinder, und nur, weil du kein anderes Kind in dieser Situation kennst, heißt das noch lange nicht, dass du nicht normal bist«, sagte

Mama entschieden. Ich wusste, dass sie recht hatte. Papa und sie gingen regelmäßig zu Treffen mit anderen Pflegeeltern. Also gab es auch andere Pflegekinder.

»Aber jetzt mal zu etwas ganz anderem. Ist dir eigentlich klar, dass du heute sehr ungezogen warst? Was hast du dir eigentlich dabei gedacht, einfach so aus der Schule wegzurennen?« Mama sah mich streng an.

»Ich hab dir doch erzählt, was Kazim zu mir gesagt hat«, sagte ich.

»Das ist noch lange kein Grund, einfach so wegzulaufen. Man kann sich auch mit Worten wehren. Weglaufen ist meistens die schlechteste Lösung. Und in diesem Fall sogar verboten. Du kannst nicht einfach so aus der Schule wegrennen, hast du mich verstanden?« Sie war jetzt sehr ernst.

Ich nickte genauso ernst.

»Weißt du, Janine, wir haben ja schon öfter darüber geredet: Es ist sehr wichtig, dass das alles gut läuft und du nichts Verbotenes tust. Das Jugendamt kann uns jederzeit Probleme machen und umso braver du bist, umso sicherer ist alles. Es ist also ganz wichtig, dass du nachdenkst, bevor du etwas machst, hörst du? Versuch, dich zu kontrollieren und nachzudenken, bevor du deinen Gefühlen nachgibst und irgendetwas Unüberlegtes tust, ja?«

Ich nickte wieder.

»Hast du mich verstanden?«

»Ja, Mama, ich weiß schon. Aber manchmal ist das echt schwierig«, sagte ich leise und malte mit meinem großen Zeh einen Kreis auf den Küchenfußboden.

»Ich weiß, Schatz. Ich weiß. Und ich wünschte, ich könnte irgendetwas tun, um es dir leichter zu machen«, sagte sie und nahm mich in den Arm.

Am nächsten Tag in der Schule wurde ich zum Direktor gerufen. Wie mit Mama besprochen, entschuldigte ich mich und versprach, nie wieder einfach so aus der Schule wegzulaufen. Ich sagte, es täte mir sehr leid und dass ich jetzt wüsste, dass das verboten ist. Der Direktor lächelte und sagte:

»Weißt du, Janine, wenn ich ganz ehrlich bin, kann ich sogar verstehen, dass du weggelaufen bist. Es war sehr dumm, was Kazim da gesagt hat. Aber es wird dir noch öfter in deinem Leben passieren, dass Leute dumme Sachen zu dir sagen. Da wirst du auch nicht immer weglaufen können, ohne dass es Konsequenzen hat. Was willst du denn eigentlich mal werden?«

»Ärztin«, sagte ich wie aus der Pistole geschossen. Ärztin war mein Lieblingsberuf.

»Mhm«, er überlegte. »Na ja, dann stell dir vor, ein Patient hat Husten. Du verschreibst ihm einen Hustensaft, aber nach drei Tagen kommt der Patient wieder und hat immer noch Husten. Vielleicht, weil er keine Lust hatte, sich ins Bett zu legen, wie du ihm geraten hast. Du kannst den Patienten sowieso nicht leiden und dann sagt der auch noch: ›Das war die falsche Medizin, die Sie mir da verschrieben haben! Die wirkt ja gar nicht! Was sind Sie denn für eine Ärztin?‹ Was würdest du denn dann machen?«

Das war nicht schwer: »Na, ich würde ihm das noch mal erklären. So lange, bis er es verstanden hat. Dass er sich auch ins Bett legen muss und Orangensaft und Tee trinken und warme Socken anziehen soll.«

»Genau! Du würdest erst mal mit ihm reden. Das hättest du mit Kazim auch machen können. Reden bringt einen meistens am weitesten. Egal, wer schuld an einem Streit ist.« Der Direktor lächelte.

Ich nickte. Es hatte jetzt keinen Sinn, zu erklären, dass ich ja gar nicht darüber nachgedacht hatte und dass mir gar keine Wahl geblieben war, als ganz schnell wegzulaufen.

Der Direktor sagte noch, Kazim hätte das mit meinen Eltern nicht so gemeint. Er hätte ihm versprochen, sich heute bei mir zu entschuldigen. Es täte ihm wirklich leid, das hätte er ihm versichert. Dann schickte er mich zurück in meine Klasse. Wenigstens hatte ich keine Strafe bekommen.

Als ich zu unserem Klassenzimmer ging, tippte mir von hinten jemand auf die Schulter.

»Hallo, Janine«, sagte Kazim schüchtern. »Kann ich kurz mit dir reden?«

Ich blieb stehen, schaute ihn voller Verachtung an und sagte kein Wort. Blöder Idiot!

»Es tut mir leid, was ich gestern gesagt habe! Entschuldigung!« Kazim war ganz rot angelaufen. Er streckte mir seine Hand entgegen. Sie zitterte ein bisschen.

Ich sah ihm in die Augen.

»Komm schon, Janine, das war echt nicht so gemeint. Tut mir echt leid.« Seine Hand zitterte immer noch vor mir.

Ich ignorierte sie und sagte eiskalt: »Ich möchte mich jetzt nicht mit dir vertragen. Es ist mir total egal, ob es dir leid tut. Es war völlig daneben, was du gesagt hast. Lass mich in Ruhe!«

Ich drehte mich um und ging zu unserem Klassenzimmer. Mit Kazim war ich fertig. Aber immerhin hatte ich mit ihm geredet, da konnte sich jetzt keiner beschweren.

Teddyjacke

Fehler sind das Tor zu neuen Entdeckungen.
JAMES JOYCE

»Mama, kann ich so eine Teddyjacke haben?«, ich hielt ihr ein Bild hin, das ich aus einem Anzeigenblatt von Karstadt herausgerissen hatte. Darauf sah man ein älteres Mädchen, das eine schneeweiße, superkurze Jacke trug. Die Jacke hatte ein breites Bündchen, betonte die Taille und sah unglaublich flauschig und bauschig aus. Durch den Saum der Kapuze war ein neonfarbenes Band gezogen worden, an dessen Enden silberne Perlen baumelten. Die Jacke war traumhaft schön!

Mama sah von den Strohsternen auf, die wir gerade bastelten, und blickte auf das Foto.

»Das ist nicht dein Ernst, Janine! Das ist ja eine scheußliche Jacke!«, rief sie und verzog angewidert das Gesicht.

Mist, das würde schwierig werden.

»Aber das ist total modern, Mama! Silvia hat auch so eine Jacke. Außerdem ist sie auch sehr warm und hat eine Kapuze«, versuchte ich, Mama zu überzeugen. Vernünftige Argumente funktionierten meistens.

»Nein, Schatz, tut mir leid, aber diese Jacke werden wir nicht kaufen. Sie ist viel zu kurz, da holst du dir noch eine Nierenentzündung. Wir wollten dir doch eine schöne, warme Daunenjacke kaufen, so wie Kerstin eine hat!«

Ich war verzweifelt. Ich fand diese Jacke nicht nur wunderschön, ich liebte diese Jacke! Ich musste sie einfach haben. Ich versuchte es noch einmal:

»Ich will aber diese Teddyjacke! Die ist so cool! Bittebitte! Ich wünsche sie mir so sehr!«

»Janine, es tut mir wirklich leid, aber diese Jacke ist nicht nur unpraktisch und zu kalt, sondern auch noch wirklich scheußlich. Nächste Woche fahren wir in die Stadt und kaufen dir eine schöne Daunenjacke. Du kannst dir die Farbe und alles aussuchen. Nur nicht diese Jacke. Ende der Diskussion. Und jetzt wirf das Bild weg und bastle deinen Stern fertig!«

»Aber …«, begann ich noch einmal.

»Janine!«, Mama hatte ihren drohenden Ton angeschlagen. »Ende der Diskussion, hab ich gesagt, und das hab ich auch so gemeint. Also: Setz dich hin und gib Ruhe!«

»Oh, Mann. Nie darf ich mir mal was selber aussuchen …«, murmelte ich. Das war mal wieder alles total ungerecht. Schließlich ging es hier um eine Jacke für *mich*, nicht für Mama. Sie sollte sie ja gar nicht anziehen, was spielte es da für eine Rolle, ob sie ihr gefiel?

»Du solltest dich langsam fertig machen, deine Mutter und dein Vater kommen in einer halben Stunde, um dich abzuholen«, sagte Mama nach einer Weile.

»Helmut«, sagte ich. Ich hasste es immer noch, wenn jemand ihn »meinen Vater« nannte. Vor eineinhalb Jahren hatten sie meinen Blutstropfen mit seinem verglichen. Es war also schon länger bewiesen, dass er mein leiblicher Vater war. Aber ich fand ihn immer noch blöd. Vorher wollte er nichts mit mir zu tun haben. Seit wir das Ergebnis von dem Test kannten, war er plötzlich total nett zu mir. Wieso? Ich war doch die Gleiche wie vorher. Vor über einem Jahr hatten meine leiblichen Eltern geheiratet. Und jetzt musste ich immer »Vati« zu ihm sagen. Ich war in der sechsten Klasse auf dem Gymnasium und elf Jahre alt. Ich brauchte jetzt echt keinen neuen Vater mehr.

»Nina, versprich mir, dass du keine Probleme machst am Wochenende, ja?«

»Mhm«, ich nickte, stand auf und ging in mein Zimmer, um meine Sachen fürs Wochenende zusammenzusuchen.

Eine halbe Stunde später klingelte es an der Tür. Ich machte auf und da stand meine Mutter. Sie hatte eine Bluse mit einem Muster an, das aussah wie ein Tigerfell. Aber aus ganz dünnem Stoff. Darüber ein Jackett und dazu einen kurzen, engen Rock aus schwarzem Leder und hohe Schuhe. Ihre Haare waren schon wieder länger geworden und glänzten. Sie lächelte.

»Hallo, Janine. Bist du fertig? Wollen wir los?«

Ich verabschiedete mich von Mama. Es war Freitagnachmittag, Papa würde erst in einer Stunde aus der Arbeit kommen, und Kerstin und Stefan waren oben in ihren Zimmern.

»Wir fahren heute mit dem Bus, dein Vater muss noch ein paar Erledigungen machen. Wir treffen ihn gleich zu Hause«, erklärte sie. Wir gingen los zur Bushaltestelle. Im Bus setzten wir uns nebeneinander. Als wir uns gerade hingesetzt hatten, sagte sie:

»Ach Gott, ich muss ja noch für uns stempeln! Bleib du hier sitzen, ich gehe schnell nach vorne.«

Obwohl der Bus so ruckelte, hatte Mutti überhaupt kein Problem, auf ihren hohen Schuhen zu laufen. Ich hatte es bei ihr zu Hause mal ausprobiert und konnte mir gar nicht vorstellen, wie man in hohen Schuhen so laufen konnte. Nur ganz leicht berührte sie die Haltestangen und die Sitze, um das Gleichgewicht nicht zu verlieren, und ich konnte ihre langen, roten Fingernägel sehen. Bei jedem Schritt wackelte ihr Po ein bisschen. Zwei Reihen vor uns saßen zwei ältere Jungen, vielleicht so alt wie Kerstin, achtzehn oder neunzehn. Der eine stieß den anderen mit dem Ellenbogen an und deutete auf meine Mutter. Sie grinsten beide. Als meine Mutter an dem Entwerter angekommen war, schüttelte sie ihre langen blonden Haare aus dem Gesicht, steckte nacheinander beide Fahrkarten in den Schlitz und drehte sich dann wieder um. Als sie an der Bank mit den beiden älteren Jungen vorbeikam, sagte der eine von ihnen etwas zu ihr. Ich konnte nicht hören, was, aber meine Mutter lächelte kurz. Auch die anderen Männer im Bus hatten ihr Blicke zugeworfen. Hoffentlich würde ich auch mal so aussehen! Hoffentlich würden die Männer mir auch mal so nachschauen! Meine Mutter war die einzige Frau, die ich kannte, die alle immer so anschauten. Wenn ich mit Mama im Bus fuhr, passierte das nie. Ich liebte Mama, aber sie war eben nicht so hübsch wie meine Mutter. Sie setzte sich wieder neben mich.

»Und, was hast du heute so gemacht?«, fragte meine Mutter.

»Wir haben Strohsterne gebastelt. Nächste Woche ist in der Kirche ja der Adventsbasar«, sagte ich. In vier Wochen war Weihnachten, und Mama, Stefan und ich bastelten schon seit einer Woche. Mama konnte sehr gut basteln. Ihre Sterne wurden auf dem Basar verkauft. Der Erlös wurde dann gespendet. Die Sterne von Stefan und mir waren nur manchmal schön genug für den Basar. Wenn wir uns sehr viel Mühe gaben und Mama ein bisschen half. Aber meistens hatten wir nicht so viel Geduld. Dann hängte Mama sie an den Adventskranz oder schenkte sie unseren Verwandten.

Meine Mutter kicherte. »Oh Mann, Strohsterne! Das ist ja schon ganz schön spießig bei euch, oder? Ist das nicht langweilig, den ganzen Tag Strohsterne basteln?«

»Ich war ja vorher noch in der Schule! Außerdem haben wir auch noch kleine Krippen aus Walnussschalen gebastelt!«

»Na dann«, sagte meine Mutter, grinste und schaute aus dem Fenster.

Ich schaute auch aus dem Fenster.

Kurz bevor sie geheiratet hatten, waren sie und Helmut in eine neue Wohnung gezogen, die in der gleichen Gegend lag wie die, in der sie zuvor alleine gewohnt hatte. Ich war in diesem Jahr ungefähr alle zwei Monate zu Besuch gewesen. Die neue Wohnung lag in einem Wohngebiet mit vielen Mehrfamilienhäusern. In jedem Haus wohnten sechs oder sieben Familien. Die neue Wohnung war größer als die alte. Es gab jetzt zwei große Sofas und einen dazu passenden Sessel. Auf einem der Sofas schlief ich, wenn ich bei ihnen war. In der alten Wohnung hatte ich bei meiner Mutter im Bett geschlafen. Das war immer noch riesig. Aber jetzt schlief da Helmut. Zur Küche hin hatten sie eine Theke, vor der vier Barhocker standen. Das fand ich cool.

Ich sah mir im Wohnzimmer *Western von gestern* an, und meine Mutter telefonierte mit irgendwem im Schlafzimmer. Auf dem Couchtisch lag ein Modekatalog. Als *Western von gestern* vorbei war, nahm ich den Modekatalog und blätterte darin. Plötzlich sah ich ein Bild von meiner Mutter. Sie trug einen dunkelbraunen, leicht glänzenden Overall. Dazu hatte sie einen breiten schwarzen Gürtel und kurze schwarze Stiefel an. Sie saß auf einem Motorroller. Neben ihr stand eine andere Frau, die ein Kleid trug. Die beiden lächelten.

»Ja, da schaust du, was? Deine Mutti ist jetzt Model!«

Ich erschrak. Ich hatte gar nicht gehört, dass Helmut nach Hause gekommen war. Er stand hinter mir und sah mir über die Schulter.

»Weiter hinten bei den Mänteln kommt sie auch noch mal«, sagte er.

Ich wusste nicht, was ich sagen sollte, und blätterte weiter in dem Katalog. Aber ich fand sie nicht noch mal.

Helmut setzte sich auf den Sessel und fragte: »Was möchtest du denn mal werden? Auch Model?«

»Ärztin.«

Dazu fiel ihm nichts ein. Er hielt mir ein großes, flaches Päckchen hin, das in Geschenkpapier eingepackt war. Er hatte sehr große Hände und trug zwei breite Goldringe. Auf einem war ein eingeritztes Bild, ein Wappen, hatte er mir erklärt. Man konnte den Ring in Wachs drücken, dann sah man das Bild als Abdruck.

»Hier, guck mal, für dich.« Die Schleife war mit dem goldenen Aufkleber eines Geschäfts festgemacht. »Na los, pack's aus und schau nach, was dir dein Vati mitgebracht hat!«, sagte er und wedelte mit dem Geschenk.

»Danke«, sagte ich, nahm es und wickelte das Papier ab. Es war eine Jumbotafel Schokolade mit ganzen Haselnüssen.

»Oh, danke!«, sagte ich möglichst freundlich. Meine Lieblingsschokolade war eigentlich Vollmilch.

»Dein Vati weiß doch, was seiner Tochter schmeckt!«, sagte er, beugte sich zu mir nach vorne und strubbelte mir über den Kopf.

Ich machte das Papier an einer Seite auf und brach mir eine Rippe ab.

»Aber nicht zu viel! Wir wollen ja gleich noch essen gehen!«, sagte Helmut und hob den Zeigefinger. Dabei grinste er und lehnte sich wieder zurück.

»Okay«, sagte ich und schob mir die Schokolade in den Mund. Ich wusste nicht, was ich sagen sollte. Aber erst mal hatte ich ja auch den Mund voll. Dann fiel mir etwas ein: »Letztes Wochenende waren wir mit Mama und Papa auch essen. Mama hatte Geburtstag und Papa hat uns alle in den Försterhof eingeladen«, sagte ich.

Helmut rutschte auf seinem Sessel etwas nach vorne, sah mich an und sagte: »Vergiss mal die anderen, Janine. Ich bin jetzt dein Papa. Wir holen dich bald und dann sind wir eine Familie.« Dann stand er auf und ging in Richtung Schlafzimmer.

Was meinte er mit *holen*? Ich war doch schon da. Ich blätterte weiter in dem Katalog.

Eine halbe Stunde später setzten wir uns in Helmuts Amischlitten. Das Auto war wirklich cool. Die roten Ledersitze waren so weich, dass ich bei jedem Hubbel auf der

Straße nach oben hüpfte. Fast wie auf einem Hüpfball. Auf der Sitzbank hinten war so viel Platz, dass mindestens noch drei Kinder neben mich gepasst hätten. Helmut machte laute Musik an. Sein Autoradio hatte auch einen Kassettenrekorder. Bei Mama und Papa im Auto hörten wir nie Musik, nur die Verkehrsnachrichten. Bei Helmut gab es immer laute Rockmusik. Obwohl ich Helmut nicht mochte, fand ich das cool. Wir fuhren in ein Restaurant, wo wir uns mit Freunden von ihnen trafen. Der Kellner begrüßte Helmut und meine Mutter, als wären sie Freunde. Er schenkte mir einen kleinen roten Lolli und zwei Kugelschreiber, auf denen der Name des Restaurants stand, und zeigte uns, wo wir saßen. Als die Freunde meiner Eltern da waren, bestellten wir. Ich aß Spaghetti Bolognese. Die Soße schmeckte allerdings nicht so gut wie die Bolognese von Mama. Während des Essens erzählte Helmut den Freunden, dass ich bald bei ihnen einziehen würde, weil wir jetzt eine Familie wären.

»Ist sie nicht eine Schönheit?«, fragte er. »Wie ihre Mutter!«

Meine Mutter lächelte. Mir war das total peinlich, aber ich lächelte auch. Zum Nachtisch durfte ich noch ein Eis bestellen. Später malte ich ein bisschen mit den Kugelschreibern, bis wir wieder nach Hause fuhren. Ich wusste nicht, was ich sonst machen sollte.

Am nächsten Tag war Samstag und meine Mutter wollte in die Stadt einkaufen gehen. Helmut fuhr uns zum Rudolfplatz, wo wir ausstiegen und in Richtung Mittelstraße gingen. Als erstes wollte meine Mutter in eine Boutique, die in einer der Seitenstraßen der Mittelstraße war und in der eine Freundin von ihr arbeitete. Es war gerade nicht viel los in der Boutique, deshalb tranken die beiden einen Kaffee und setzten sich auf zwei kleine, verzierte Eisenstühle, die in der Mitte des Verkaufsraums standen.

»Schau dir doch ein bisschen die Sachen an und probier an, was du möchtest!«, sagte Mutti. Aber die Sachen waren alle für Erwachsene und für mich zu groß. Auf einem Regal standen einige Paar Schuhe, die meisten mit hohen Absätzen. Ich probierte sie an und versuchte, damit vor dem Spiegel auf und ab zu gehen. Aber die waren viel zu groß und ich schlupfte hinten immer raus. Dann versuchte ich, mir aus den Tüchern, die in einem großen Korb lagen, einen Schleier zu binden. Als ich das letzte Mal bei meiner Mutter gewesen war, hatten wir den Film *Die Bibel* angeschaut. Da hatten viele Frauen Schleier um. Aber sie rutschten immer runter und irgendwann hatte ich keine Lust mehr. Meine Mutter war mittlerweile aufgestanden und schaute sich die Sachen an den Ständern an. In einer Hand hielt sie zwei Bügel mit einem Kleid und einem Rock.

»Können wir bald weitergehen?«, fragte ich meine Mutter.

»Ich probier nur noch kurz etwas an, Schatz! Guck dich doch noch ein bisschen um«, antwortete sie.

Es dauerte endlos lange, bis sie auch gehen wollte. Sie kaufte zwei Röcke und einen Pulli. Wir verabschiedeten uns von ihrer Freundin und als wir wieder auf der Straße waren, sagte sie:

»Jetzt kaufen wir dir auch was Schönes. Du darfst dir etwas wünschen. Was möchtest du denn gerne haben?«

»Egal, was?«, fragte ich.

Sie nickte und sagte: »Ja, egal, was.«

»Okay, dann wünsche ich mir eine Teddyjacke!«, antwortete ich. »Es gibt so eine bei Karstadt. Aber Mama wollte sie mir nicht kaufen.« Das sagte ich vorsichtshalber dazu. Trotzdem hatte ich ein ungutes Gefühl. Aber ich schob es schnell weg. Ich wollte diese Jacke unbedingt!

Meine Mutter lächelte: »Na, dann schauen wir uns die mal an, oder?«

Wir gingen die Breite Straße entlang bis zu Karstadt. In der Kinderabteilung fanden wir die Jacke. Ich probierte sie an und meine Mutter war total begeistert:

»Total süß, Janine! Du siehst aus wie ein kleiner Filmstar!«

Ich drehte mich vor dem Spiegel und fasste in das weiße Fell. Das sah wirklich toll aus.

»Ich versteh gar nicht, warum deiner Mama die Jacke nicht gefällt. Die sieht doch klasse aus!«

»Sie hat gesagt, sie ist hässlich und außerdem krieg ich damit eine Nierenentzündung.«

»Janine, deine Mama ist eine tolle Frau, aber manchmal finde ich ihre Ansichten echt langweilig und spießig.«

Ich wusste nicht genau, was spießig bedeutete. Und langweilig fand ich Mama eigentlich auch nicht. Ich fand es blöd, dass sie so schlecht über Mama redete, sagte aber nichts. Ich wollte, dass sie mir diese Jacke kaufte! Ich fragte Mutti, ob ich die Jacke sofort anziehen durfte.

»Ja, klar, kein Problem, dann packen wir einfach deine alte in die Tüte«, sagte sie und ich tauschte die Jacken aus. Mit der neuen Jacke fühlte ich mich supercool.

Abends durfte ich sogar bis elf Uhr Fernseh gucken. Das durfte ich zu Hause nie. Da musste ich unter der Woche um acht ins Bett und am Wochenende spätestens um neun.

Als ich am Sonntagabend nach Hause kam, stand Mama schon in der Haustür. Ich hatte die Teddyjacke an, aber Mama hatte wie immer sofort gesehen, dass es mir nicht so gut ging, und vertagte die unausweichliche Teddyjacken-Diskussion auf später.

»Über die Jacke reden wir später. Jetzt ruh dich erst mal aus«, flüsterte sie in mein Ohr, als sie mich umarmte.

Ich ging nach oben in mein Zimmer. Fünf Minuten später kam Mama und wir setzten uns auf die Kante von meinem Bett.

»Und, was habt ihr gemacht? Erzähl mal!«

Ich erzählte, dass wir essen waren und einkaufen. Dann musste ich plötzlich weinen und wusste gar nicht, warum.

Mama nahm mich in den Arm und wiegte mich hin und her.

»Mama, sie tut mir doch gar nichts, und schenkt mir doch sogar immer was!«

»Ich weiß, Schatz. Aber es ist schwierig für dich, weil deine Mutter und wir so unterschiedlich sind. Du willst keinem wehtun, und das ist manchmal schwierig. So schwierig, dass es dich traurig macht.«

Ich nickte. Ich hatte Kopfschmerzen.

»Leg dich ein bisschen hin und hör dir eine Kassette an, ja? Und dann essen wir was Leckeres und alles sieht schon wieder besser aus. Was wünschst du dir zum Essen? Lass mich raten, Spaghetti Bolognese?«

Ich nickte.

Sie hielt mir zwei verschiedene Drei-Fragezeichen-Kassetten hin, die ich besonders gerne mochte, und ich entschied mich für *Die drei Fragezeichen und der Zauberspiegel.* Ich war so froh, dass ich wieder zu Hause war.

Ich stand noch einmal zum Essen auf, dann ging ich ins Bett. Am nächsten Morgen konnte ich nicht in die Schule gehen, weil ich immer noch Kopfschmerzen hatte und gleichzeitig fror und schwitzte. Mama sagte, ich habe Fieber. Ich wusste nicht, warum, und ich wusste auch nicht, was ich dagegen machen sollte: Wenn ich bei meiner Mutter war, war ich danach immer mindestens zwei Tage krank. In der Schule waren sie dann am Mittwoch immer alle nett zu mir.

Am nächsten Samstag sagte Mama beim Frühstück: »Janine, ich wollte dich nicht unnötig aufregen, als du krank warst. Aber jetzt geht's dir wieder gut und wir haben noch ein Hühnchen miteinander zu rupfen. Du weißt, dass ich mit dieser Teddyjacke nicht einverstanden bin. Darüber haben wir ja schon gesprochen. Ich weiß, dass du sie sehr gerne magst, aber ich finde es nicht okay, dass du dich meiner Entscheidung einfach so widersetzt. Dass du zwei Mütter hast, heißt nicht, dass du sie gegeneinander ausspielen kannst. Du brauchst für diesen Winter eine anständige, warme Jacke. In diesem Teddy-Ding wirst du bloß krank. Deshalb gehen wir heute in die Stadt. Du kannst dir eine schöne Daunenjacke aussuchen. Mit deiner Mutter habe ich schon gesprochen. Die Teddyjacke bringen wir wieder zurück.«

»Nein! Ich will sie behalten! Das ist meine Jacke, du darfst sie mir nicht wegnehmen!«

»Wir haben doch schon darüber gesprochen. Es hat sich nichts daran geändert, was ich gesagt habe: Ich will nicht, dass du mit dieser Jacke rumläufst. Ich finde diese Teddyjacke fürchterlich und es ist mir egal, ob deine Mutter sie gekauft hat. Es geht mir dabei nicht ums Geld, ich hätte sie dir auch kaufen können. Stefan und Kerstin haben schöne Daunenjacken. Du bekommst jetzt auch eine und die Teddyjacke bringen wir zurück.«

»Das ist *meine* Jacke! Du bist blöd!«, rief ich. Ich war so wütend.

Sie trat einen Schritt zurück und sagte: »Wir wissen beide, dass du das nicht so meinst. Niemand ist blöd. Du nicht, ich nicht und deine Mutter auch nicht. Auch wenn es kurze Zeit deine Jacke war und du dich auf den Kopf stellst: Wir bringen die Teddyjacke heute zurück. Das ist so sicher wie das Amen in der Kirche.« Jetzt war sie auch wütend. Ich machte mich los und rannte die Treppe rauf in mein Zimmer.

Ich war nicht lange wütend. Später fuhren wir in die Stadt und brachten die Teddyjacke wieder zurück. Es tat mir total leid um die Jacke, aber irgendwie war ich auch erleichtert, dass sie wieder weg war. Ich hatte sie die restliche Woche, als ich wieder in die Schule ging, gar nicht angezogen, obwohl Mama nichts gesagt hatte. Ich fand sie immer noch schön, aber es hätte sich falsch angefühlt.

Ich bekam eine blaue Daunenjacke. Am Sonntag, als Mama gerade das Mittagessen kochte, schlich ich mich in den Flur, zog die neue Daunenjacke noch einmal an und schaute in den Spiegel. Mama hatte recht. Sie war auch schön. Nicht so auffällig, aber dafür erwachsener. Sie sah aus wie die von Kerstin. Und passte irgendwie auch sehr gut zu mir.

Wir holen dich da raus!

Die Liebe besitzt nicht, noch will sie Besitz sein,
denn die Liebe ist der Liebe genug.
KHALIL GIBRAN

Zwei Wochen später, also eine Woche vor Weihnachten, sollte ich das Wochenende schon wieder bei meinen leiblichen Eltern verbringen. Normalerweise war immer mehr Zeit zwischen den Besuchen. Ich hatte keine Ahnung, warum es diesmal anders war. Am Wochenende war dritter Advent und der Kinderchor hatte am Sonntag in der Messe einen Auftritt. Seit drei Wochen übten wir Weihnachtslieder. Bei *Sei uns willkommen, Herre Christ* durfte ich ein Stück ganz alleine singen. Am Samstag wollten wir eigentlich alle zusammen Plätzchen backen. Sogar Kerstin und Papa hatten versprochen, mitzumachen. Aber meine Mutter hatte am Mittwochabend angerufen:

»Ich hol dich am Samstagmorgen ab.«

»Aber am Sonntag singe ich doch mit dem Chor in der Kirche!«, hatte ich gesagt.

»Das kannst du doch auch ein anderes Mal machen. Ihr singt da doch sowieso die ganze Zeit. Wir holen dich am Samstag morgen ab«, hatte sie geantwortet. Dann hatte sie aufgelegt. Heute war Donnerstag. Papa war gerade nach Hause gekommen und gleich sollte es Abendessen geben. Ich war mit Mama in der Küche und half ihr den Tisch zu decken.

»Mama, warum muss ich denn am Wochenende zu meiner Mutter? Ich möchte viel lieber hierbleiben«, sagte ich zu Mama.

»Ja, ich weiß, Schatz, aber da kommen wir nicht drum herum, das muss leider sein.«

»Warum denn?«

»Sie ist deine Mutter und kann bestimmen, wann sie dich sehen möchte.«

»Aber wieso kann ich nicht bestimmen, wann ich sie sehen möchte?«

»Weil du ein Kind bist und so etwas noch nicht bestimmen kannst.«

»Aber ich möchte doch so gerne am Sonntag singen!« Ich fand es so ungerecht. Nie durfte ich etwas bestimmen.

Mama sah mich traurig an. »Es tut mir leid, Schatz, daraus wird wohl nichts. Aber ihr macht doch sicher auch wieder etwas Schönes zusammen. Und mit dem Chor singst du ja öfter, das läuft dir nicht weg.«

Sie ging in den Keller, um noch schnell die Wäsche aufzuhängen. Ich überlegte. Und wenn ich meiner Mutter einfach sagte, dass ich lieber hierbleiben wollte am Wochenende? Sie könnte mich ja nicht zwingen. Ich konnte es ja wenigstens mal versuchen.

Ich ging in den Flur. Das Telefon war auf einer kleinen Kommode. Daneben stand ein Stuhl, damit man sich hinsetzen konnte, wenn man länger telefonierte, aber ich blieb stehen. Ich hob ab und wählte die Nummer. Es tutete. Dann meldete sich meine Mutter und ich sagte:

»Hallo, Mutti, hier ist Janine.«

»Ach Janine, hallo! Was gibt's denn? Wir wollen gleich aus dem Haus, also sag schnell, was los ist.«

»Ich möchte nicht zu euch am Wochenende«, sagte ich leise.

»Was hast du gesagt? Ich hab dich nicht verstanden, Janine. Sag das bitte noch mal lauter.«

»Ich will nicht zu euch am Wochenende!«, sagte ich laut. Aus dem Augenwinkel sah ich, dass meine Mutter die Kellertreppe nach oben kam. Sie sah mich erschrocken an.

»Aber das haben wir fest ausgemacht. Wir haben doch Onkel Horst und meine Cousinen eingeladen. Das können wir jetzt nicht mehr absagen. Ich hole dich am Samstag ab, wie ausgemacht.«

Mutti klang ein bisschen sauer. Aber plötzlich war mir das egal.

»Ich möchte aber nicht. Ich komme nicht mit«, sagte ich jetzt ziemlich laut. Mama lief zu mir, schüttelte heftig mit dem Kopf und machte mir irgendwelche Zeichen.

»Janine! Ich bin deine Mutter, du tust, was ich dir sage!« Jetzt war sie richtig sauer, aber ich auch!

»Nein!«, schrie ich und Mama versuchte, mir den Telefonhörer wegzunehmen. Sie sah ängstlich aus. Aber ich drehte mich weg.

»Ich will am Samstag mit Mama Plätzchen backen und am Sonntag in der Kirche singen! Das kannst du mir nicht wegnehmen! Das war alles schon viel länger ausgemacht!« Ich war jetzt so wütend, dass ich fast heulen musste.

»Gib mir sofort deine Mutter!«, schrie sie ins Telefon. Ich hielt Mama den Hörer hin. Jetzt hatte ich alles gesagt. Sie schrie jetzt so laut, dass man sie verstehen konnte, auch wenn man nur danebenstand. Ich hörte, wie sie Mama ins Ohr schrie:

»Ich hole das Kind jetzt sofort! Das hab ich Ihnen immer gesagt! Das reicht jetzt, ich hole sie zurück!«

Mama versuchte etwas zu sagen, aber am anderen Ende der Leitung schrie plötzlich eine Männerstimme:

»Wir holen das Kind jetzt da raus! Das ist mein Kind! Wir sind eine Familie! Ihr habt es nicht anders gewollt, jetzt ist es so weit! Wir sind in zehn Minuten da!«

Dann war es plötzlich still. Meine Mama hielt den Telefonhörer. Ihre Hand zitterte. Plötzlich fing sie an zu weinen und setzte sich auf den Stuhl neben der Telefonkommode. Sie vergrub ihr Gesicht in ihren Händen. Sie schluchzte ganz laut. Ich stand einfach nur da und wusste nicht, was ich machen sollte.

»Karin, was ist denn los?« Papa kam aus dem Wohnzimmer und ging schnell zu Mama. Er streichelte ihr über den Rücken und das Schluchzen wurde ein bisschen leiser. Dann ließ sie langsam die Hände sinken und schaute Papa an.

»Das ist der Mann, nicht sie«, sagte sie.

»Was meinst du damit? Was ist denn überhaupt passiert?« Papa nahm ihr den Telefonhörer aus der Hand, hielt ihn an sein Ohr und fragte. »Hallo?« Aber es war keiner mehr dran und er legte auf.

»Das war Ninas Vater. Er hat gesagt, sie holen sie hier weg. Sie kommen in zehn Minuten. Was sollen wir bloß tun?«, sagte Mama.

Papa hielt sich die Hand vor den Mund. Er sah sehr erschrocken aus.

Plötzlich begriff ich. Sie wollten mich *für immer* von hier wegholen. Nur weil ich am Sonntag singen wollte.

»Das dürfen die nicht! Ich bleibe hier!«, schrie ich und rannte in die Küche. Ich setzte mich ganz hinten auf die Eckbank, zog die Füße hoch und machte mich so klein wie möglich. *Das dürfen die nicht. Das dürfen die nicht. Das dürfen die nicht,* ging es in meinem Kopf immer weiter. Mama und Papa redeten im Flur miteinander. Sie klangen total aufgeregt. Ich hatte Angst.

Als wäre es ganz weit weg, hörte ich die Rollläden runterrasseln. Zuerst im Erdgeschoss. Dann das gleiche Geräusch leiser. Das waren die Rollläden oben. Jemand schloss die Haustür ab. Ich hörte, dass Kerstin und Stefan mit Mama redeten, konnte aber nicht verstehen, was.

Das dürfen die nicht. Das dürfen die nicht. Das dürfen die nicht.

Papa kam in die Küche und setzte sich neben mich auf die Eckbank an den Küchentisch. Er legte den Arm um mich und sagte leise in mein Ohr: »Hab keine Angst! Ich passe auf dich auf.«

»Ich rufe jetzt das Jugendamt an. Sie müssen die Leute zur Vernunft bringen!«, sagte Mama von der Tür zum Flur. Sie sah ganz verknautscht aus im Gesicht und das Weiße in ihren Augen war rot.

»Gut. Mach das. Ich bleibe bei Janine«, sagte Papa.

Papa und Mama waren sehr ernst und ich merkte, dass beide große Angst hatten, obwohl sie versuchten, es nicht zu zeigen.

Papa sagte noch einmal: »Hab keine Angst, so einfach kommen die hier nicht rein. So einfach können sie dich uns nicht wegnehmen.« Ich konnte gar nichts sagen. Und auch nicht weinen. Ich dachte nur immer: *Das dürfen die nicht. Das dürfen die nicht.*

Wir hörten Mama telefonieren. Nach einer Weile rief sie nach Stefan und Kerstin und kurz danach kamen alle zu uns in die Küche.

»Die Leute vom Jugendamt versuchen, sie zu erreichen. Wenn sie nicht mit ihnen sprechen können, kommen sie hierher. Sie sagen, die Lage ist ernst, aber so einfach ist es dann doch nicht. Wir können jetzt nur abwarten und versuchen, uns nicht verrückt zu machen.«

Mama setzte sich auf die Bank, Stefan fing an zu heulen und kuschelte sich ganz eng an sie ran. So blieben wir ziemlich lange sitzen. Irgendwann versuchten wir, zu Abend zu essen. Aber richtig viel Hunger hatten wir alle nicht und so räumten wir die Sachen schnell wieder weg. Mama fragte mich noch mal, was meine Mutter ganz genau am Telefon gesagt hatte, und was genau ich gesagt hatte. Ich versuchte, das alles noch mal zu wiederholen. Stefan schluchzte immer noch leise vor sich hin und irgendwann musste Mama auch wieder weinen.

»Es tut mir so leid!«, flüsterte sie.

»Ach Karin, mach dir doch jetzt keine Vorwürfe!«, sagte Papa und nahm ihre Hand.

Kerstin sagte: »So eine blöde Kuh! Kann die uns nicht in Ruhe lassen!«

»Kerstin, lass gut sein!«, murmelte Mama.

Dann sagte keiner mehr etwas. Es war ganz still. Wir hörten ein Auto. Ich hielt den Atem an. Aber es fuhr vorbei. Dann noch eins. Dann war es wieder still. So ging es eine Zeitlang. Ich legte meinen Kopf an Papas Schulter.

Ein ganz lautes Geräusch ließ mich plötzlich zusammenzucken. Es hatte geklingelt! Ich erschrak mich ganz fürchterlich und ließ mich blitzschnell unter die Eckbank gleiten. Ich quetschte mich in die hinterste Ecke und machte mich so klein es ging. So konnte mich keiner sehen. Vielleicht passierte nichts, wenn sie mich einfach nicht fanden! Ich presste meine Hände auf die Ohren und kniff die Augen ganz fest zu.

Eine Zeitlang passierte gar nichts. Ich hörte und sah ja nichts. Dann rüttelte jemand leicht an meinem Bein. Ich erschrak. Trotzdem machte ich eine klitzekleine Lücke zwischen Zeige- und Mittelfinger und öffnete das Auge dahinter so weit, dass ich ein bisschen was sehen konnte. Ich sah ein bekanntes Gesicht und war überrascht.

»Frau Antunes?«, flüsterte ich. Das war das erste Mal, dass ich mich freute, die Frau vom Jugendamt zu sehen. Normalerweise war es immer ein totaler Stress, wenn sie kam. Wir mussten überall aufräumen und alles perfekt und richtig machen. Mama sagte mir tausend Mal, dass ich ruhig bleiben sollte, egal, was sie mich fragen würde. Obwohl sie eigentlich immer nett war, fand ich es blöd, wenn sie kam. Außer jetzt.

Ich kroch unter der Bank hervor und wir setzten uns alle noch einmal zusammen an den Küchentisch und erzählten Frau Antunes, was passiert war. Als wir alles erzählt hatten, war es schon zehn Uhr abends und Mama schickte Stefan und mich nach oben ins Bett. Morgen war Schule und normalerweise musste ich unter der Woche um halb neun ins Bett. Stefan sogar schon um acht.

Gerade, als ich mir die Zähne geputzt hatte, hörte ich, dass unten das Telefon klingelte. Mama ging ran. Ich schlich mich aus dem Bad und blieb oben am Treppenabsatz stehen.

»Beruhigen Sie sich doch!«, hörte ich Mama sagen. Und nach einer Pause: »Ist schon gut. Sie haben uns einen ganz schönen Schrecken eingejagt.« Wieder eine kurze Pause. Dann sagte sie: »Sie ist schon im Bett. – Nein, gerade eben erst. – Aber es wäre gut, wenn es nicht so lange dauert, sie hat sich große Sorgen gemacht und ist sehr erschöpft.« Ich hörte, wie sie den Hörer neben das Telefon legte und zur Treppe ging.

»Janine, stehst du da oben? Kommst du bitte noch mal kurz runter?«, sagte sie.

»Okay«, antwortete ich und kam die Treppe runter.

Sie ging wieder zum Telefon, nahm den Hörer und bedeckte die Seite, in die man reinsprach, mit einer Hand. »Deine Mutter ist dran. Sie möchte sich bei dir entschuldigen, dass sie uns heute so Angst gemacht hat.«

Ich presste die Lippen zusammen und schüttelte den Kopf.

»Auch wenn es schwerfällt, sei nett zu ihr, ja?«

Ich schüttelte wieder den Kopf. Warum sollte ich jetzt nett zu der sein?

»Bitte, Janine«, sagte Mama und sah mir fest in die Augen. »Wir wollen sie nicht verärgern, okay? Das ist jetzt wirklich wichtig.« Sie hielt mir den Hörer hin. »Bitte.« Zwischen ihren Augenbrauen war die Falte und sie sah sehr müde aus. Ihre Augen waren vom Weinen ganz rot.

Ich nahm den Hörer und sagte: »Hallo, hier ist Janine.«

»Janine, mein Schatz, es tut mir so leid!« Meine Mutter schniefte. »Wir wollten dir keine Angst machen. Bitte vergiss nicht, dass ich dich sehr lieb hab.« Sie sprach leise und klang, als würde sie gleich losheulen.

»Okay.«

»Bitte entschuldige. Du musst am Wochenende nicht zu uns kommen. Wir holen dich ein andermal. Ich melde mich wieder, ja?«

»Okay.«

»Gute Nacht. Schlaf schön!«

Ich sagte auch gute Nacht und legte auf.

Danach ging ich ins Bett, aber obwohl ich total müde war, konnte ich nicht einschlafen. Irgendwann hörte ich, wie die Haustür auf- und wieder zugemacht wurde. Wahrscheinlich war Frau Antunes jetzt gegangen.

Kurz danach telefonierte Mama noch einmal. Ich lauschte ein bisschen und verstand, dass sie mit meiner ältesten Schwester Anne sprach und ihr von dem ganzen Terror erzählte. Sie fragte, ob sie am Wochenende kommen könnte. Ich würde Mama morgen fragen, was Anne geantwortet hatte. Ich würde mich so freuen, wenn sie käme! Seit sie zum Studium weggezogen war, kam es mir manchmal so vor, als fehlte jemand.

Kurz nachdem Mama aufgelegt hatte, kamen Mama und Papa die Treppe nach oben. Als alles ruhig war, fiel mir ein, dass wir uns heute gar keinen Gutenachtkuss gegeben hatten. Alles war so durcheinander gewesen. Ich stand auf und ging zum Schlafzimmer hinüber. Die Tür war nur angelehnt, Mama sagte gerade:

»Wie kann der nach all den Jahren hier ankommen und versuchen, unsere Familie kaputtzumachen? Es war alles friedlich, als nur Janines Mutter im Spiel war. Jetzt kommt dieser Mann und bringt hier eine Unruhe rein, wiegelt die

Frau gegen uns auf und versucht uns das Kind wegzunehmen. Es hat doch all die Jahre so wunderbar funktioniert!«

»Mach dir keine Sorgen, es wird sich schon alles wieder einrenken. Solange wir kooperativ sind, keine Fehler machen und die Sache nicht eskalieren lassen, haben wir trotz allem gute Chancen, dass alles so bleiben kann. Das hat Frau Antunes ja gerade bestätigt.«

Mir wurde plötzlich ganz kalt. Schnell ging ich wieder ins Bett.

Urlaub in Österreich

Verständnis kommt uns durch die Liebe.
RICHARD WAGNER

Im letzten Jahr hatte es viel Streit gegeben. Obwohl sie uns so viel Angst gemacht hatten, hatte ich meine Mutter und Helmut auch nach dem schrecklichen Anruf kurz vor Weihnachten ab und zu am Wochenende besucht. Aber es war nicht mehr wie früher. Seit dem Anruf, als sie mich das erste Mal von zu Hause wegholen wollten, hatte ich keine richtige Lust mehr, sie zu besuchen, aber ich wusste, dass ich das nicht sagen durfte. Mama sagte immer, es wäre besser, wenn ich nett zu ihnen wäre. Das versuchte ich auch. Aber ich fand es einfach ungerecht, dass immer alles so sein musste, wie sie wollten. Manchmal schrien sie dann wieder ins Telefon. Das war seit Weihnachten noch drei Mal passiert: Irgendwann kurz nach Karneval, dann eine Woche nach meinem zwölften Geburtstag und das letzte Mal zwei Wochen, bevor wir in den Urlaub gefahren waren. Sie schrien jedes Mal »Wir holen jetzt das Kind!«. Mama flippte dann immer aus, weinte und machte sich Sorgen. Sie hatte jedes Mal Angst, dass die wirklich kommen. Ich auch ein bisschen. Aber sie kamen nie. Vor drei Wochen, als meine Mutter das letzte Mal gesagt hatte, sie würden mich jetzt gleich holen, hatte ich einfach aufgelegt und zu Mama gesagt:

»Wein doch nicht, die kommen sowieso nicht.«

Dann hatte ich mich in mein Zimmer gesetzt und mit dem Kassettenrekorder die Hitparade aufgenommen. Mein

Lieblingslied aus der Hitparade war gerade *Venus* von Bananarama. Gerade als es kam, hatte meine Mutter wieder angerufen, um sich zu entschuldigen. Das machte sie jedes Mal.

Am Wochenende, bevor wir in den Urlaub gefahren waren, war ich zu Besuch bei ihnen. Meine Mutter war wahnsinnig nett zu mir. Sie kaufte mir zwei Kleider und einen Bikini für den Urlaub und schlug vor, ins Kino in *A Chorus Line* zu gehen. Sonst war ihr das immer zu langweilig, mit mir ins Kino zu gehen. Aber *A Chorus Line* hat sie wohl interessiert. Ich hatte den Film schon längst mit Kerstin zusammen gesehen, die genauso gerne Tanzfilme mochte wie ich. Mit ihr zusammen durfte ich ins Kino gehen, wenn wir bis neun Uhr wieder zu Hause waren. Kerstin war ja schon zwanzig, eine Erwachsene. Ich sagte Mutti nicht, dass ich den Film schon mit Kerstin gesehen hatte, und sah ihn mit ihr noch einmal an. Ich hätte ihn noch zehn Mal anschauen können, ohne dass mir langweilig würde!

»Musstest du auch auf so einer großen Bühne vortanzen?«, fragte ich sie nach dem Film.

»Wann hätte ich das denn tun sollen?«, sie war ganz verwundert.

»Na, damals, als du dich beworben hast als Tänzerin!«, erinnerte ich sie.

»Ach so, ja, so ähnlich. Nicht ganz so groß«, antwortete sie und winkte einer Freundin zu, die sie zufällig vor dem Kinoeingang auf dem Hohenzollernring gesehen hatte.

Meine Eltern hatten lange überlegt, ob wir wirklich nach Österreich fahren sollten. Im April dieses Jahres hatte es den Super-GAU in Tschernobyl gegeben und Österreich war näher an Tschernobyl als Köln. Deshalb hatten wir zuerst Angst, dass es dort für uns gefährlich sein könnte wegen der Strahlen. Aber zum Glück war das dann doch nicht der Fall, es hieß bloß, man solle keine Pilze sammeln gehen und kein Wild essen. Wild mochte ich sowieso nicht. Und so waren wir vor einer Woche mit dem Auto losgefahren nach Rust an den Neusiedler See. Das war ganz nahe an Ungarn, aber noch in Österreich. Stefan, Mama, Papa und ich. Kerstin wollte später noch mit dem Zug nachkommen.

Jetzt standen wir in Rust auf dem Marktplatz.

»Guckt mal, die Störche fliegen weg!«, rief Stefan und zeigte nach oben auf das Rathausdach.

Wir wollten gerade zu einer Fahrradtour durch die Weinberge aufbrechen und hatten uns beim Fahrradverleih um die Ecke Räder gemietet. Mein Rad war zu klein und hatte keine Gänge, das ärgerte mich, aber es war kein großes Rad mehr dagewesen, also hatte Papa gesagt, ich sollte das Kinderrad nehmen. Man könnte ja den Sattel hochstellen. Dabei hatte Patrizia, die Tochter der Pensionswirtin, mir heute Morgen ihr eigenes Rad für die Tour angeboten. Patrizia und ich hatten uns schon richtig angefreundet in der einen Woche, die wir hier waren. Gestern hatten wir zusammen Pfannkuchen bei ihnen in der Küche gemacht und danach Memory gespielt. Sie hatte gesagt, es wäre kein Problem, wenn ich ihr Rad haben wollte für den einen Tag, weil sie noch ein altes im Keller hätte und es heute eh nicht brauchte. Aber Papa hatte gemeint, ich bräuchte es ja für mehrere Tage und da wäre es besser, wenn ich ein eigenes hätte. Als es dann kein normales mehr gab, hatte er keine Lust gehabt, noch mal zurückzufahren, um Patrizias Fahrrad zu holen. Die Pension lag etwas außerhalb von Rust, ungefähr fünf Minuten mit dem Auto entfernt. Also musste ich das kleine Rad ohne Gänge nehmen, mit dem ich viel mehr treten musste als normal. Noch dazu kam ich mir blöd vor, weil ich viel zu groß dafür war. Das sah sicher bescheuert aus.

»Du bist doch eine super Sportlerin, freu dich, so bekommst du ein extra Training!«, hatte Papa gesagt. Haha.

Wir waren gerade erst losgefahren vom Fahrradverleih und standen jetzt auf dem Marktplatz. Auf dem Dach hatte Stefan die Störche entdeckt. Auf dem Schornstein des Rathauses war ihr Nest. Wir guckten jeden Tag nach, was sie machten. Ob sie in ihrem Nest saßen oder ob sie unterwegs waren. Gerade waren sie losgeflogen und ich hatte zum ersten Mal gesehen, wie riesig sie waren. Wenn sie hoch in der Luft waren oder in ihrem Nest saßen, konnte man das gar nicht so sehen.

Wir folgten dem Radweg aus Rust raus in Richtung Oggau. Papa fuhr vor, dahinter kam Stefan, dann Mama, dann ich. Mama war normalerweise die langsamste, deshalb fuhr ich ganz hinten, damit sie nicht verloren ging. Das hatte ich vorgeschlagen. Sie machte zwar dauernd Diät, aber das half nicht so richtig. Papa war schon immer dünn, genauso wie Stefan, Kerstin, Anne und ich. Er machte viel Sport, spielte Tennis und ging joggen. Er liebte Wanderungen. Mama ging auch lieber wandern als radfahren, aber Stefan hatte sich für heute eine Radtour gewünscht. Zum Glück! Wandern war voll langweilig.

Seit zwei Jahren war ich im Schwimmen beim DJK und machte Leichtathletik beim Postsportverein. Außerdem wollte ich nach den Sommerferien mit Jazzballett anfangen. Eigentlich würde ich lieber richtiges Ballett machen, aber Mama sagte, das mache die Gelenke kaputt. Ich war also gut trainiert. Trotzdem fand ich es ganz schön anstrengend, mit dem kleinen Rad zu fahren.

»Können wir mal kurz eine Pause machen?«, rief ich nach vorne. Aber wir hatten Gegenwind und fuhren auf einer Landstraße. Dauernd überholten uns Autos. Mama, die vor mir fuhr, hörte mich nicht. Und Papa erst recht nicht, der war mit Stefan noch viel weiter vorne.

Nach der Landstraße bogen wir ab auf einen kleineren Schotterweg, der in die Weinberge hochführte. Papa musste auf die Karte gucken und hielt kurz an. So konnten wir Papa und Stefan schnell wieder einholen.

»Könnt ihr ein bisschen langsamer fahren? Mit dem kleinen Rad ist das voll anstrengend«, sagte ich. Ich war außer Puste und hatte schlechte Laune. Blödes Kinderfahrrad!

»Janine, motz nicht rum. Das schaffst du schon, da trittst du eben zwei Mal mehr! Das gibt Muckis«, sagte Papa und grinste. »Sogar Mama kommt doch gut mit!«

»Was heißt hier ›sogar‹! Keine Witze auf meine Kosten! Sonst trete ich im nächsten Gasthaus in den Sitzstreik!«, gab Mama zurück.

Der Weg ging steiler nach oben, als ich gedacht hatte. Nach fünfzig Metern stieg ich aus dem Sattel, um mehr Kraft zu haben und nicht schieben zu müssen. Plötzlich machte es *Ratsch!* und ich trat ins Leere. Ich konnte das Gleichgewicht nicht mehr halten und fiel auf den Schotter.

»Verdammter Mist! Die Kette ist rausgeflogen! Scheiß-Fahrrad!«, brüllte ich und trat im Liegen gegen den Reifen. Mein rechtes Knie war aufgeschürft und blutete leicht. Ich rappelte mich hoch.

Mama, Papa und Stefan hielten an und drehten sich um. Papa kam die hundert Meter, die er mir voraus gewesen war, wieder zurück.

»Was ist denn los?«

»Die Kette ist raus! Blödes Scheiß-Rad!« Ich trat noch mal dagegen.

»Hör auf zu fluchen, die Kette haben wir schnell wieder drin, dann geht's weiter. Reg dich ab und spar dir deine Energie fürs Strampeln.«

Papa stieg ab, hob mein Rad auf und stellte es auf Sattel und Lenker.

Ich war so wütend! Papa war so doof!

»Dir ist es doch total egal, ob ich mitkomme oder nicht. Ich bin doch nur ein Klotz am Bein für dich.«

»Janine, jetzt stell dich nicht so an! Ich mach die Kette wieder rein und dann fahren wir weiter. Das Rad ist völlig okay, es gibt überhaupt keinen Grund, sich so aufzuregen«, sagte Papa und fummelte an der Kette rum.

»Ich bin es dir doch noch nicht mal wert, ein anständiges Rad zu besorgen! Es ist dir voll egal, ob ich bei euch bin oder nicht. Die könnte mich doch jederzeit holen und dir wär das doch sowieso wurscht!«, schrie ich. Die Worte kamen ganz automatisch. Die Tränen auch. Sie liefen mir über das Gesicht, das sich ganz heiß anfühlte.

Papa hörte auf, das Fahrrad zu reparieren, und sah mich an. Aber er sagte nichts. Dann machte er sich wieder an dem Fahrrad zu schaffen. Niemand sagte ein Wort. Mama klammerte sich mit der linken Hand am Lenker fest, die Rechte hielt sie vor den Mund. An ihren Augen sah ich, dass sie weinte. Als die Kette wieder drin war, stellte Papa das Fahrrad wieder auf die Räder.

»Wir fahren zurück. Du nimmst mein Fahrrad«, sagte er. Sein Gesicht war ganz starr und weiß. Dann setzte er sich auf das Kinderfahrrad und fuhr in einem Affenzahn den Berg runter.

»Oh Mann, warum kehren wir denn jetzt um?«, maulte Stefan und kickte einen Stein weg.

Meine Wut war plötzlich verschwunden. Ich war total erschöpft und traurig. Ich ging zu Papas Fahrrad und fuhr hinter Stefan und Mama den Berg hinunter. Der Sattel war viel zu hoch, aber das war mir jetzt alles egal und ich fuhr die meiste Zeit im Stehen.

Wir hatten die Räder für drei Tage gebucht, deshalb fuhr Papa nicht zum Fahrradverleih in Rust zurück, sondern in unsere Pension. Ich hatte einen Kloß im Hals.

Als wir die Fahrräder abgeschlossen hatten, hatte Papa immer noch kein Wort gesagt und mich nicht angesehen. Also hatte ich recht gehabt. Den Nagel auf den Kopf getroffen. Ich ging ins Haus und hinauf in das Zimmer, in dem ich zusammen mit Stefan schlief, und legte mich auf mein Bett. Jetzt kamen noch mehr Tränen. Aber es waren keine Wuttränen mehr, sondern Traurigkeitstränen. Ich hatte mich noch nie mit Papa gestritten.

Als es Abend wurde, klopfte es. Mama blieb in der offenen Tür stehen.

»Machst du dich fertig? Wir wollen nach Rust fahren und essen gehen«, sagte sie. Ihre Augen waren verheult.

»Ich habe keinen Hunger, ich bleibe hier«, sagte ich.

»Schatz, du musst doch was essen!«

»Ich bleibe hier.«

Sie nickte. Als sie weg waren, ging ich zu Patrizia und ihrer Mutter in die Küche und fragte, ob ich ein Käsebrot bekommen konnte.

Beim Frühstück verkündete Mama, dass wir heute eine Bootsfahrt machen würden. Papa las Zeitung. Das Einzige, was er zu mir sagte, war »Guten Morgen«. Auch auf dem Weg zum Bootsanleger und auf dem Schiff redeten wir nicht miteinander. Stefan und Mama unterhielten sich und auf dem Schiff saß Papa neben Stefan, der sein Fußball-Sammelalbum dabeihatte. Er hatte es seit der Fußball-Weltmeisterschaft, die vor ein paar Monaten in Mexiko gewesen war. Obwohl die Weltmeisterschaft schon seit zwei Monaten vorbei war, schleppte er das Album immer noch mit sich rum und blätterte es dauernd wieder durch. Ich stellte mich an die Reling und schaute auf den See. Warum hatte Papa mir denn nicht widersprochen? Wär es ihm wirklich lieber, ich wäre bei meinen leiblichen Eltern? Hoffentlich fuhren wir bald wieder nach Hause.

Um fünf Uhr nachmittags legten wir wieder in Rust an. Stefan wollte noch schnell auf den Marktplatz, um nach den Störchen zu schauen. Aber sie waren ausgeflogen. Auf dem

Weg zur Pension zurück kauften wir noch ein paar Sachen für das Abendessen: Brot, Salami, Käse, Tomaten, die hier Paradeiser hießen, und einen fertigen Kartoffelsalat.

Wir deckten im Garten der Pension unter einem der großen Bäume den Tisch und aßen dort zu Abend. Weit hinten war der See, hinter dem Schilfgürtel, der ihn umgab. Zwei große Vögel, vielleicht Störche, flogen hoch am Himmel herum. Als wir fertig waren, fragte Papa:

»Ich radle schnell zum Gasthaus im Ort und hole Eis zum Nachtisch. Was möchtet ihr?« Er war schon aufgestanden.

Ich antwortete nicht.

»Janine, möchtest du auch ein Eis?«, fragte er mich jetzt direkt.

»Von dir will ich gar nichts mehr! Ich bin dir doch sowieso total egal. Ich bin ja bloß das blöde Pflegekind!« Das war mir nur so rausgerutscht. Eigentlich meinte ich es gar nicht so.

Papa blieb wie erstarrt stehen und sagte gar nichts. Seine Unterlippe zitterte. Dann verzog er das Gesicht, bedeckte mit einer Hand seine Augen und drehte sich von uns weg. Seine Schultern bebten. Ich sprang auf, lief zu ihm hin und nahm seine Hand. Ich schaute zu ihm hoch, Papa war immer noch sehr viel größer als ich. Eine Träne lief auf seinem Gesicht herunter. Ich hatte Papa noch nie weinen sehen. Er blieb einfach so stehen.

»Peter, was …?«, fing Mama an, aber Papa machte eine abwehrende Handbewegung. Ich blieb neben ihm stehen und hielt seine Hand.

Mama und Stefan gingen in Richtung Haus an uns vorbei. Mama trug das Tablett mit den Essenssachen und dem Geschirr, Stefan hatte die restlichen beiden Teller in der Hand. Stefan drehte sich noch einmal um und sagte leise: »Papa?«

»Komm, Stefan, lassen wir die beiden einen Moment alleine. Papa und Janine haben etwas zu besprechen«, Mama schaute Papa an, als wollte sie noch etwas sagen, aber dann sagte sie doch nichts und ging mit Stefan zum Haus.

Papa wischte sich mit einer Hand über die Augen und setzte sich wieder an den Gartentisch. Ich setzte mich daneben. Sein Gesicht war ganz fleckig, aber er weinte schon nicht mehr. Hatte er überhaupt geweint? Das kam mir ganz unwirklich vor. Zuerst sagte er gar nichts und ich wusste auch nicht, was ich sagen sollte. Dann fing er an:

»Weißt du, Janine, es ist für mich ganz schrecklich, dass du denkst, du wärst mir nicht wichtig.«

Er machte eine Pause. »Du weißt gar nicht, wie lieb ich dich habe. Und wie schlimm ich den Gedanken finde, dass deine Mutter dich von uns wegholen könnte. Das könnte ich nicht ertragen. Wir würden dich doch alle schrecklich vermissen. Ich würde dich gerne mehr beschützen können. Komm mal her!«

Ich stand auf und setzte mich auf seinen Schoß. Wir umarmten uns und jetzt musste ich auch kurz weinen.

»Es tut mir leid, Papa«, flüsterte ich in sein Ohr.

»Mir auch«, sagte er. »Egal, was passiert, du bist meine Tochter, vergiss das nicht, ja?«

Ich nickte.

»Ich sag das vielleicht nicht so oft wie Mama, weißt du. Aber deshalb hab ich dich bestimmt nicht weniger lieb.«

Ich glaube, es kostete ihn viel Mühe, das zu sagen. Ich nickte. Meine Kehle war immer noch wie zugeschnürt, aber ich war auch sehr froh über das, was er gesagt hatte.

»Kommst du mit, Eis kaufen?«, fragte er und lächelte. Um seine blauen Augen herum hatte er ganz viele kleine Falten in seinem braungebrannten Gesicht. »Am besten nimmst du Mamas Fahrrad.« Er zwinkerte mir zu.

Jetzt war er wieder der Alte. Ich nahm Anlauf und er trug mich huckepack zu den Fahrrädern.

Nach dem Urlaub kam ich in die siebte Klasse. Wir hatten ein paar neue Fächer dazugekriegt, unter anderem Französisch und Chemie. Französisch fand ich super, aber mit Chemie stand ich genauso auf Kriegsfuß wie mit Mathe und Physik. Mathe kapierte ich einfach nicht, es half auch nicht, wenn unser Lehrer es erklärte. Kerstin konnte viel besser erklären und vor der ersten Klassenarbeit übten wir zusammen. An einem Nachmittag im September saßen wir am Küchentisch und ich hatte gerade endlich verstanden, wie man ein Sechstel in Prozent umrechnete. Wieso verstand ich das bei Kerstin immer viel besser als in der Schule?

»Hallo ihr zwei, ich hab gerade die Urlaubsfotos abgeholt. Wollt ihr mal sehen?« Mama war gerade vollbepackt mit Einkaufstüten nach Hause gekommen.

»Au ja, machen wir Pause!« Auch wenn es mit Kerstin mehr Spaß machte als in der Schule, fand ich Urlaubsfotos natürlich spannender als Mathe.

Wir sahen uns die Fotos reihum an. Zuerst Mama, dann ich, dann Kerstin. Es gab viele Fotos von den Störchen: im Nest, als kleine Punkte am Himmel und sogar eins, auf dem ein Storch im Flug drauf war und man etwas erkennen konnte.

»Hier das hab ich gemacht!«, sagte Mama stolz und hielt es hoch.

Außerdem gab es einige Fotos von uns allen, wie wir um Gasthaustische herumsaßen und in die Kamera prosteten und »Cheese« sagten. Von uns allen außer Papa, um genau zu sein, der hatte meistens fotografiert. Von den Wanderungen durch die Weinberge hatten wir auch einige Fotos. Eins zeigte Papa und mich. Wir standen eng zusammen auf einem großen Stein und umarmten uns ganz fest, sonst hätten wir zu zweit gar keinen Platz auf dem Stein gehabt.

»Kann ich das haben?«, fragte ich Mama.

Sie schaute kurz auf, welches Foto ich meinte, und nickte.

»Schönes Foto, nicht wahr? Hab auch ich gemacht! Du kannst es haben, ich lasse es nachmachen fürs Album.«

Plötzlich hatte ich eine Idee.

»Wo kann man Bilderrahmen kaufen?«

»Wieso willst du das denn wissen?«, fragte Mama.

»Das ist geheim«, sagte ich und grinste.

Mama überlegte.

»Unten an der Hauptstraße in dem kleinen Schreibwarenladen gibt es sicher welche«, antwortete sie schließlich.

»Darf ich da kurz hinfahren?«

»Ja, aber fahr vorsichtig und mach keine Umwege!«

Ich nickte, nahm das Foto und ging in mein Zimmer. Dort holte ich das Portemonnaie, in dem ich mein Taschengeld aufbewahrte, und radelte damit zum Schreibwarenladen.

Wenig später war ich wieder zurück. In meinem Zimmer nahm ich den kleinen Bilderrahmen aus der Tüte. Er war weiß und hatte Verzierungen aus kleinen Sternen. Ich löste die beiden Klammern, die den Karton und den Rahmen zusammenhielten, nahm das Bild von Papa und mir auf dem Stein und legte es auf die Glasplatte. Auf die Rückseite des Fotos legte ich das weiße Blatt, das genauso groß war wie die Glasplatte, und den Karton, den ich mit den Klammern wieder am Rahmen befestigte. Ich drehte den Rahmen um. Rund um unser Bild war ein zirka zwei Zentimeter breiter weißer Rand. Mir kam eine Idee. Ich öffnete den Rahmen wieder und nahm das weiße Blatt heraus. Mit einem blauen Glitzerstift aus meinem Federmäppchen schrieb ich ganz unten auf das Blatt:

Wenn alle Väter der Welt freundschaftlich ausgestreckte Hände hätten, so wäre es deine Hand, die ich halten würde! Janine

Papa freute sich total, als ich ihm das Bild nach dem Abendessen schenkte. Er stellte es auf die Anrichte im Esszimmer, wo wir es jeden Tag sehen konnten.

Janine wird mal Ärztin

Denn nur dem, der den Mut hat, den Weg zu gehen,
offenbart sich der Weg.
PAULO COELHO

Die Situation mit meiner Mutter und Helmut wurde auch nach den Sommerferien nicht besser. Mal schrien sie ins Telefon, mal waren sie supernett zu mir. Aber ich wusste nie, wann was passierte und warum. Mama ermahnte mich weiterhin, dass ich mich zusammenreißen und freundlich zu meiner Mutter sein sollte, damit sie nicht verärgert war und ihre Drohung, mich zu sich und Helmut zu holen, wahr machte. Ich verstand überhaupt nicht, wieso sie das überhaupt entscheiden konnte. Auch wenn Mama mir erklärt hatte, dass meine Mutter nach wie vor das Sorgerecht für mich hatte und meine offizielle Erziehungsberechtigte war, fühlte sich das einfach ganz anders an. Und wenn sie sich auf den Kopf stellte, ich würde niemals zu denen gehen! Eher würde ich abhauen. Wieso konnte sie über alles entscheiden und ich über nichts? Ich war doch kein kleines Kind mehr, sondern schon zwölf und in der siebten Klasse auf dem Gymnasium!

Die Schule machte mir nicht besonders viel Spaß. Vor allem Mathe, Physik und Chemie. Im Gegensatz zu Stefan. Der war zwar erst in der Fünf, aber er musste kaum lernen und hatte immer super Noten. Kerstin studierte mittlerweile sogar. Ich ging viel lieber zum Schwimmen, ins Leichtathletik-Training und ins Jazzballett als in die Schule. In der ersten Klassenarbeit in Mathe hatte ich trotzdem eine Drei geschrieben. Wenn Kerstin mir alles erklärte, war es gar nicht so schwierig, und wenn ich mich anstrengte, kam ich auch in Mathe, Physik und Chemie mit.

Was mir aber am meisten Spaß machte, war Jazzballett. Zusammen mit meiner besten Freundin Silvia, mit der ich auch im Schwimmen war, ging ich seit vier Wochen in die Gruppe von Frau Grundel. Frau Grundel war streng, aber sehr gut, wie die Tanzlehrer in den Filmen, die ich mir immer mit Kerstin im Kino ansah, *Flashdance, A Chorus Line* oder *Footloose*. Silvia war genauso alt wie ich, zwölf, aber in unserer Gruppe waren auch ein paar ältere Mädchen. Übermorgen, am Donnerstag, den 9. Oktober, hatten wir unsere erste Aufführung in einem Einkaufszentrum. Wir hatten eine Choreografie eingeübt zu einem total coolen Lied, das zuerst ganz langsam anfing mit einem Klavierteil und Gesang. Nach einer Strophe kam eine E-Gitarre dazu und es wurde plötzlich richtig rockig und schnell. Es hieß *Music Was My First Love* und wenn wir dazu tanzten, fühlte ich mich wie in *A Chorus Line*.

Mama schlug vor, dass ich meine Mutter einladen sollte zum Zugucken. Als wenn sie schon jemals zu irgendeiner Aufführung von mir gekommen wäre! Um Mama einen Gefallen zu tun, rief ich sie an und lud sie ein. Natürlich sagte sie, dass sie keine Zeit hätte. Stattdessen wollte sie mich am Freitag fürs Wochenende abholen. Am Samstag kamen irgendwelche Verwandten, da zeigte sie mich immer gerne vor. Das sagte sie natürlich nicht, aber das dachte ich mir. Ich hatte keine Lust, das Wochenende bei ihnen zu verbringen, aber ich hatte keine Wahl.

Immerhin kam Oma zu meiner Aufführung. Als wir auf die kleine Bühne traten, die neben den Rolltreppen für uns aufgebaut worden war, sah ich sie bei Mama, Papa und Stefan stehen. Stefan blätterte in einem Comic. Wahrscheinlich hatte Mama ihn dazu verdonnert, mitzukommen. Papa lächelte ganz stolz. Oma hatte sich bei Mama eingehakt. Sie sah irgendwie dünner aus als sonst.

Die Aufführung klappte ziemlich gut. Zum Beginn des rockigen Teils hatte ich einen ganz kleinen Patzer, aber das merkten zum Glück nur Frau Grundel, die in der ersten Reihe stand und eine Augenbraue hochzog, und ich. Als ich Oma nach der Aufführung umarmte, fiel mir auf, dass sie wirklich dünner geworden war. Sie sah auch anders aus. Irgendwie blasser, obwohl das unter so vielen Sommersprossen ja gar nicht richtig zu sehen war.

»Warum bist du denn so dünn, Oma?«, fragte ich sie.

»Na, das schadet ja mal nicht, wenn deine dicke Oma ein bisschen abnimmt, oder?«, sagte sie und lachte. »Ich hatte nur eine hartnäckige Erkältung, sonst ist nichts, mein Schätzchen«, erklärte sie dann noch. Also hatte ich doch richtig gesehen.

Am Freitagabend war ich dann bei meiner Mutter. Sie und Helmut hatten Helmuts Freunde zu Besuch. Wir saßen um den großen Esstisch und die Erwachsenen unterhielten sich über uninteressantes Zeug, irgendwelche Lokale und Leute, von denen ich noch nie gehört hatte. Nach dem Essen stand ich auf und setzte mich ins Wohnzimmer auf die Couch. Im Zweiten kam *Ich heirate eine Familie*, aber das fand ich total doof. Im Ersten gab es irgendeinen amerikanischen Film. Auf dem Dritten kam eine Dokumentation über Singvögel. Na, das konnte ja ein toller Abend werden! Zum Glück gab es auch hier einen Videoschrank wie in der alten Wohnung meiner Mutter. Seit sie mit Helmut zusammen war, liehen sie sich nicht nur Videos aus, sondern nahmen auch viel aus dem Fernsehen auf. Ich entdeckte eine selbst beschriftete Videokassette, auf der stand: *Ein Colt für alle Fälle, Folge 1–8. Ein Colt für alle Fälle* kam immer montagabends, aber zu

Hause durfte ich es nicht gucken. Wenn ich dreizehn war, sagte Mama.

»Darf ich *Ein Colt für alle Fälle* gucken?«, rief ich.

Meine Mutter stand vom Esstisch auf und kam ins Wohnzimmer rüber. Sie setzte sich auf die Lehne der Couch.

»Klar kannst du das gucken, aber das sind ganz alte Folgen, die kennst du bestimmt alle schon.«

»Nee, ich hab das nur einmal geguckt, als ich in den Ferien bei Silvia übernachtet hab«, sagte ich.

»Ach ja? Aber das kommt doch jeden Montag. Gefällt dir die Serie nicht? Ich finde sie eigentlich ganz cool.«

»Ich darf das erst schauen, wenn ich dreizehn bin«, sagte ich und sah an ihr vorbei. Gleich danach wünschte ich, ich hätte gelogen oder gar nicht erst mit dem Thema angefangen.

Meine Mutter verdrehte die Augen und schüttelte den Kopf. »Das ist jetzt nicht dein Ernst, oder? Du darfst noch nicht mal *Ein Colt für alle Fälle* gucken? Das sind ganz schöne Tugendheimer da bei dir zu Hause, echt!« Sie lachte. »Wenn du bei mir wohnen würdest, das Erste, was ich machen würde, ich würde dir einen eigenen Fernseher kaufen. Man wird doch wohl ein bisschen Spaß haben dürfen, auch als Zwölfjährige, oder?« Sie grinste und strich sich die Haare aus dem Gesicht.

Ich zwang mich zu einem kurzen Lächeln, dann drehte ich mich zum Fernseher und schob die Kassette in den Videorekorder. Ich starrte auf den Fernseher, auf dem gerade ein Mann von einer Klippe sprang, ein Auto in einen fahrenden Zug raste und zwei Männer sich blutig prügelten. Irgendetwas davon hätte ich jetzt auch gerne gemacht. So wütend war ich. Aber ich riss mich zusammen. Meine Mutter hielt die Unterhaltung wohl für beendet, denn sie ging zurück zum Esstisch und zu den Gästen. Gott sei Dank. Als der Vorspann vorbei war, ging es los. Ich schaute alle acht Folgen an.

Am nächsten Tag fuhren wir mit dem Amischlitten zu einer Bäckerei und kauften Kuchen für die Verwandten, die heute kommen sollten. Ich kannte sie nicht.

»Dein Onkel Hans und deine Tante Elke«, hatte Helmut gesagt.

Es waren Helmuts Bruder und seine Frau. Ich hatte echt schon genügend Onkel und Tanten! Das würde sicher total langweilig werden.

Sie kamen um drei Uhr. Nach der Begrüßung gingen wir ins Wohnzimmer. Helmut und meine Mutter setzten sich zusammen auf das große Sofa, auf dem ich immer saß, wenn ich fernsah, und auf dem ich schlief, wenn ich hier war. Onkel Hans und Tante Elke nahmen das andere, das links daneben stand. Ich setzte mich in den Sessel, dem Besuch gegenüber. Ich hatte den Couchtisch mit dem Kaffeegeschirr gedeckt. Die Servietten hatte ich zu Lilien gefaltet, wie Mama es mir gezeigt hatte.

Meine Mutter goss Kaffee ein und erzählte dabei, wie lange sie schon in dieser Wohnung wohnten. Sie hätten die Wohnung über ihre guten Beziehungen bekommen. Ich nahm mir ein Stück Kuchen und beobachtete die Erwachsenen. Onkel Hans war wohl älter als Helmut, auch wenn man ihm das nicht ansah. Aber Helmut sprach ihn immer mit »großer Bruder« an und grinste dabei. Ich verstand nicht, was daran witzig war. Im Vergleich zu Elke war meine Mutter mal wieder auffällig schön, obwohl sie heute etwas weniger sexy angezogen war als sonst: Sie trug keinen Minirock, sondern eine Karottenjeans und darüber einen weiten beigen Blazer mit Schulterpolstern. Die Pumps, die heute auch etwas niedriger waren als sonst, hatten die gleiche Farbe wie der Blazer. Die Haare trug sie wie meistens offen und musste sie sich deshalb ständig aus dem Gesicht streichen oder neu ordnen. Elke hatte eine Dauerwelle, kurze braune Haare und war ein bisschen dick.

»Wie geht's denn meinem Neffen, dem kleinen Michael? Den hab ich ja schon ewig nicht mehr zu Gesicht bekommen«, fragte Helmut, streckte sich und nahm seine Hände hinter den Kopf, als würde er in einem Liegestuhl liegen.

Onkel Hans verzog keine Miene und Tante Elke rutschte nervös auf dem Sofa nach vorne. Nach einer Pause sagte sie: »Na so klein ist der Michi gar nicht mehr, er ist ja gerade sechzehn geworden.«

»Ach, so alt ist er schon? Jaja, aus Kindern werden Leute. Und, wie stellt er sich in der Schule an? Wird was aus ihm?«, fragte Helmut grinsend.

»Der ist jetzt im letzten Jahr auf der Hauptschule, dann wird er eine Lehre machen. Eher was Handwerkliches, für den Schreibtisch ist der nicht gemacht. Der Michi braucht den weiten Himmel über sich!«, sagte nun Onkel Hans und lächelte. Aber es sah krampfig aus.

»Und Janine, was hast du für Pläne? Was willst du denn mal werden?«, wandte sich Tante Elke nun schnell an mich.

»Ich ...«, begann ich.

»Janine wird mal Ärztin!«, sagte meine Mutter und strahlte über das ganze Gesicht. Sie tätschelte meine Hand, die auf der Sessellehne lag. »Das wusste sie schon ganz früh! Schon als kleines Mädchen hat sie immer gesagt: ›Mutti, wenn ich groß bin, werde ich mal Ärztin!‹ Sie wird mal Medizin studieren und wird was ganz Großes. Sie ist ja jetzt schon in der siebten Klasse auf dem Gymnasium. Und so gut in der Schule!«

Tante Elkes Lächeln sah jetzt aus wie festgefroren. Onkel Hans nahm seinen Kuchenteller und schaute konzentriert darauf.

»Eine ganz Schlaue, unsere Janine!«, setzte nun Helmut noch dazu und grinste mich an.

Ich biss ganz fest die Zähne zusammen. Jetzt nichts sagen! Einfach nur lächeln! Aber dann sagte ich doch etwas:

»Ich mache kein Abi und werde nicht studieren. Nach diesem Jahr gehe ich auf die Realschule.«

Meine Mutter und Helmut hörten auf zu lächeln und sahen mich völlig entgeistert an. Ich wusste nicht, warum ich das gesagt hatte. Ich wollte wirklich immer Medizin studieren und Ärztin werden. Weil es mich interessierte. Aber das war ganz allein meine Entscheidung.

»Ach, das wusste ich ja noch gar nicht!«, sagte meine Mutter nun, ordnete ihre Haare und tat besorgt. »Da müssen wir aber noch mal drüber reden, Janine-Schätzchen! Noch ein Stück Kuchen, Elke?« Sie lächelte und machte einen auf perfekte Mutter. Als wenn sie sich jemals wirklich für mich interessiert hätte! Am liebsten wäre ich sofort aus der Wohnung gerannt.

Am Montag war ich wie immer nach einem Wochenende bei meiner Mutter krank. Mama kochte mir Tee und ich durfte mir etwas zu essen wünschen. Ich wünschte mir Nudelauflauf. Danach schlief ich noch mal zwei, drei Stunden. Als ich aufwachte, brachte Mama mir frischen Tee ans Bett.

»Darf ich später *Ein Colt für alle Fälle* schauen?«

Wenn ich krank war, durfte ich manchmal etwas mehr fernsehen als sonst, also versuchte ich mein Glück.

»Ach Schatz, das ist so eine dämliche amerikanische Serie, sie ist wirklich ganz schlimm. Wir haben doch schon öfter darüber gesprochen. Wenn es unbedingt sein muss, darfst du diesen Mist gucken, wenn du ein Teenager bist. Aber mit zwölf, das finde ich zu jung. Warte noch ein halbes Jahr, okay?«

»Aber bei denen durfte ich es auch schauen! Warum kann ich es denn dann hier nicht schauen? Das ist doch lächerlich! Wenn du es mir verbietest, guck ich mir das nächste Mal bei denen zehn Folgen hintereinander an!«, quengelte ich.

Mama seufzte. Sie seufzte oft, bevor sie streng wurde.

»Dann tu das meinetwegen. Aber in diesem Haus gelten meine Regeln. Und das weißt du auch. Du kannst dir diese Diskussionen also auch sparen, das kostet uns beide weniger Nerven.«

Ich drehte mich zur Wand. Mama sagte zuerst gar nichts, dann streichelte sie mir über den Rücken. Nach zwei Minuten war ich nicht mehr sauer und drehte mich wieder zu ihr.

»Ich muss dir noch etwas sagen: Ich werde kein Abi machen und gehe auf die Realschule.«

»Was?« Mama sah mich erschrocken an. »Das ist jetzt ein Scherz, oder?«

»Nein, das ist kein Scherz!«

»Was ist denn das für eine Schnapsidee? Wieso solltest du denn auf die Realschule gehen? Wenn du lernst, kommst du doch gut mit in der Schule! Und du wolltest doch immer Ärztin werden. Das geht nur mit Abitur.«

Ich setzte mich im Bett auf. »Ja, das weiß ich. Deshalb will ich ja auch kein Abitur mehr machen.«

Mama sagte nichts mehr. Dann fragte sie: »Wie kommst du auf die Idee? Ist am Wochenende irgendwas passiert?«

Ich erzählte ihr von dem Besuch von Onkel Hans und Tante Elke und davon, dass meine Mutter so mit mir angegeben hatte. Mir wurde ganz heiß und ich fing an zu weinen.

»Beruhige dich, Schatz, und schlaf dich erst mal gesund. Wenn du dich erholt hast, reden wir noch mal in Ruhe darüber.«

Ich schlief wieder ein.

Als ich zwei Tage später wieder in der Schule war, kam der Gedanke trotzdem zurück. Ich fragte Silvia, deren Bruder auf der Realschule war, wo die eigentlich ist und ob es da leichter wäre. Sie sagte ja, Mathe und so wäre schon leichter.

Ihr Bruder musste nicht so viel lernen wie sie und machte viel Sport. Das hörte sich gut an, fand ich. Ich war eben nicht wie meine Geschwister, die immer ruhig zu Hause saßen und brav alles machten, was die Eltern sagten. Ich liebte es, zum Sportverein oder ins Tanzen zu gehen und mich nachmittags draußen rumzutreiben und mit Freunden zu treffen.

Der Gedanke, etwas zu tun, das sowohl Mama und Papa als auch meine Mutter und Helmut richtig Scheiße fanden, gab mir ein gutes Gefühl. Ich würde mir da nicht reinreden lassen. Vor allem nicht von meiner Mutter, die so schlimm egoistisch war, dass ich sie am liebsten nie wiedersehen wollte. Immer entschied sie alles nur so, wie es für sie am besten war. Ich würde jetzt endlich mal etwas selbst bestimmen. Wie es für mich am besten war. Ich würde nie so werden, wie meine Mutter es wollte. Sogar Mama konnte mich nicht dazu zwingen, weiter aufs Gymnasium zu gehen! Sie war ja sowieso nicht meine Erziehungsberechtigte.

Mama hatte zuerst gedacht, ich würde meine Meinung noch einmal ändern. Wir führten endlos lange Gespräche. Sie sagte ganz oft:

»Aber Janine, damit gibst du dich doch erst recht geschlagen. Wenn du jetzt wegen ihr etwas nicht machst, was du dein ganzes Leben machen wolltest, dann hat sie doch gewonnen!«

Doch das sagte sie nur, damit ich auf dem Gymnasium blieb, meine Mutter sich nicht aufregen und Mama keinen Vorwurf machen konnte. Und damit die vom Jugendamt nicht motzten.

Papa redete auf mich ein: »Du bist noch so jung. Verbau dir doch jetzt nicht alle Chancen. Das ist doch dumm! Und so unnötig.«

Kerstin ging extra mit mir alleine in ein Café und lud mich zu einem Kakao ein, um mir zu erzählen, wie toll sie ihr Studium fand.

Ich kämpfte weiter und versuchte, die ganze Zeit ruhig zu bleiben. Meistens schaffte ich das auch. Manchmal nicht, dann schrien alle rum und ich knallte meine Zimmertür zu. Kurz vor Weihnachten kam ich aus der Schule nach Hause, warf meinen Schulranzen in den Flur und sagte zu Mama:

»Wenn du mich da weiter hinschickst, gehe ich einfach nicht mehr hin. Ich setze da keinen Fuß mehr rein.« Ich wusste, dass das heftig war. Aber ich wusste auch, dass ich das, was ich wollte, mit wirklich allen Mitteln durchboxen musste. Schließlich waren vier Erwachsene und das Jugendamt gegen mich.

»Wenn du das wirklich willst, unterstütze ich dich. Aber mach mir später niemals Vorwürfe, dass wir dich vom Gymnasium genommen haben. Mach mir niemals Vorwürfe, dass wir dir Chancen verbaut hätten oder nicht versucht hätten, dich zur Vernunft zu bringen«, sagte Mama. Sie war traurig, aber das war mir jetzt egal.

Ich hatte es geschafft!

Im Januar gab es noch ein Gespräch mit dem Direktor des Gymnasiums. Ich musste dort zusammen mit Mama hin. Er sagte zu ihr:

»Frau Kunze, wie können Sie das Kind jetzt von der Schule nehmen? Das ist doch überhaupt nicht nötig! Die Noten sind doch passabel und aufgeweckt, wie Janine ist, sehe ich da viele Möglichkeiten!«

Meine Mutter nickte und erklärte, dass ich unbedingt auf die Realschule wollte. Ich nickte und sagte: »Ich möchte kein Abitur machen!«

Der Direktor schüttelte den Kopf.

Das erste Halbjahr der siebten Klasse musste ich noch auf dem Gymnasium fertigmachen. Ab Mitte Februar 1987 ging ich auf die Realschule. Und im März wurde ich endlich dreizehn und konnte jeden Montag *Ein Colt für alle Fälle* gucken.

Oma hatte bei der Aufführung von *Music Was My First Love* keine hartnäckige Erkältung gehabt, sondern einen Gehirntumor. Aber das erfuhr ich erst eineinhalb Jahre später.

Abschied von Oma

Niemals geht man so ganz, irgendwas von mir bleibt hier.
Es hat seinen Platz, immer bei dir.
TRUDE HERR

Zu meinem vierzehnten Geburtstag Ende März hatte Oma uns noch einmal zu Hause besucht. Da sah sie schon richtig schlecht aus. Sie war sehr dünn. Weil sie so klein war, sah es so aus, als würde sie langsam verschwinden. Im Gesicht hatte sie plötzlich Falten, die sie vorher nie gehabt hatte. Sie sagte, sie wäre sehr krank und es könnte sein, dass sie ins Krankenhaus gehen müsste. Zum Geburtstag hatte sie mir ein Geschenk mitgebracht, ein kleines, quadratisches Päckchen. In dem bunten Geschenkpapier war eine schwarze Schmuckschachtel, die man aufklappen konnte. Ich machte sie auf und darin lag ihr grün-goldenes Armband, das zu ihr gehörte wie ihre Sommersprossen und ihre dunkelbraunen Locken. Ich konnte mich gar nicht erinnern, sie jemals ohne dieses Armband gesehen zu haben. Ich strich mit den Fingerkuppen über die grünen Steine. Warum schenkte sie mir ihr Armband? Das trug sie doch immer selbst. Oma lächelte.

»Ich möchte, dass du etwas hast, das dich immer an mich erinnert. Deine Mama wird es für dich aufheben, bis du erwachsen bist und es selbst tragen möchtest. Meine Handgelenke sind so schmal geworden, es passt mir gar nicht mehr. Außerdem bin ich doch schon viel zu alt für so einen zarten Schmuck!«

Vier Wochen später war es dann so weit. Kurz nach dem Mittagessen rief meine Mutter an. Sie sprach mit Mama. Ich war gerade hochgegangen, stand oben an der Treppe und hörte zu. Als Mama aufgelegt hatte, kam ich runter und wir setzten uns an den Küchentisch. Mama war erschüttert. Sie hatte eine ganz belegte Stimme, als sie sagte:

»Deine Oma ist gestern ins Krankenhaus gekommen, Janine. Deine Mutter holt dich in einer Stunde ab, damit ihr sie zusammen besuchen könnt.«

Das war mal wieder typisch meine Mutter: Statt bei schlechten Nachrichten direkt mit mir zu sprechen, sprach sie mit Mama! Unser Verhältnis war im letzten Jahr nicht besser geworden, eher schlechter. Es regte mich immer mehr auf, dass sie über mein Leben bestimmen konnte. Und dass sie immer nur an sich dachte, dass immer alles so sein musste, wie es für sie am besten, am praktischsten, am bequemsten war. Was für mich oder für andere am besten war, interessierte sie gar nicht!

»Deine Oma ist so ein großartiger Mensch und jetzt diese schlimme Krankheit. Mein Gott, wie schrecklich«, Mama schüttelte leicht den Kopf, ihre Augen füllten sich mit Tränen. »Das tut mir wirklich furchtbar leid, Janine!«

Das kam mir alles ganz unwirklich vor, deshalb sagte ich nur: »Die Arme. Was soll ich denn jetzt tun, Mama?«

»Wir werden jeden Abend für sie beten. Und vielleicht hilft es, wenn du deine Oma nicht spüren lässt, dass du dich gerade nicht so gut mit deiner Mutter verstehst. Das regt sie sicher nur auf.«

Mama hatte recht. Jetzt ging es um Oma, nicht um mich oder um meine Mutter. Oma würde sterben, weil sie einen Gehirntumor hatte. Das hatte meine Mutter Mama gerade erzählt. Ich konnte mir trotzdem nicht vorstellen, dass sie bald nicht mehr da sein würde. Ich konnte das einfach nicht glauben!

»Vielleicht wird sie ja doch noch gesund, oder, Mama?«

»Ja, vielleicht«, sagte Mama, aber sie sah sehr traurig aus.

Ich war auch traurig, aber ich konnte trotzdem nicht weinen.

Eine Stunde später klingelte es an der Tür und meine Mutter stand davor, um mich abzuholen und ins Krankenhaus zu fahren. Ich nahm Cheeta mit, das Stoffäffchen, das mir Oma geschenkt hatte, als ich ganz klein war, und steckte sie in meinen Rucksack. Vielleicht freute sich Oma darüber. Sie mochte ja auch so gerne Steiff-Tiere wie ich.

Meine Mutter sah total verheult aus. Mama kam in den Flur, nahm ihre Hand und drückte sie.

»Grüßen Sie Ihre Mutter ganz herzlich. Ich wünsche Ihnen beiden alles Gute und viel Kraft! Gott beschütze Sie«, sagte Mama. Ich wusste, dass sie es ehrlich meinte. Sie hatte Oma immer schon sehr gerne gemocht.

Meine Mutter begann leicht zu heulen und schnäuzte sich. Danach tupfte sie vorsichtig mit dem zerknüllten Taschentuch unter ihre Augen, um die Tränen zu trocknen, ohne ihre Schminke zu verwischen.

»Ach, es ist alles so furchtbar. Ich habe seit Tagen nicht geschlafen. Komm, Janine. Wir müssen los.«

Auf der Straße vor dem Gartentürchen stand ein Taxi. Meine Mutter hatte es dort warten lassen. Eigentlich liebte ich Taxifahren, aber heute war die Fahrt schrecklich. Ich musste die ganze Zeit an Oma denken. Meine Mutter ging mir jetzt schon auf die Nerven.

Als wir zwanzig Minuten später das Krankenzimmer betraten, bekam ich einen Schock. Oma sah grauenhaft aus! Es kam mir so vor, als wäre sie nur noch halb so groß wie früher. Sie war ganz grau im Gesicht und hatte viele Falten. Aber das Schlimmste war: Sie hatten ihr die Haare ganz kurz abgeschnitten! Sie lächelte, aber ich sah, wie viel Mühe es ihr bereitete. Ich lief zu ihrem Bett und umarmte sie vorsichtig.

Sie kam mir vor wie ein kleines Vögelchen, bei dem man aufpassen muss, dass man es nicht zerdrückt.

»Janine, ist das schön, dass wir uns noch mal sehen. Ach, mein Engel!«, sagte sie ganz leise.

Plötzlich wusste ich, dass sie nicht mehr gesund werden würde. Dass heute vielleicht das letzte Mal war, dass ich sie sah. Weil sie sterben würde. Mein Hals war wie zugeschnürt. Ich hatte schreckliche Angst.

Weil ich nicht wusste, was ich sonst tun sollte, löste ich mich aus der Umarmung, nahm meinen Rucksack von den Schultern und holte Cheeta heraus.

»Ich dachte, du wolltest Cheeta vielleicht auch noch einmal sehen«, murmelte ich und hielt Oma den Stoffaffen hin.

»Eine wunderschöne Idee, danke, Janine!«, sagte Oma lächelnd und nahm Cheeta in den Arm. »Aber du spielst nicht mehr mit ihr, oder? Mit vierzehn spielt man doch nicht mehr mit Stofftieren, da ist man ja schon fast erwachsen!«

Ich musste lächeln. »Ja, du hast recht, ich spiele nicht mehr mit Stofftieren. Aber in meinem Bett darf Cheeta trotzdem schlafen.«

Plötzlich begann meine Mutter laut zu schluchzen. Sie stand vor dem Fenster, hatte beide Hände vor das Gesicht geschlagen und beugte sich nach vorne, als hätte sie Magenkrämpfe.

»Ach, Kind«, sagte Oma leise und blickte zu ihr rüber.

Meine Mutter richtete sich wieder auf. Sie schüttelte immer wieder den Kopf und unter lauten Schluchzern rief sie: »Das darf nicht sein, das darf einfach nicht sein! Du darfst mich jetzt nicht alleine lassen!«

»Ruhig, Kind, ruhig!«, sagte Oma und versuchte, sich aufzurichten. Aber es fehlte ihr die Kraft, das konnte ich sehen.

Ich wurde wütend. Jetzt musste Oma auch noch meine Mutter trösten. Dabei war Oma doch die, die hier am meisten litt! Konnte sich meine Mutter nicht ein bisschen mehr zusammenreißen? Oma war immer unglücklich darüber gewesen, dass wir keine richtige Familie waren. Oma hatte sich dauernd Sorgen um sie machen müssen. Ohne sie würde so viel fehlen! Was sollte bloß werden, wenn sie nicht mehr da war?

Ich musste mich mit aller Kraft zusammenreißen, um nicht auszuflippen und meine Mutter anzuschreien. Aber ich dachte an Mamas Worte, dass es für Oma noch schlimmer war, wenn wir uns stritten. Also schaute ich grimmig zu meiner Mutter rüber und hoffte, dass sie sich endlich beruhigte. Plötzlich wurde mir klar, was passieren würde, wenn Oma nicht mehr da wäre: Es würde noch schwieriger für mich werden, weil das wichtigste Verbindungsglied zwischen meiner Mutter und mir weg sein würde. Schon jetzt war sie mir so fremd. Wie sollte ich mich ihr ohne meine Oma noch verbunden fühlen?

Ich hätte gerne etwas Liebes zu Oma gesagt, aber es war so schwer, den richtigen Satz zu finden. Außerdem hatte ich einen dicken Kloß im Hals. Wenn ich etwas sagen würde, müsste ich bestimmt auch losheulen. Das wollte ich auf keinen Fall. Das wäre das Schlimmste überhaupt. Deshalb sagte ich gar nichts und hoffte, dass meine Mutter sich bald zusammenreißen würde.

Oma lag nur da – ein krankes, graues Vögelchen. Ihre Stirn hatte lauter Sorgenfalten und sie sah sehr, sehr erschöpft aus.

Plötzlich ging die Tür auf und eine Krankenschwester kam herein. Sie sah zu meiner Mutter und dann zu Oma und mir. Sie hatte die Situation sofort durchblickt, ging zu meiner Mutter, fasste sie an den Schultern und führte sie aus dem Krankenzimmer heraus. »Na, kommen Sie mal mit, ich geb Ihnen was zur Beruhigung«, sagte sie.

»Danke, Schwester«, sagte Oma erleichtert. Sie lächelte mich kurz an, dann sagte sie:

»Janine, mein Schatz, ich bin schrecklich müde. Ich möchte nicht unhöflich sein, aber vielleicht schlaf ich gleich ein.«

Ich umarmte sie noch einmal so fest, wie ich mich traute. Oma küsste Cheeta auf die Stirn, dann gab sie sie mir zurück. Ich steckte Cheeta in den Rucksack.

»Janine?«, sagte Oma da ganz leise.

»Ja?«

»Komm noch mal her!« Omas Stimme war fast nur noch ein Flüstern.

Ich beugte mich langsam zu ihr. Sie nahm mein Gesicht in ihre Hände und küsste mich auf beide Wangen. Dann nahmen wir uns ganz fest in den Arm. Ich atmete tief und sog noch einmal ihren Geruch ein. Obwohl sie schon so lange im Krankenhaus war, roch sie immer noch nach ihrem Opium-Parfüm und nach frischem Kaffee. An diesen Geruch wollte ich mich mein ganzes Leben lang erinnern. Ich versuchte, ihn jetzt so intensiv wie möglich zu riechen, damit ich ihn nicht vergessen könnte. Ich spürte, wie mir zwei Tränen aus den Augen über das Gesicht rollten, und musste kurz schniefen. Für Oma wollte ich stark sein, aber es war so schwer! Ach Oma, wie sehr würde ich dich vermissen!

Eine Woche später starb sie. Zusammen mit Mama und Papa sprach ich ein Gebet für sie. Ich war sehr froh, dass Mama und Papa mit mir zu der Beerdigung gehen würden. Sie hatten Oma auch sehr gern gehabt.

Die Beerdigung war an einem Freitagvormittag. Papa hatte sich extra freigenommen und ich musste nicht zur Schule gehen. Als wir ankamen, war der Friedhof schon voller Menschen. So viele Leute hatten Oma gekannt! Die Kapelle, in der der Trauergottesdienst stattfand, war bis auf den letzten Platz besetzt. Viele Menschen mussten draußen bleiben, weil sie gar nicht alle reinpassten. Für mich war ein Platz in der ersten Reihe reserviert, neben Helmut und meiner Mutter. Aber ich stellte mich lieber zu Mama und Papa an den Rand. Papa stand hinter mir und legte seine Hände auf meine Schultern, Mama nahm meine Hand und hielt sie ganz fest. Vorne im Altarraum stand der Sarg. Auf seinem Deckel war ein riesiges Gesteck aus verschiedenen weißen Blumen. Vor dem Sarg lehnten mehrere Kränze, die mit Blumen und Schleifen verziert waren. Auf einer stand: *In tiefer Trauer, Janine und Familie Kunze*. Den Spruch und die Blumen hatte ich zusammen mit Mama ausgesucht. Es waren ganz viele verschiedene Blumen in allen Farben. Das passte am besten zu Oma, die immer so fröhlich gewesen war, auch wenn sie es oft schwer hatte, fanden Mama und ich.

Der Pfarrer hielt eine Rede und die Gemeinde sang zwei Lieder. Dann kamen die Träger, hoben den Sarg hoch und schritten langsam den Mittelgang der Kapelle entlang zum Ausgang. Die Leute reihten sich ein hinter den Sarg und gingen hinter ihm her. Keiner sagte ein Wort und man hörte nur die Glocken der Kapelle, die die ganze Zeit läuteten, bis wir am Grab angekommen waren. Die Träger stellten den Sarg auf ein Metallgestell, das über der Graböffnung angebracht war, sodass er über dem Grab schwebte. Die vielen Menschen stellten sich alle um das Grab herum. Mama sagte mir leise, ich sollte mich neben meine Mutter und Helmut stellen, weil die Leute uns gleich ihr Beileid aussprechen wollten.

Der Pfarrer sprengte etwas Weihwasser auf den Sarg und wir beteten zusammen das Vaterunser. Dann wurde der Sarg langsam ins Grab hinuntergelassen. Der Pfarrer nahm drei Mal mit einer kleinen Schaufel etwas Sand aus einer Schale, warf den Sand ins Grab und sagte dazu: »Erde zu Erde, Asche zu Asche, Staub zu Staub.« Und nach einer kleinen Pause: »Ruhe in Frieden.«

Plötzlich ertönte ein lautes Schluchzen. Meiner Mutter liefen die Tränen über das Gesicht. Die rote Rose, die sie in der Hand gehalten hatte, fiel auf den Boden. Sie schlug die Hände vors Gesicht und schwankte leicht. Helmut versuchte, sie zu stützen, aber sie sackte in sich zusammen. Sie kauerte in der Hocke am Boden und weinte. Helmut beugte sich zu ihr hinunter und versuchte, sie wieder nach oben zu ziehen. Leise redete er auf sie ein.

Es war schrecklich. Die anderen Leute sahen sie voller Mitleid an, aber mir war es vor allem peinlich. Warum tat sie mir nicht leid? Ich wandte mich ab und sah absichtlich in eine andere Richtung. Mit Omas Tod war etwas kaputtgegangen. Ich spürte gar keine Verbindung mehr zu ihr. Ich hatte mit dieser Frau nichts zu tun. Ohne Oma war sie mir so fremd. Ohne Oma gab es gar keinen Grund mehr, das nicht auch zu zeigen. Für sie hatte ich all die Jahre den Mund gehalten. Ich verzog keine Miene und blieb ganz ruhig. Ich würde keine Träne vergießen. Weil sie so weinte, würde ich nicht weinen. Weil ich nicht mehr zu ihr gehörte. Ich würde niemals heulen, um mich in den Mittelpunkt zu stellen. Ich würde mich niemals so gehen lassen. Ich konnte gar nicht mehr traurig sein, weil ich so wütend war! Noch nie im Leben war mir meine leibliche Mutter so fremd gewesen.

Als sie sich endlich etwas beruhigt hatte, ging sie, gestützt von Helmut, zum Grab und warf ihre Rose hinein. Sie schluchzte noch einmal auf und stellte sich wieder neben mich. Ich hatte einen kleinen Strauß Maiglöckchen dabei. Oma hatte mir vor Jahren Maiglöckchen gezeigt und gesagt, dass sie fand, dass sie lustig aussahen. Lauter kleine weiße Glöckchen, die an dem Stängel rumbaumelten, wenn man sie anstupste. Wir hatten uns immer gefreut, wenn wir irgendwo Maiglöckchen sahen. Es war Mamas Idee gewesen, ihr einen Strauß Maiglöckchen ins Grab zu legen. Ich warf den Strauß ins Grab. Außerdem einen kleinen gefalteten Zettel. Auf ihn hatte ich ein Gedicht geschrieben, das Oma und ich immer sehr traurig, aber auch sehr schön fanden. Seit Oma tot war, sagte ich es mir oft vor. Es tröstete mich ein bisschen, weil es sich anhörte, als würde Oma mit mir sprechen:

Schau hoch zum Mond, da wo mein Blick jetzt wohnt.
Er schenkt dir tausend Küsse, weil ich dich so vermisse.

Ich vermisste sie auch so sehr! Oma war im Himmel angekommen. Ich hoffte, dass sie endlich ihre ersehnte Ruhe gefunden hatte.

Danach gingen alle anderen Trauergäste einzeln ans Grab, verabschiedeten sich von Oma, warfen Blumen oder Sand ins Grab und schüttelten uns die Hand oder umarmten uns. Die meisten kannte ich nicht. Ich stand wieder neben meiner Mutter und hielt es kaum aus, wie sie den Leuten gegenüber tat.

Irgendwann war die Zeremonie endlich vorbei und ich ging zu Mama und Papa, ohne noch etwas zu meiner Mutter zu sagen. Sie verabschiedeten sich von ihr, und wir gingen zum Auto. Als wir die Autotüren hinter uns geschlossen hatten, begann Mama leise zu weinen. Ich starrte aus dem Fenster. Kurz nachdem Papa losgefahren war, drehte Mama sich zu mir um und sagte:

»Janine, Mäuschen, wie geht es dir? Du bist so still. Konntest du gar nicht weinen?«

Ich sagte nichts, schaute Mama nur kurz an und schüttelte den Kopf. Ich wollte ihr sagen, dass ich nicht so eine Show abziehen wollte wie meine Mutter, aber ich brachte keinen Ton raus. Ich konnte nicht weinen. Und ich konnte auch nicht sprechen.

»Dann lass ich dir mal deine Ruhe«, sagte sie, strich mir über das Knie und wandte sich wieder nach vorne.

Papa schaute in den Rückspiegel und sah mich prüfend an.

Ich blickte aus dem Fenster, bis wir zu Hause waren.

Kerstin hatte etwas zum Mittagessen gekocht und Stefan war gerade aus der Schule gekommen. Er fragte, wie es mir ginge, aber ich konnte immer noch nicht sprechen. Ich fühlte mich wie unter Wasser. Ganz weit weg und doch da. Mama sagte:

»Das war ein schlimmer Vormittag für Janine, Stefan. Es geht ihr nicht gut. Wir müssen alle sehr lieb zu ihr sein in der nächsten Zeit und Rücksicht nehmen.«

Stefan nickte. Ich war so froh, dass Mama mich immer verstand!

Ich konnte nichts essen, obwohl es extra wegen mir Spaghetti Bolognese gab. Aber ich blieb trotzdem bei den anderen sitzen. Nach dem Mittagessen ging ich in mein Zimmer und setzte mich auf mein Bett. Plötzlich kamen die Tränen. Und hörten nicht mehr auf zu fließen. Ich vermisste Oma so sehr! Ich fühlte mich so allein.

Ich hatte keine Ahnung, wie viel Zeit vergangen war, aber irgendwann kam Mama ins Zimmer, nahm mich in den Arm und tröstete mich.

Als ich wieder sprechen konnte, sagte ich:

»Oma war der einzige gute Mensch in meiner leiblichen Familie. Ich will mit denen nichts mehr zu tun haben. Ich gehöre zu euch und nicht zu denen.«

Mama sah mich besorgt an. Dann nickte sie.

Trotzdem musste ich am Sonntag hin. Meine Mutter wollte noch einmal in Omas Wohnung gehen, bevor sie ausgeräumt wurde, und hatte gefragt, ob ich mitwollte. Ich hatte keine Lust, meine Mutter zu sehen, sah aber ein, dass das wohl die einzige Möglichkeit war, noch einmal Omas Sachen um mich herum zu haben und mich ihr nah zu fühlen. Meine Mutter holte mich mit dem Taxi ab und ließ uns zum Gottesweg fahren. Der Geruch in Omas Wohnung traf mich wie ein Schlag. Es war, als wäre sie noch hier. Ihr Duft war noch da.

Meine Mutter war wieder relativ normal. Sie ging quer durch die Wohnung in die Küche. Ich folgte ihr, weil ich in den verlassenen Zimmern nicht so gerne alleine sein wollte. Sie öffnete die beiden Türen zum Küchenbalkon und trat hinaus.

»Oh Gott, sieh nur, Janine, der Spatz!«, rief sie mir zu.

Ich ging zu ihr auf den Balkon und sah einen Spatz, der auf dem Geländer herumhüpfte. Er legte den Kopf schief und sah uns an. Er schien überhaupt keine Angst vor uns zu haben. Ich erinnerte mich, dass Oma immer ein bisschen Vogelfutter in einem Schraubglas auf dem Fenstersims der Speisekammer stehen hatte. Das kleine Fenster der Speisekammer ging auf den Balkon raus. Ich drehte mich um und richtig, da stand es! Mit möglichst wenigen, langsamen Bewegungen nahm ich das Glas, schraubte den Deckel ab und griff hinein. Ich streckte meine Hand mit den Körnern langsam in Richtung Spatz aus. Er guckte auf die Körner und legte wieder den Kopf schief. Die Körner auf meiner Hand lagen jetzt direkt unter ihm, wie auf einem Teller. Er pickte in meine Hand und schnappte sich ein paar Körner. Ich versuchte, mich nicht zu bewegen und möglichst flach zu atmen, um ihn nicht zu verscheuchen.

»Oh mein Gott, das ist die Oma!«, flüsterte meine Mutter neben mir.

Ich dachte, ich hätte mich verhört.

»Was?«, flüsterte ich zurück.

»Das ist die Oma, die hat sich in einen Vogel verwandelt, Janine. Sie wollte uns noch mal besuchen! Oh Gott!« Sie hielt sich eine Hand vor den Mund. Gleich würde sie garantiert wieder anfangen zu heulen.

»So ein Schwachsinn!«, sagte ich und ließ meine Hand sinken. Die restlichen Körner in meiner Hand fielen auf den Balkonboden und der Spatz flog zwei Meter weg, wo er sich wieder auf das Geländer setzte.

Meine Mutter schluchzte auf. Ich ging in die Wohnung. Lieber alleine in einem leeren Zimmer sein, als mir diesen Quatsch anhören!

Ich durchstreifte das Esszimmer, das Wohnzimmer und das Schlafzimmer. Überall waren Gegenstände, die mich an Erlebnisse mit Oma erinnerten: ihre Steiff-Tiere, die auf einer Anrichte im Wohnzimmer saßen. Ein Foto von uns beiden auf einem Regal in der Schrankwand, auf dem ich mein weißes Kommunionskleid trug. Eine von mir getöpferte Schale, die im Esszimmer in der Vitrine einen Ehrenplatz bekommen hatte.

Nach einer Weile ging ich wieder in die Küche. Meine Mutter stand immer noch auf dem Balkon und hielt sich die Hand vor den Mund. Sie starrte auf den kleinen Spatz, der mittlerweile auf den Balkonboden gehüpft war und die Körner, die ich dort verstreut hatte, aufpickte.

»Das ist die Oma, echt! Sie ist zurückgekommen!«, murmelte sie.

Ich musste hier weg, dachte ich. Nach einer Ewigkeit kapierte meine Mutter, wie bescheuert ich diese Nummer fand, und hörte endlich damit auf. Sie schloss die Balkontür, holte eine große Schmuckschatulle aus dem Schlafzimmer und einen Ordner mit Papieren aus dem Wohnzimmerschrank. Dann bestellte sie ein Taxi und fuhr mich nach Hause.

Jugendamt

Ein Kind kann einen Erwachsenen immer drei Dinge lehren: grundlos fröhlich zu sein, immer mit irgendetwas beschäftigt zu sein und nachdrücklich das zu fordern, was es will.
PAULO COELHO

»Kinder, übermorgen Nachmittag kommt Frau Antunes. Es gibt ein paar Sachen zu besprechen, da wäre es gut, wenn wir uns noch einmal in Ruhe zusammensetzen würden. Heute Abend nach dem Abendessen halten wir Familienrat und besprechen, was noch alles zu tun ist«, sagte Mama beim Mittagessen.

Die Beerdigung von Oma war jetzt zwei Wochen her. Es war komisch, dass sie nicht mehr da war. Einfach weg. Sie fehlte mir.

Zum Glück war super Wetter, obwohl es erst Mitte Mai war. So konnte ich viel unternehmen und mich ablenken. Heute Abend war eigentlich Leichtathletiktraining, zum ersten Mal dieses Jahr draußen auf dem Sportplatz. Aber ich wusste, dass man mit Mama bei dem anstehenden Besuch nicht diskutieren konnte. Ich würde hierbleiben müssen.

Frau Antunes war die Mitarbeiterin des Jugendamtes, die für uns zuständig war. Sie kam mehrmals im Jahr zu Besuch. Mama war dann immer sehr nervös und kochte, putzte und backte noch mehr, als sie es ohnehin schon tat.

Stefan verdrehte die Augen. Zum Glück hatte Mama das nicht gesehen. Wir alle hassten die Besuche vom Jugendamt.

»Oh nee, nicht schon wieder! Ich kann übermorgen Nachmittag nicht, Mama!«, sagte Kerstin. Sie studierte zwar schon, wohnte aber immer noch bei uns in einem großen Zimmer im ausgebauten Dachgeschoss. Sie war schon dreiundzwanzig und konnte eigentlich tun und lassen, was sie wollte. Trotzdem aß sie oft mit uns zu Mittag oder zu Abend und kochte sogar manchmal für uns alle.

»Da gibt's kein ›Übermorgen kann ich nicht‹. Die Besuche des Jugendamts sind eine Pflichtveranstaltung, Kerstin. Und zwar für die ganze Familie. Und das weißt du genau. Solange du hier wohnst und Teil dieser Familie bist, bist du mit dabei.«

Kerstin nickte missmutig. Sie war nicht sauer, aber es passte ihr wohl einfach nicht in den Kram. Ich stocherte auf meinem Teller rum. So richtig Hunger hatte ich plötzlich nicht mehr.

Nach dem Abendessen blieben alle sitzen. Mama kochte eine Kanne Früchtetee und ich verteilte Tassen auf dem Tisch.

»Ich habe heute schon das Erdgeschoss geputzt und die Gardinen im Wohnzimmer gewaschen. Janine, du musst unbedingt heute Abend noch dein Zimmer aufräumen, damit ich da morgen früh staubsaugen kann, ja? Und mit *aufräumen* meine ich *aufräumen* und nicht: ›Alles, was rumliegt, in irgendeinen Schrank stopfen‹, klar?«

Ich nickte.

»Kerstin, könntest du heute Abend oder morgen früh noch einen Erdbeerkuchen machen? Ich habe alles eingekauft und den Boden schon gebacken. Du musst ihn also nur noch belegen und den Guss draufgießen.«

»Ja, kann ich machen«, Kerstin seufzte.

»Peter, schaffst du es, morgen schon um vier zu Hause zu sein? Frau Antunes hat sich für halb fünf angekündigt.«

»Ja, klar«, Papa nickte.

»Ich hab Fußballtraining morgen Nachmittag, Mama! Muss ich denn unbedingt hier sein oder kann ich nicht mal wegbleiben? Es geht doch sowieso immer um Janine«, maulte Stefan. Er war mittlerweile zwölf und das Einzige, was ihn interessierte, waren die Schule und Fußball.

»Stefan, es ist wichtig, dass du da bist, auch wenn du den Eindruck hast, es würde nicht um dich gehen. Aber es geht um uns alle, um uns als Familie. Wir müssen zeigen, dass hier alles gut funktioniert und in normalen Bahnen verläuft. Dass Janine hier ein gutes Umfeld hat und gut aufgehoben ist. Da spielt jeder von uns eine Rolle.« Sie machte eine Pause. Papa tat sich Zucker in den Tee.

»Es ist einfach wichtig, dass wir zeigen, dass wir eine sehr stabile Familie sind und gerade jetzt, wo Janines Oma gestorben ist, für sie da sind.« Mama wirkte nervös und drehte dauernd an ihrer Tasse rum.

»Gibt es denn noch etwas zu klären, bevor Frau Antunes kommt? Sie wird uns allen wie immer Fragen stellen. Es ist besser, wir sprechen vorher darüber, was wir ihr antworten.« Mama schaute uns an.

»Kann ich sagen, dass ich ein paarmal mit Janine im Kino war? Spricht da irgendwas dagegen?«, fragte Kerstin.

»Nein, gar nicht. Wir haben ja immer genau geguckt, dass ihr in Filme geht, die ab vierzehn freigegeben sind. Da gibt's sicher keine Probleme«, antwortete Mama.

»Ich möchte meine Mutter nicht mehr besuchen«, sagte ich.

Mama sah mich nachdenklich an. »Ja, ich habe auch schon darüber nachgedacht, ob wir nicht mal ansprechen, dass es dir immer so schlecht geht, wenn du wieder nach Hause kommst. Vielleicht finden wir ja irgendeinen Kompromiss, der es dir ein bisschen leichter macht.«

»Ich will da wirklich nicht mehr hin!«, sagte ich noch einmal.

»Nina, tu mir einen Gefallen, raste nicht aus, wenn Frau Antunes da ist. Auch wenn sie was sagt, was dir nicht passt. Bleib einfach ruhig. Sag in Ruhe, was du möchtest, wir kriegen das schon alles hin. Aber brüll nicht, okay?« Mama war sehr ernst. Sie hatte immer furchtbar Angst, dass ich im Beisein der Leute vom Jugendamt einen Ausraster bekam.

Ich nickte. Es war ja nicht so, dass ich diese Ausraster bekommen wollte. Manchmal konnte ich nur einfach nicht anders.

Mama nahm meine Hand und sah mir in die Augen.

»Nina, wenn du rumschreist, kann es sein, dass die vor mir sitzen und zu mir sagen: ›Hören Sie mal, was machen Sie denn eigentlich aus dem Kind? Die ist ja völlig irre. Die brüllt hier rum, hat sich überhaupt nicht im Griff.‹«

»Was heißt denn, ›die brüllt hier nur rum‹! Jeder meint hier, über mich bestimmen zu können!« Ich riss meine Hand aus ihrer und sprang auf. »Ich bin kein Kind mehr! Ich habe doch selber eine Vorstellung von meinem Leben. Ich muss mir doch nicht von jedem Arsch, der hier alle paar Monate reinkommt, mein Leben erklären lassen! Oder du dir deins«, schrie ich. Stefan hielt sich die Ohren zu.

Meine Wut war plötzlich wieder weg.

»Sorry«, murmelte ich und setzte mich.

»Siehst du, genau das meine ich. Bleib morgen einfach mal ruhig. Du kannst meinetwegen genau das sagen, was du gerade gesagt hast. Aber verkneif dir die Kraftausdrücke und tu es, ohne zu schreien, okay? Denk einfach nach, bevor du anfängst zu reden!«

Der Tag, an dem Frau Antunes kommen sollte, war ein wunderschöner Tag und ich wäre viel lieber mit Silvia rausgegangen. Aber das ging natürlich nicht. Als es um halb fünf klingelte, blitzte und blinkte das ganze Haus. Ich fand ja, dass Mama übertrieb mit dem ganzen Aufwand. Bei uns war es sowieso schon immer super sauber und aufgeräumt. Andererseits achteten erwachsene Frauen oft auf so seltsame Dinge und bemerkten Veränderungen, die ich überhaupt nicht wahrnahm. Zum Beispiel sahen die gewaschenen Wohnzimmergardinen für mich genauso aus wie die ungewaschenen. Aber gestern war eine Freundin von Mama zu Besuch gewesen, die sofort registriert hatte, dass sie frisch gewaschen waren. Mir war völlig schleierhaft, wie sie das erkannt hatte.

Es gab Erdbeerkuchen mit Schlagsahne, Käsekuchen und eine große Thermoskanne mit Kaffee. Der Couchtisch war hübsch gedeckt und ich hatte in Mamas Auftrag extra noch ein paar Blümchen im Garten gepflückt. Ich ging mit Mama zusammen zur Tür, Papa wartete mit Kerstin und Stefan im Wohnzimmer.

Wir kannten Frau Antunes schon viele Jahre. Sie hatte einen spanischen Mann, deshalb hatte sie so einen seltsamen Namen. Ich glaube, sie mochte uns. Manchmal brachte sie Praktikantinnen mit und sagte dann so Sachen wie: »Die Kunzes sind mal ein wirklich positives Beispiel für eine Pflegefamilie!« Das gefiel Mama natürlich.

Obwohl wir Frau Antunes schon länger kannten und ich sie eigentlich nett fand, merkte man ihr an, dass sie aus einem bestimmten Grund kam. Ich fühlte mich immer total beobachtet. Ich hatte oft das Gefühl, dass sie gar nicht wirklich wissen wollte, wie es mir geht, auch wenn sie ständig danach fragte. Die Frau hatte irgendwie einen doppelten Boden.

Wir setzten uns alle auf die Couchgarnitur. Frau Antunes bedankte sich bei Papa und Kerstin, dass sie sich die Zeit genommen hatten, da zu sein.

»Manchmal ist es einfach wichtig, die ganze Familie zusammen zu sehen«, sagte sie und lächelte betont freundlich. Dann wechselten sie und Mama ein paar Sätze über das Wetter im Mai und unsere Urlaubspläne für dieses Jahr.

»Wie geht's dir, Janine?«, begann sie schließlich ihre Fragerei.

»Gut, danke.«

»Ich hab gehört, dass deine Oma gerade gestorben ist? Das war sicher schlimm für dich, du hast sie doch sehr gerne gehabt, nicht wahr?«

»Ja, sie ist im April gestorben. Sie hatte einen Gehirntumor«, antwortete ich.

»Vermisst du sie sehr?«

Ich nickte.

»Und deine Mutter?«

»Die vermisse ich überhaupt nicht, ich gehe da auch nicht mehr hin. Dazu können Sie mich nicht zwingen«, ich hatte gar nicht nachgedacht, das war einfach so aus mir rausgesprudelt.

Mama zupfte nervös an einem der Sofakissen.

»Wem kann ich denn eigentlich ein Stück Kuchen geben? Frau Antunes?« Mamas Ablenkungsmanöver war super auffällig und total peinlich. Aber es funktionierte trotzdem und alle waren erst mal beschäftigt mit ihren Kuchenstücken und ihren Kaffeetassen. Frau Antunes lobte den Erdbeerkuchen, Mama sagte, dass Kerstin ihn gemacht hatte, und Frau Antunes lächelte ihr zu. Dann war die Schonfrist vorüber.

»Janine, jetzt hast du gerade gesagt, dass du nicht mehr zu deiner Mutter möchtest. Wie kommst du denn plötzlich auf die Idee?«

»Sie hat bei der Beerdigung total rumgeschrien und geheult. Das war voll ätzend und peinlich. Die ist völlig ausgeflippt. Sie muss sich immer in den Mittelpunkt stellen. So was würde Mama zum Beispiel nie tun«, versuchte ich, die Lage zu erklären.

»Aber findest du es denn nicht normal, dass sie traurig ist? Immerhin ist doch ihre Mutter gestorben. Du bist ja auch traurig, weil du deine Oma verloren hast, oder?«

»Ja, aber deshalb schreie ich nicht rum, als wäre ich verrückt geworden.«

»Jeder hat eben andere Wege, mit Trauer umzugehen. Da solltest du nicht so kritisch sein, meinst du nicht?«

Sie hatte überhaupt nicht verstanden, was ich gemeint hatte. Redete ich denn Chinesisch? Ich holte tief Luft.

»Ich bin nicht kritisch, aber ich möchte nicht mehr, dass sie mich abholt. Ich will da nicht mehr schlafen. Ich will da einfach nicht mehr hin, verstehen Sie?« Ich hatte ganz ruhig angefangen, aber dann war ich doch ein bisschen lauter geworden. Jetzt war ich richtig wütend und schrie: »Ich will ein Leben ohne meine Mutter. Ich habe einfach keinen Bock mehr auf den Scheiß! Ersparen Sie mir das!«

Keiner sagte etwas. Ich sprang auf und wollte aus dem Zimmer stürmen, aber Mama fasste mit einer Hand meinen Arm und hielt mich fest.

»Bleib hier, bitte«, sagte sie leise und bestimmt.

Ich machte mich los, drehte aber wieder um und setzte mich hin. Mein Blick fiel auf meine Geschwister und Papa. Sie waren so ruhig, dass ich sie schon fast vergessen hatte. Papa hatte eine tiefe Sorgenfalte auf der Stirn und versuchte, mich anzulächeln. Kerstin verschränkte finster die Arme vor der Brust. Stefan schaute auf den Boden.

»Na, das war ja mal wieder ein ganz schöner Ausbruch, Janine!« Frau Antunes lächelte, aber es sah nicht richtig nett aus. Sie tat so, als hätte sie alles im Griff. »Vielleicht war das jetzt gerade alles ein bisschen viel für dich. Die Krankheit deiner Oma, die Beerdigung … Jeder verarbeitet Trauer eben anders. Bei dir ist wohl die Wut das Ventil.«

»Ich bin nicht wütend, ich will da bloß einfach nicht mehr hin! Warum hören Sie mir eigentlich nie zu?« Ich war wieder kurz davor, total auszuflippen.

»Ich höre dir ja zu, Janine! Und ich glaube, dass dir der Tod deiner Oma mehr zusetzt, als du zugibst.«

Ich zuckte mit den Schultern. Keine Ahnung, was Omas Tod damit zu tun haben sollte, dass ich meine Mutter nicht mehr besuchen wollte.

»Du bist dir also sicher, dass du deine Mutter eine Weile nicht mehr sehen möchtest, richtig?«

Ich nickte.

»Ich kann es nicht versprechen, weil ich es nicht alleine entscheiden kann. Deine Mutter müsste zustimmen. Aber ich möchte dir einen Vorschlag machen: Ich erkläre deiner Mutter, dass du die nächsten vier Monate eine Pause brauchst und sie in dieser Zeit nicht besuchen möchtest. Im Gegenzug schreibst du ihr gelegentlich.« Frau Antunes sah mich erwartungsvoll an.

»Das ist ein guter Vorschlag, danke für Ihr Verständnis und Ihre Kompromissbereitschaft, Frau Antunes«, sagte Mama. »Oder, Janine, das ist doch ein guter Vorschlag, so machen wir's!« Sie lächelte mich an, aber ich sah in ihren Augen, dass sie Angst hatte.

Ich nickte.

Am nächsten Tag rief Frau Antunes an und gab Bescheid, dass meine Mutter mit ihrem Vorschlag einverstanden war. Aber auch wenn sie nicht einverstanden gewesen wäre: Ich wäre da nicht mehr hingegangen. Ich würde mich nie wieder zu etwas zwingen lassen. Ich würde mir von meiner Mutter nicht mehr in mein Leben reinreden lassen. Ich würde ihrem Egoismus etwas entgegensetzen! Ich wusste nicht, warum, aber mir wurde immer klarer, dass ich mit dieser Frau nichts mehr zu tun haben wollte. Hatte es mit ihrer schrecklich peinlichen Show auf der Beerdigung zu tun? Oder damit, dass Oma nicht mehr da war, der einzige Mensch aus meiner leiblichen Familie, der mir wirklich etwas bedeutete? Ich wollte nicht zu meiner Mutter gehören und gehörte nicht zu ihr. Ob sie nun meine leibliche Mutter war oder nicht: Sie war nicht meine Familie. Und dieser blöde Helmut erst recht nicht. Meine Familie waren Mama, Papa, Kerstin, Anne und Stefan. Hier war ich zu Hause und das würde sich nie ändern. Dafür würde ich kämpfen und wenn ich mir dabei die Seele aus dem Leib schreien müsste!

Zwei Wochen nach dem Besuch von Frau Antunes hatte meine leibliche Mutter Geburtstag. Mama erinnerte mich zuvor daran, dass ich ihr nun endlich mal schreiben müsste. Das war schließlich Teil der Abmachung. Ich setzte mich an meinen Schreibtisch, nahm einen Bogen Briefpapier und schrieb: *Liebe Mutti*. Dann schrieb ich nichts mehr. Ich starrte endlos lange auf die beiden Wörter. Und dachte: Lüge. Alles Lüge! Sie war keine »Mutti« und »lieb« war sie auch nicht. Dass ich zu ihr »Mutti« sagen sollte und zu Mama »Mama«, hatten sich die beiden ausgedacht, als ich noch ganz klein war. Meine Geschwister sagten zu Mama »Mama«, deshalb war klar, dass ich das auch machen würde. Meine Mutter bestand dann darauf, dass ich zu ihr »Mutti« sagte. Je älter ich geworden war, umso mehr versuchte ich, es zu vermeiden.

Ich pfefferte den Stift auf den Tisch, knüllte das Papier zusammen und warf es weg. Dann packte ich meine Sachen und ging zum Tanztraining. Damit war das Thema »Briefe an meine Mutter« erst mal erledigt. Das war einfach eine super blöde Idee von Frau Antunes gewesen!

Aber so einfach kam ich aus der Sache dann doch nicht raus. Zwei Tage vor dem Geburtstag meiner Mutter kam das Ganze wieder auf. Mama und ich räumten gerade zusammen die Küche auf nach dem Mittagessen.

»Janine, was ist mit dem Brief an deine Mutter? Ich fahre später noch an der Post vorbei, soll ich ihn mitnehmen? Dann kommt er noch pünktlich an«, sagte Mama.

Ich spülte die Pfanne und den Topf, in dem Mama die Kartoffeln gekocht hatte. Mama wischte den Tisch ab.

»Ich hab keinen Brief geschrieben«, antwortete ich.

Mama seufzte und hörte auf zu wischen. Sie sah mich an.

»Ach Nina. Treib es lieber nicht auf die Spitze, wir sollten froh sein, dass sie und das Jugendamt sich überhaupt darauf eingelassen haben.«

»Aber mir fällt nichts ein! Ich hab ihr einfach nichts zu sagen.«

»Und wenn du ein bisschen nachdenkst? Vielleicht erzählst du ihr, was du so machst? Was ihr im Jazzdance gerade einstudiert, wie es in der Schule läuft und so weiter.«

»Das interessiert die doch sowieso nicht! Sie fragt nie, was ich so mache. Dafür ist die doch viel zu oberflächlich. Ich finde das einfach alles so bescheuert! Sie hat so wenig mit mir zu tun, kann aber über alles bestimmen. Warum kann ich denn nicht richtig zu euch gehören?«

»Du gehörst doch richtig zu uns, das ist gar keine Frage!«

»Aber nicht vor dem Gesetz. Sonst würden die vom Jugendamt doch nicht dauernd hier antanzen. Das tun die doch bei anderen Familien, wo es keine Pflegekinder gibt, auch nicht.« Ich ließ den Spülschwamm mit einem lauten Platsch ins Becken fallen.

Mama nahm automatisch ein Geschirrtuch und wischte die Spritzer weg.

»Ja, da hast du natürlich recht. Aber darüber haben wir doch schon oft gesprochen. Damit Papa und ich das volle Sorgerecht für dich haben, müssten wir dich adoptieren. Und dem würde deine Mutter nie zustimmen.«

»Na und? Dann stimmt sie eben nicht zu. Es sieht doch ein Blinder mit Krückstock, dass ihr meine Eltern seid!« Ich verschränkte die Arme vor der Brust.

»Wenn sie nicht zustimmt, wird es einen hässlichen Streit geben. Und wenn wir den nicht gewinnen, wird es für dich noch schlimmer werden.«

Mama ging zur Arbeitsplatte und zog eine der Küchenschubladen heraus. Es war die Krimskrams-Schublade, in der Mama von Gummibändern über Bleistifte bis zu Aufklebern für Einmachgläser alles Mögliche aufbewahrte. Sie zog einen kleinen Stapel mit Glückwunschkarten heraus, blätterte sie durch und hielt mir zwei verschiedene hin.

»Wenn das mit dem Brief nicht klappt, schreib ihr doch wenigstens eine Karte. Da musst du nicht ganz so viel draufschreiben, es ist aber trotzdem eine nette Geste.«

Auf einer der beiden Karten, die Mama ausgesucht hatte, war ein bunter Blumenstrauß abgebildet. Aus dem goldenen Band, das den Strauß zusammenhielt, wurde ein schnörkeliger Schriftzug, der fünf Worte formte: *Von Herzen die besten Wünsche.* Die andere Karte sah moderner aus: Ein Mordillo-Männchen hielt eine Torte mit roten Kerzen, darüber stand *Alles Gute zum Geburtstag.*

»Wenn du eine Karte schreibst, mache ich für dich den Abwasch fertig«, versuchte Mama mich herumzukriegen. Ich hasste Abspülen. Und sie wusste es.

Mit einem Seufzen schnappte ich mir das Mordillo-Männchen und ging in mein Zimmer. An meinem Schreibtisch öffnete ich das durchsichtige Plastiktütchen, in dem Karte und Kuvert verpackt waren. Ich klappte die Karte auf und nahm einen Stift.

Nach zehn Minuten hatte ich drei Blumen und zwei kunstvoll verzierte Kringel auf meine Schreibtischunterlage gemalt. In der Karte stand immer noch nichts. Ich hatte ihr wirklich nichts zu sagen. Ich brauchte sie einfach nicht. Dieses ganze komische Leben, das sie führte, mit ihrem Tänzerinnen- oder Kellnerinnen-Job oder was auch immer, diesem blöden Helmut und ihrem dauernden oberflächlichen Getue. Selbst wenn ich bei ihr war, fühlte ich mich in ihrem Leben überflüssig. Nur ein einziges Mal hatte sie sich ernsthaft für meine Schule interessiert. Das war letztes Jahr gewesen, als ich ihr gesagt hatte, dass ich auf die Realschule wechselte. Sie war nur entsetzt gewesen, weil sie jetzt nicht mehr mit ihrer Tochter, die mal Ärztin werden würde, angeben konnte. Aber nach zwanzig Minuten hatte sie selbst an dieser Diskussion das Interesse verloren. Es war ihr eben doch nicht wirklich wichtig.

Nie ging es bei ihr um irgendetwas, das wirklich wichtig war. In der Kirchengemeinde überlegten wir uns Aktionen, wie wir Geld sammeln konnten für Menschen in der Dritten Welt. Kerstin war bei Greenpeace, Mama kümmerte sich um die alten Gemeindemitglieder und war zusammen mit Papa in der Pflegeelterngruppe aktiv. Sie half jedem, dem sie irgendwie helfen konnte. Und was tat meine Mutter? Sie lackierte sich die Nägel. Und pfuschte in mein Leben rein.

Ich nahm den Stift, schrieb in die Mitte der aufgeklappten Karte

Herzlichen Glückwunsch!
Janine

klappte die Karte zu, steckte sie in das Kuvert und klebte es zu. Dann schrieb ich ihre Adresse auf die Vorderseite und meine auf die Rückseite. Ich ging nach unten.

»Mama! Nimmst du die noch mit zur Post?« Ich hielt Mama die Karte hin.

Sie lächelte. »Da bin ich aber erleichtert! Gut, dass du das noch gemacht hast!« Mama steckte die Karte in ihre Handtasche. Ich ging wieder in mein Zimmer. Wenig später hörte ich die Haustür zuschnappen.

Der Eklat

Nichts auf der Welt ist dem Menschen mehr zuwider,
als den Weg zu gehen, der ihn zu sich selber führt.
HERMANN HESSE

»Wieso kommt denn Frau Antunes schon wieder? Sie war doch gerade erst da? Oh Mann, das nervt!« Das tolle Frühsommerwetter hielt sich jetzt schon seit zwei Wochen. Es war Mitte Juni und morgen wollten Silvia und ich ins Freibad gehen. Morgen war der einzige Nachmittag in dieser Woche, an dem weder Silvia noch ich Training hatten. So ein blöder Jugendamtsbesuch nervte da echt extrem.

»Nina, ich weiß es nicht. Sie hat gerade angerufen und gesagt, es wäre dringend, aber nicht, warum. Das wollte sie morgen hier mit uns allen besprechen«, sagte Mama. Wir waren beim Abendessen und sie hatte uns gerade erzählt, dass Frau Antunes sich für morgen Nachmittag angekündigt hatte.

»Oh Mama, muss das sein? Muss ich da schon wieder mit dabei sein?« Stefan war auch total genervt.

»Ja, leider. Und ihr könnt mir glauben, ich könnte mir auch eine nettere Beschäftigung vorstellen, aber es lässt sich nicht ändern. Frau Antunes kommt morgen um sechzehn Uhr. Und ihr seid alle da. Punkt.« Mama war nervös, das äußerte sich bei ihr manchmal darin, dass sie ein bisschen pampig wurde. Sie hatte natürlich auch keine Lust auf die Besuche, das war mir schon klar. Trotzdem fand ich es ungerecht, dass alle anderen morgen ins Freibad gehen würden.

Nur ich würde mit meinen Geschwistern, meinen Eltern und der Frau vom Amt im Wohnzimmer rumsitzen.

Frau Antunes war nicht gut gelaunt, das sah ich ihr sofort an, als sie reinkam. Mir wurde ein bisschen mulmig. Was war denn eigentlich los?

Als wir uns gesetzt hatten, holte Frau Antunes etwas aus ihrer Aktentasche und legte es auf den Tisch. Ich erkannte es sofort wieder. Das Mordillo-Männchen! Es war die Geburtstagskarte, die ich vor zwei Wochen meiner Mutter geschrieben hatte. Mama und Papa warfen sich einen fragenden Blick zu.

»Was hast du dir eigentlich dabei gedacht, Janine?«, fragte Frau Antunes. Sie klang nicht sauer, nur irgendwie ratlos.

»Wieso denn, was ist denn verkehrt an der Karte? Sie haben doch gesagt, dass ich meiner Mutter schreiben soll! Das hab ich gemacht.«

»Ja und das war im Prinzip auch richtig. Aber vielleicht hättest du noch zwei Sätze mehr schreiben können außer ›Herzlichen Glückwunsch‹! Deine Mutter hat sich sehr darüber aufgeregt.«

Mama sah total schockiert aus und nahm die Karte vom Tisch. Sie klappte sie auf, las meinen Glückwunsch und reichte die Karte weiter an meinen Vater.

»Aber wieso denn, verdammt? Ich sollte ihr eine Geburtstagskarte schreiben und ich hab ihr eine Karte geschrieben!«

»Ja, das hast du. Aber deine Mutter hat sich nicht darüber gefreut, sondern bei uns angerufen und gesagt, wenn das so weiterginge, würde sie dich von hier wegholen und dich ganz zu sich holen. Die Idee, ihr zu schreiben, war doch, nett zu ihr zu sein, damit sie dir deine Freiheit lässt. Die Idee war nicht, sie zu provozieren. Dadurch, dass du nur *Herzlichen Glückwunsch* geschrieben hast, hast du ihr gezeigt, dass du dir extra keine Mühe gegeben hast. Das ist fast schlimmer, als gar nichts zu schreiben! Sie war wirklich stocksauer, dass dir einfällt, ihr etwas so Unpersönliches und Liebloses zu schicken.«

»Oh Gott, das war meine Schuld. Es tut mir leid, ich hätte mit Janine noch einmal ausführlich darüber sprechen sollen! Sie wollte ihre Mutter bestimmt nicht verärgern. Sie wird das wiedergutmachen!« Mama war ganz aufgelöst.

Frau Antunes sah meine Mutter an: »Frau Kunze, Janine ist vierzehn. Da müssen Sie nicht mehr alles kontrollieren. Für gewisse Dinge kann Janine schon sehr gut selbst Verantwortung übernehmen.« Dann wandte sie sich wieder an mich: »Janine, so kannst du dich nicht benehmen. Du weißt ganz genau, dass du deine Mutter absichtlich provoziert hast. Mit diesem einen betont unpersönlichen Satz hast du deutlich zum Ausdruck gebracht, was du von der Idee hältst, ihr regelmäßig zu schreiben. Ich verstehe dich ja, aber du musst die Situation ernst nehmen und vernünftig sein!«

»Sie verstehen mich überhaupt nicht. Ich habe Ihnen schon das letzte Mal gesagt, dass ich das alles nicht mehr möchte. Und das habe ich ernst gemeint! Ich bin ja nicht blöd. Ich kann schon klar denken. Sie können mir vertrauen. Ich möchte einfach mit denen nichts mehr zu tun haben. Das wird sich nicht mehr ändern. Ich weiß, woher ich komme. Ich hab die regelmäßig gesehen. Ich weiß, wie die leben. Ich möchte das nicht mehr. Ich lebe hier und hier gehöre ich hin«, sagte ich und blieb sogar ruhig dabei. Ich fühlte mich ziemlich erwachsen. Jetzt war alles klar.

»So einfach ist das nicht, Janine. Und das weißt du auch. Solange deine Mutter das Sorgerecht für dich hat, müssen wir alle gemeinsam entscheiden, was für dich das Beste ist. Und das funktioniert nicht im Streit. Für die Lösung, dass du ihr schreibst, hatten wir uns das letzte Mal hier gemeinsam entschieden. Du hattest zugestimmt, ihr zu schreiben, weil du Abstand von deiner Mutter wolltest. Mit solchen Provokationen wie dieser Karte machst du doch alles nur noch schlimmer. Du verärgerst sie. So geht das nicht.«

»Wir haben gar nicht gemeinsam entschieden, sondern *Sie* haben das entschieden! Und Sie haben noch nie gut für mich entschieden! Ich bin kein Kleinkind, ich kann selbst entscheiden«, jetzt hatte ich wirklich langsam genug. Frau Antunes wollte mich einfach nicht verstehen und hörte nicht auf, mich wie ein Baby zu behandeln! Ich wurde wütend und schrie:

»Ich bin nicht blöd, und wenn ich sage, ich will meine Mutter nicht mehr sehen und ich will ihr auch nicht mehr schreiben, dann meine ich das ernst!« Ich war aufgesprungen und starrte sie an. Sie sah nicht mehr ganz so sicher und überheblich aus wie vorher. »Nehmen Sie mich doch endlich auch mal ernst und nicht nur meine Mutter! Schließlich geht es hier um mein Leben. Ich weiß, warum ich das alles nicht mehr will und warum ich das so entscheide. Ich hab ihr einfach nichts zu sagen, was soll ich ihr denn dann schreiben? Ich werde der nie wieder eine Karte schreiben und nie wieder einen Fuß da reinsetzen. Sie können mich nicht zwingen. Sonst packe ich meine Sachen und haue ab.«

»Nina, beruhige dich doch!« Mama war total erschrocken. Zu Frau Antunes sagte sie immer wieder: »Das meint sie nicht so. Das kriege ich wieder hin!«

Aber aus mir sprudelte es nur so raus. Ich war so wütend! Alle wollten immer über mich bestimmen!

»Doch, ich meine das genau so! Ich hab keinen Bock mehr auf den Scheiß!«

»Janine, bleib doch ruhig! Wir finden schon eine Lösung!«, sagte Frau Antunes. Sie sah jetzt richtig schockiert aus.

»Die einzige Lösung ist, dass ich sie nicht mehr besuche! Wenn Sie mich zwingen, die zu besuchen, hau ich ab!« Ich merkte, dass mir Tränen über die Wangen liefen, aber das war mir egal.

»Janine, hör doch auf zu weinen und beruhige dich!«, sagte Mama. Sie stand jetzt neben mir, legte ihre Hand auf meine Schulter und wollte mir über den Rücken streichen.

Ich zitterte am ganzen Körper, in meinem Kopf schwirrte und sirrte es. Ich ertrug das alles nicht mehr! Die sollten mir endlich mal zuhören!

»Lass mich in Ruhe!«, brüllte ich und machte mich los. Ich hatte Lust, irgendetwas kaputtzumachen, oder ganz schnell zu rennen oder laut zu schreien …

Plötzlich fing Stefan an zu heulen und alle redeten durcheinander. Kerstin sagte, ich sollte aufhören zu schreien, Papa versuchte, Mama zu beruhigen, die auch angefangen hatte zu weinen.

Ich hielt das alles nicht mehr aus! Ich lief zur Tür und knallte sie hinter mir zu. Dann rannte ich in mein Zimmer.

Adoption

Das erste, das der Mensch im Leben vorfindet,
das letzte, wonach er die Hand ausstreckt, das kostbarste,
was er im Leben besitzt, ist die Familie.
ADOLF KOLPING

»Und du bist dir sicher, dass meine Mutter bei meiner Anhörung nicht dabei ist?«

»Ich hoffe es, Janine, ich hoffe es. Frau Antunes hat gesagt, sie tut alles in ihrer Macht Stehende, damit dir diese Situation vor Gericht erspart bleibt.«

Seit wir losgefahren waren, hatte Papa kein Wort gesagt. Deshalb hatte ich das Schweigen gebrochen, auch wenn ich eigentlich schon wusste, was er antworten würde. Es wäre schön, wenn Mama jetzt doch mit dabei wäre. Ihr wäre sicher etwas eingefallen, um uns von dem, was uns erwartete, abzulenken. Irgendetwas, worüber wir quatschen könnten, damit endlich dieses Kribbeln im Bauch aufhörte und die schwitzigen Hände wieder trocken würden. Mein Kopf war komplett leer. Und Papa war einfach kein großer Redner. Auf den konnte man in Sachen Ablenkung echt nicht zählen! Aber wir hatten es im Familienrat hin und her diskutiert. Und Papa und Kerstin hatten Mama schließlich davon überzeugt, dass es besser wäre, wenn sie nicht mit zum Gericht kam. Sonst könnte vielleicht irgendjemand sagen, sie hätte mich beeinflusst, und auf die Idee kommen, es wäre in Wirklichkeit gar nicht mein eigener Wunsch gewesen, von Mama und Papa adoptiert zu werden und mich endgültig von meiner leiblichen Mutter zu lösen. Dabei war es mein sehnlichster Wunsch! Papa hatte eine distanziertere Art als Mama und alle glaubten, es wäre besser, wenn nur er mit mir zum Gericht ging.

Mama und Papa hatten immer so viel Angst, irgendetwas falsch zu machen! Wie oft ich in den letzten Monaten Sätze wie diese gehört hatte: »Janine, wir müssen tun, was die sagen! Janine, reiß dich zusammen! Janine, sei vernünftig! Es ist gerade jetzt so wichtig, dass wir keinen Fehler machen!« Immer ging es nur darum, sich an die Regeln zu halten, niemanden zu verärgern, es allen recht zu machen. Es war mir schleierhaft, woher sie die Geduld dafür nahmen. Dabei ging es bei all dem doch eigentlich nur darum, dass meine Eltern endlich auch vor dem Gesetz meine Eltern sein durften. Es war schließlich nicht meine Idee gewesen, als Pflegekind aufzuwachsen! Und auch nicht die von Mama und Papa. Sondern die Idee von der Frau, die uns all diese Probleme eingebrockt hatte: meine leibliche Mutter.

Frau Antunes und Mama hatten gesagt, eine Adoption sei sehr kompliziert und langwierig und es könnte sein, dass es nicht klappt, wenn meine Mutter nicht zustimmt. Natürlich hatte sie nicht zugestimmt. Deshalb mussten wir heute vor Gericht zu dieser Anhörung. Anhörung hieß, dass meine Mutter und ich befragt wurden. Ich wollte auf keinen Fall, dass sie dabei war, wenn ich befragt wurde.

Ich fand es so ungerecht, dass sie die Macht hatte, uns allen so viel Angst zu machen. Dass sie die Macht hatte, mein Leben zu zerstören. Das durfte einfach nicht mehr sein. Ich wollte endlich frei sein!

Der Auftritt, den ich hingelegt hatte, als Frau Antunes wegen der Geburtstagskarte bei uns war, war mittlerweile legendär. Dass ich so rumgebrüllt hatte und einfach auf mein Zimmer gerannt war, hatte natürlich ein Nachspiel gehabt. Es war zwar eigentlich erst einmal gar nichts Großes passiert, trotzdem war es ganz schön turbulent gewesen in den Wochen nach »dem Eklat«. So wurde der Tag, an dem ich einfach alles gesagt hatte, bei uns seitdem genannt. Endlose Diskussionen und Streits mit Mama und Papa sowie ständige Besuche von Frau Antunes folgten. Und viele Stunden, die ich alleine in meinem Zimmer verbracht hatte, in denen ich Musik hörte und meine Gedanken aufschrieb, in Gedichten und in meinem Tagebuch.

Frau Antunes hatte den Stein mit der Adoption irgendwann ins Rollen gebracht. Mama und sie hatten mir gesagt, dass wir es versuchen könnten mit der Adoption, wenn ich das wollte. Sie hatten auch gesagt, dass es nicht leicht werden würde, weil das Gericht sich dazu über meine Mutter hinwegsetzen musste. Trotzdem: Es bestand die Chance, dass meine Eltern mich gegen den Willen meiner Mutter adoptieren konnten, weil das »zum Wohl des Kindes« war. Ich hatte allerdings nicht das Gefühl, dass sich in all den Jahren mal irgendjemand wirklich für mein »Wohl« interessiert hatte. Niemand außer Mama und Papa. Wieso sollte das also jetzt plötzlich irgendwen interessieren? Noch dazu einen Richter, der mich gar nicht kannte?

Dass es mir bei Mama und Papa grundsätzlich gut ging, war ja wohl so was von klar! Man brauchte echt keine Psychotante, um das rauszufinden.

Papa bog in den Hohenzollernring ein und ich schaltete das Radio ein. Papa hörte eigentlich nicht gerne Radio im Auto, weil er keine Popmusik mochte, aber ich wusste, dass es ihm heute nichts ausmachen würde. Alles, was ablenkte, war gut!

Wenn ich das zu der Psychotante gesagt hätte, hätte sie mich sicher wieder mit ihrem pseudo-entspannten Halblächeln angeschaut und so was in die Richtung gesagt wie: »Es ist immer besser, sich seinen Ängsten zu stellen, Janine. Ablenken ändert nichts!« Oh Mann. Wenn ich nur an die

Stunden bei ihr dachte, wurde mir übel. Wenn ich alleine hinging, war es ja meistens noch okay. Alle paar Wochen nach der Schule musste ich das machen. Um mir darüber klar zu werden, »ob ich das mit der Adoption wirklich will«, wie Mama sagte. Das war zwar komplette Zeitverschwendung, weil mir schon längst und lange klar war, dass ich das mit der Adoption wollte. Außerdem ging es in den Sitzungen gar nicht in erster Linie um mich. Was Frau Antunes natürlich nicht wissen konnte. Schon in der ersten Sitzung hatte ich es geschafft, das Gespräch immer wieder von mir abzulenken. Ich quetschte einfach die Psychotante über ihr eigenes Leben aus. Und da die gerade Probleme in ihrer Ehe hatte, füllte sie jede Menge Zeit damit, mir von ihren Problemen zu erzählen. Das fand ich natürlich super und war froh, dass ich relativ wenig über mich erzählen musste. Außerdem hatte es zur Folge, dass sie mich total nett und »reif« fand.

Immerhin waren die Sitzungen, zu denen ich alleine ging, nicht so unangenehm und nervig wie die Termine, bei denen Mama und Papa mitkommen mussten. Am schlimmsten waren die, bei denen Mama, Papa und meine Geschwister mitkamen. Zum Glück war das nur zwei Mal vorgekommen. Das waren echte Horrorveranstaltungen. So was von peinlich!

Beim ersten Mal sollten wir mit Barbiepuppen unsere »Beziehung zueinander« nachspielen. So was Bescheuertes! Ich dachte währenddessen nur dauernd: Warum tun die mir das an? Mich so lächerlich zu machen vor meiner Familie! Was sollte dieser Quatsch mit den Puppen? Ich kam mir so dämlich vor und fand das so ätzend! Als ich klargemacht hatte, dass ich auf den Mist keinen Bock hatte, fing Mama wieder an zu weinen und sagte, ich solle mich zusammenreißen: »Wir finden das jetzt auch nicht toll und machen ja auch mit!« Okay, damit hatte sie recht, aber ich verstand eben nicht, warum wir diesen Mist überhaupt machen sollten.

In der zweiten Gemeinschaftssitzung hatte sich die Psychologin etwas Neues ausgedacht. Das war aber um keinen Deut besser als die Sache mit den Barbiepuppen: Sie zeigte uns Karten, auf denen standen Begriffe wie *Liebe, Geborgenheit, Geschwister.* Wir sollten dann ganz schnell sagen, was wir spontan empfinden, wenn wir diese Wörter lesen. So ein Quatsch!

Auch wenn mich die Psychofrau, zumindest in den Stunden, in denen wir alleine waren, nett und erwachsen fand, war mir eins klar: Egal, wie nett die mich und meine Familie fand, die Leute vom Amt würden nicht in meinem Sinne handeln. Das würden sie auch überhaupt nicht können. Denn die Gesetze sprachen nicht für mich. Deshalb würde ich denen nie vertrauen. Noch nicht einmal Frau Antunes. Denn auch sie nahm ein Kind oder eine Jugendliche nicht wirklich ernst. Die hatten ihre Gesetze, danach handelten die. Darum hatte ich in den letzten Monaten meinen eigenen Weg gefunden: Ich würde mich ganz ruhig verhalten. Ich würde nicht mehr kämpfen und so wenig wie möglich zu all dem sagen. Aber wenn ich merkte, dass etwas passierte, das mir gegen den Strich ging, dann würde ich ausrasten, dass ihnen allen Hören und Sehen verging!

Papa blinkte. Er fuhr von der Riehler Straße ab in Richtung Reichensperger Platz, wo das Amtsgericht war.

»Wir sind gleich da. Ist alles klar bei dir?«, fragte er mich.

»Ja. Alles okay«, sagte ich und lächelte zum Beweis zu ihm rüber. Eigentlich war mir nicht nach Lächeln, aber ich wollte ihm Mut machen. Oder mir selber. Beim Anblick des Gerichtsgebäudes wurde mir nämlich richtig mulmig. Es war riesig und hatte die Form eines Halbkreises. In der Mitte gab es eine Rasenfläche, die von Blumenbeeten eingefasst war. Und von Parkplätzen. Papa stellte das Auto ab und wir stiegen aus.

»Das sieht schon imposant aus, nicht war?«, sagte Papa, als wir vor dem Eingang standen und hinaufschauten. Sechs sehr hohe Säulen bildeten die Mitte des halbkreisförmigen, alten Gebäudes und umrahmten seinen Eingang. Überall waren Engelfiguren und Blumenranken und Verzierungen angebracht. Es sah aus wie ein Schloss. Oder wie eine Festung.

Wir gingen die wenigen Stufen hinauf zum Eingang und Papa lächelte mir aufmunternd zu, als er die riesige Tür aus dunkelbraunem Holz öffnete.

»Das wird schon alles, mach dir keine Sorgen.«

Aber ich sah ihm an, dass er sich selbst Sorgen machte.

Als sich die Tür hinter uns schloss, mussten sich meine Augen kurz an das dunklere Lampenlicht gewöhnen. Vor uns war eine breite Treppe aus braunem Stein, aus der an ihrem Ende drei Treppen wurden: eine ging nach hinten, eine nach rechts und eine nach links. Sie führten zum zweiten Stock, der wie eine Galerie zum Treppenhaus offen war. Ringsum gab es verschnörkelte Geländer aus schwarzem Eisen. Darüber sah man noch ein Stockwerk. Und ganz oben gab es sogar noch eine Fensterreihe! Auch von innen war das Gebäude ganz schön groß. Überall liefen Menschen herum, viele hatten irgendwelche Mappen unter den Arm geklemmt. Einige von ihnen trugen lange schwarze Umhänge, wie Pfarrer. Meine Kehle wurde eng.

»Unser Sitzungssaal ist im ersten Stock. Versuchen wir es mal über die rechte Treppe«, sagte Papa. Ich folgte ihm zuerst die Haupttreppe hinauf. Dann nahmen wir die Treppe, die auf die rechte Seite der großen kuppelartigen Eingangshalle abzweigte.

Vor Gericht

Kinder erleben nichts so scharf und bitter
wie Ungerechtigkeit.
CHARLES DICKENS

Auf der Galerie im ersten Stock standen lange, dunkle Holzbänke. Papa und ich setzten uns und Papa sagte: »Wir sind keine Sekunde zu früh. Es geht sicherlich gleich los.«

Als hätte er damit das Stichwort gegeben, öffnete sich die große, dunkle Holztür des Sitzungssaales, vor dem wir warteten. Eine ältere Dame in einem grauen Kostüm trat heraus und kam auf uns zu.

»Herr Kunze?«, fragte sie.

»Ja, das bin ich«, antwortete Papa und stand auf.

»Dann ist das sicher Janine Schuster, Ihre Pflegetochter?«, fragte die Frau lächelnd in meine Richtung.

Papa nickte.

Sie erklärte, dass ich zunächst draußen warten sollte, bis meine Mutter angehört worden war. Ich würde danach befragt werden.

»Kannst du in der Zeit hier draußen alleine warten, Janine?«, fragte Papa.

Ich nickte.

Papa folgte der Frau in den Saal. Bevor sich die Tür hinter ihm schloss, drehte er sich noch einmal um und lächelte mir zu. Ich lächelte tapfer zurück. Hoffentlich klappte das alles! Und hoffentlich hatten die nicht vergessen, dass ich ohne meine Mutter befragt werden wollte!

Es kam mir ewig vor, aber als sich die Tür des Sitzungssaales das nächste Mal wieder öffnete, war tatsächlich erst eine halbe Stunde vergangen. Das wusste ich, weil ich die letzte halbe Stunde eigentlich nichts anderes gemacht hatte, als auf die große Uhr in der Eingangshalle zu starren.

»Janine?«, fragte die Frau im Kostüm, die Papa vorhin reingeholt hatte.

»Ja?«

»Deine Anhörung beginnt jetzt. Kommst du mit hinein?«

Ich nickte, stand auf und folgte der Frau in den Saal.

Der Raum war kleiner, als ich nach der riesigen Eingangshalle erwartet hatte. Aber die Decke und die Fenster waren auch hier sehr hoch. Vier große Tische mit jeweils vier Stühlen, die wie in der Schule nur an einer der Längsseiten standen, waren in einem Viereck angeordnet. Einer davon stand ein bisschen erhöht, dahinter saß ein Mann, der einen dieser Pfarrer-Umhänge trug. Das war sicher der Richter. Den Umhang hatte er vorne gar nicht richtig zugemacht. So konnte man sehen, dass er darunter ein kariertes Hemd trug. Er hatte spärliche graue Haare, die ihm teilweise unordentlich vom Kopf abstanden, und eine silberne Lesebrille. Auf seinem Tisch lagen alle möglichen Papiere und er notierte gerade irgendetwas. Er sah gar nicht so schlimm aus. Eher wie ein verwirrter, etwas hektischer Opi als wie jemand, von dem mein Schicksal abhängen sollte, fand ich.

An dem Tisch rechts des Richtertisches saß Papa, ihm gegenüber Frau Antunes vom Jugendamt. Und an dem Tisch gegenüber dem Richter saß meine Mutter. Sie machte keinerlei Anstalten, aufzustehen und hinauszugehen. Würde mein Wunsch, alleine befragt zu werden, also nicht respektiert werden? Ich merkte, wie die Wut langsam in mir aufstieg. Angeblich sollte ja alles »zum Wohle des Kindes« entschieden werden, aber wenn das Kind einmal sagte, was es wollte, wurde zuverlässig anders entschieden. Wozu fragte man mich denn dann überhaupt? Wollten die mich verarschen?

Die Frau im Kostüm bedeutete mir, mich an den Tisch zu Papa zu setzen, und setzte sich dann selbst ganz außen an den Richtertisch. Sie schien eine Art Assistentin zu sein, auf jeden Fall begann sie sofort, irgendwas zu schreiben. Papa lächelte angestrengt und nahm meine Hand, als ich mich gesetzt hatte. Seine Hand war genauso verschwitzt wie meine. Ich sah, dass er die Zähne aufeinanderbiss.

»Das kann doch nicht sein, dass meine Mutter jetzt da sitzt! Was soll das, Papa? Geht die noch raus?«, flüsterte ich ihm zu.

»Keine Ahnung«, presste Papa zwischen den Zähnen hervor.

Ich hoffte inständig, dass meine Mutter den Saal verlassen würde. Doch sie blieb sitzen, strich sich eine Haarsträhne hinter das Ohr und lächelte zuckersüß zur Richterbank. Ich ballte meine Fäuste unter dem Tisch.

Frau Antunes kam hinter ihrem Tisch hervor zu uns herüber und begrüßte mich.

»Wieso ist sie noch hier?«, zischte ich. »Ich hatte gesagt, ich will nicht, dass sie dabei ist, wenn ich befragt werde!«

»Sie hat darauf bestanden, tut mir leid«, flüsterte Frau Antunes.

Sie bekam einfach immer ihren Willen. Es war zum Kotzen! Aber das konnten die mit mir nicht machen!

Ich schielte zu ihr hinüber. Bisher hatte ich sie ignoriert und das würde ich auch weiterhin tun.

Für ihre Verhältnisse sah sie heute richtig spießig aus. Ihre Haare waren hochgesteckt und sie trug ein eng anliegendes, dunkelblaues Kostüm mit einer weißen Bluse, die allerdings einen ziemlich tiefen Ausschnitt hatte. Die einzige Extravaganz, die sie sich leistete, waren rote Stöckelschuhe, die genau die Farbe ihres Lippenstiftes hatten. Sie lächelte zu mir herüber und winkte leicht mit den Fingern. Ich sah weg. Blöde Kuh! Die konnte mich mal!

»Janine, guten Tag und willkommen!«, sagte der Richter in meine Richtung. Alle Köpfe drehten sich zu ihm.

»Ich würde dir gerne ein paar Fragen stellen, bist du damit einverstanden?«

Nur, wenn meine Mutter rausgeht!, dachte ich, traute mich aber nicht, es zu sagen.

»Deine Mutter haben wir bereits angehört, als du draußen gewartet hast, jetzt würde mich interessieren, wie du die ganze Situation siehst«, sagte er.

Ich merkte, wie ich innerlich zu glühen begann vor Wut. Meine Mutter hatten sie ohne mich angehört, aber sie durfte bleiben, wenn ich befragt wurde! Das war so ungerecht! Am liebsten wäre ich sofort aufgestanden und rausgerannt.

»Zunächst: Was gefällt dir an der gegenwärtigen Situation nicht und warum sollte sie deiner Meinung nach geändert werden?«, fuhr der Richter fort.

Ich antwortete nicht. Ich würde hier nicht dafür betteln, dass passierte, was mir zustand. Und wenn sie sich alle auf den Kopf stellten!

»Janine? Hast du meine Frage verstanden?«

Ich sagte keinen Ton und starrte geradeaus.

»Na gut, versuchen wir es vielleicht zuerst anders: Warum möchtest du deine Mutter nicht mehr besuchen?«

Frau Antunes sah mich an und nickte mir ermutigend zu. Ich dachte mir nur: Ihr könnt mich alle mal.

»Janine?«

Ich sah den Richter an und versuchte, so viel Verachtung wie möglich in meinen Blick zu legen. Wer sich über meinen einzigen Wunsch hinwegsetzte, bekam eben einfach keine Antworten. Fertig. Ohne meine Mutter hätte ich ihm alles erzählt. Aber ich konnte diese Dinge vor ihr nicht sagen! Das ging einfach nicht.

»Du musst ihm etwas antworten, Janine! Los, sag, was du zu sagen hast!«, flüsterte Papa neben mir.

»Janine, warum antwortest du nicht auf meine Fragen?«, fragte der Richter ungeduldig.

Ich schwieg.

Er versuchte es noch mit ein paar anderen Fragen und machte sogar einen halbherzigen Witz. Aber das konnte er einfach vergessen! Ich schwieg weiter.

Papa sah mich flehend von der Seite an, drückte meine Hand, bat mich flüsternd, den Mund aufzumachen.

Irgendwann schaltete sich Frau Antunes ein und sagte: »Janine, du musst schon auf die Fragen des Richters antworten. Wenn du nicht redest, dann können wir hier auch nichts für dich regeln.«

Jetzt fing die auch noch an! Als ob es schon mal irgendetwas gebracht hätte, wenn ich redete. Jetzt war ich echt sauer!

»Ich rede seit so vielen Jahren! Von Ihnen hat doch nie jemand wirklich zugehört. Es hat nie jemanden interessiert, was ich sage! Ich musste die letzten zwei Jahre so darum kämpfen, dass ich nicht mehr dahinmuss. Ich hatte gesagt, dass ich hier unbedingt alleine, ohne meine Mutter, verhört werden will. Ich bin vierzehn und kein kleines Kind mehr. Ich hab das ernst gemeint. Und jetzt sitzt mir meine Mutter gegenüber! Es interessiert hier doch niemanden, was ich will oder was ich denke und fühle! Also brauch ich auch Ihre Fragen nicht zu beantworten. Sie beantworten sich die ja sowieso selber. Was ich sage, zählt bei Ihnen doch nichts. Sie haben doch schon längst entschieden. Dass meine Mutter hier sitzt, ist doch kein Zufall.« Ich verschränkte die Arme vor der Brust. Die konnten mich alle mal!

Frau Antunes und der Richter sahen sich an.

»Na gut. Wie du willst.« Der Richter war ganz schön sauer, das war nicht zu übersehen.

Plötzlich fing meine Mutter an zu heulen. Zuerst war es ein leises Schniefen, dann ließ sie ihr Gesicht in ihre Hände fallen und ein regelrechter Heulkrampf schüttelte sie durch. Zwischendrin murmelte sie irgendwas von »Meine Tochter! Meine Tochter!«.

Der Richter war total überfordert und versuchte immer wieder, sie zu beruhigen: »Frau Schuster! So beruhigen Sie sich doch! Wir sind doch alle hier, um eine Lösung zu finden!«

Langsam wurde ihr Schniefen leiser. Sie trocknete sich die Tränen und schaute entschuldigend zur Richterbank. Sah denn nur ich, dass sie schauspielerte? Dass das alles Show war?

»Bitte verzeihen Sie, Herr Richter! Die Vorstellung, Janine für immer zu verlieren, ist einfach so schrecklich. Gerade jetzt, wo Janines Vater und ich so glücklich sind. Janine ist doch unsere Tochter!«, sagte sie, während sie sich die Tränen von den Wangen tupfte.

Ich versuchte, einen Fleck auf dem Fußboden zu hypnotisieren. Vielleicht würde er sich von der Steinplatte lösen und zu schweben beginnen, wenn ich ihn nur intensiv genug ansah? Ich wusste, wenn ich auch nur einen Blick in Richtung meiner Mutter wagte, würde ich komplett ausrasten. Meine Gedanken drifteten immer weiter ab. Ich stellte mir vor, wie der Fleck zu schweben begann, zuerst bis auf die Höhe der Tischplatten, dann immer höher, bis auf Höhe meiner Augen und noch weiter. Wie ihm, auf halbem Weg zur Saaldecke, kleine Flügel wuchsen, mit denen er langsam zu schlagen begann. Er zog im Saal seine Runden und plötzlich wuchs ihm ein kleiner Schnabel. Er trällerte zu mir herüber und winkte mit einem Flügel, bis er schließlich aus dem halboffenen Fenster hinten bei den Zuschauerbänken hinaussegelte.

»Janine! Der Richter redet mit dir!«, sagte Papa und stupste mich an der Schulter. Ich blickte um mich. Alle sahen mich an. Keine Ahnung, wie viel Zeit vergangen war, seit ich mit der Fleck-Hypnose begonnen hatte. Hatte ich was Wichtiges verpasst? Bestimmt nicht. Ich blickte zum Richter.

»Ja?«, fragte ich leise.

Der Richter lächelte und sagte zu mir: »Deine Mutter willigt in eine Adoption durch deine Pflegeeltern nicht ein. Und ich sehe keinen Grund, ihre fehlende Einwilligung durch eine Anordnung des Gerichtes zu ersetzen. Sie hat dich sehr lieb und sorgt sich um dich.«

Ich starrte ihn an. Was meinte er? Seit wann sorgte sich meine Mutter denn um mich? Konnte ich etwa nicht adoptiert werden?

»Und vielleicht möchtest du ja doch in ein paar Jahren mal wissen, woher deine Nase ist«, fuhr der Richter fort.

Ich war perplex. Was sollte denn das jetzt heißen? Ich kannte meine leiblichen Eltern doch und sämtliche Nasen meiner Blutsverwandten: die von Oma, von den Cousinen meiner Mutter, von Helmut und sogar die von seinem komischen Bruder. Ich wartete, dass irgendjemand anfing zu lachen. Das musste ein Witz sein. Ein richtig schlechter Witz. Aber keiner lachte. Tickte der noch ganz richtig? Wollte der mich jetzt auch noch auf den Arm nehmen?

Dann wurde mir klar, dass ich recht gehabt hatte: Die Entscheidung war lange vor diesem Gerichtstermin gefallen. Warum sonst war meine Mutter vor meiner Befragung nicht rausgeschickt worden? Warum sonst erzählte der Richter diesen Quatsch mit der Nase, der mit mir und meinem Fall so überhaupt nichts zu tun hatte? Das alles konnte nur bedeuten, dass es auch heute nur darum gegangen war, was meine Mutter wollte. Und dass sie mal wieder Mittel und Wege gefunden hatte, es durchzusetzen. Was ich wollte, sagte oder fühlte, hatte nie eine Bedeutung gehabt. Nicht vor dem heutigen Tag, nicht währenddessen und nicht danach.

Mein Kopf war komplett leer. Ich konnte gar nichts mehr denken, geschweige denn sagen. Warum war es nie einfach? Warum waren immer alle gegen mich?

Verloren

Wer kämpft, kann verlieren. Wer nicht kämpft, hat schon verloren.
BERTOLT BRECHT

Ich war bereit gewesen zu kämpfen, aber ich war nicht bereit gewesen, zu verlieren. Ich schnitt ihr Bild einfach in der Mitte durch. Dann nahm ich die beiden Hälften, drehte sie und schnitt sie noch einmal durch. Wieder direkt durch die Mitte des Rechtecks. Die neuen Schnipsel drehte ich wieder und schnitt sie noch einmal durch. Und noch einmal. Ich wollte ihr Gesicht nicht absichtlich zerschneiden. Aber wenn es passierte, weil ein Auge oder ihr Mund direkt auf der Mitte eines Schnipsels lagen, was konnte ich dann dafür?

Ich nahm das zweite Bild aus der Kiste. Hier sah man sie auf der Motorhaube von Helmuts Amischlitten. Sie lag mehr darauf, als dass sie saß. *Schnipp* trennte ich ihren Rumpf von den Beinen. *Schnapp* ging ein weiterer Schnitt durch ihren Hals. Er lag genau auf der Hälfte des Bildes, es war also reiner Zufall, dass ich dort schneiden musste. Ich hatte nur zwei Bilder von meiner Mutter gehabt. Jetzt hatte ich keins mehr. Vor mir, auf dem Boden meines Zimmers, lag ein kleines Häufchen aus den zerschnittenen Fotos meiner Mutter. Wie ein zerstörtes Puzzle, das nie wieder jemand zusammensetzen würde. Ich nahm die Schnipsel und ließ sie wie Sand durch meine Finger gleiten.

Es fühlte sich gut an. Das hatte ich schon längst tun wollen. Ganz egal, wie viel Macht sie in dieser Adoptionssache hatte, sie konnte rein gar nichts dagegen tun, dass ich sie aus meinem Herzen rausschmiss! Da war sie machtlos, das entschied nur ich alleine.

Unser Scheitern vor Gericht war jetzt zwei Wochen her. Nachdem der Richter die Sitzung geschlossen hatte, waren Papa und ich schnell zum Auto gegangen. Er hatte mich in den Arm genommen und ich hatte geweint und geweint. Wenig später kamen wir zu Hause an. Mama stand in der offenen Haustür und guckte erwartungsvoll. Als sie meine verheulten Augen gesehen hatte, fiel ihre ganze Freude mit einem Schlag in sich zusammen.

Später hatten wir versucht, über alles zu reden. Aber das war plötzlich schwierig. Wir hatten so viele Wochen und Monate über alles geredet und geredet und auf einmal waren wir alle sprachlos. Wie gelähmt. Mama war noch ängstlicher als vorher.

Ich war eigentlich nur noch wütend. Es war alles so schrecklich frustrierend! Wir hatten so gekämpft. Ein dreiviertel Jahr lang. Wir hatten die blöden Therapiestunden ertragen und den ganzen Mist. Die ganzen langen Gespräche mit dem Jugendamt. Und dann sagte dieser bescheuerte Richter, ich durfte nicht adoptiert werden. Weil ich später vielleicht wissen wollte, woher meine Nase kam? So ein großer Blödsinn! Man konnte fast nicht darüber nachdenken, ohne komplett durchzudrehen. Wenn ich nur daran dachte, wurde ich schon wieder wütend.

Aber auch Mamas Angst machte mich wütend. Ihr ständiges »Wir dürfen jetzt nichts falsch machen« kam noch häufiger als vorher. Es allen recht machen, nicht auffallen, sich unterordnen – das war so gar nicht das, was meinen Gefühlen entsprach. Es war so demütigend, sich jetzt auch noch so klein zu machen!

Es kam mir vor, als würden Mama und ich unter zwei verschiedenen dunklen Wolken sitzen. Wir sahen die andere und ihre Wolke, aber wir konnten nicht rüber zu ihr. Wir waren zwar zusammen, aber gleichzeitig alleine.

Seit dem Tag bei Gericht waren wir alle wie erstarrt. Wir hatten so viele Wochen und Monate immer wieder über die Adoption geredet und diskutiert, dass jetzt, wo wir gescheitert waren, gar kein Wort mehr zu passen schien. Jedes Wort hätte uns nur daran erinnert, dass wir verloren hatten.

Die Tage vergingen und ich tat so, als wäre alles ganz normal. Mein Vater und meine Schwester waren auch sehr bemüht, den Alltag alltäglich sein zu lassen, und ich spielte mit. Aber wir redeten nur wenig miteinander und gingen uns aus dem Weg. Zum Glück hatte ich meine Hobbys, sodass ich nicht so oft zu Hause sein musste. Ich schleppte mich in die Schule, ging zum Tanzen, zum Chor und zum Schwimmtraining. Egal, wo ich auftauchte, sah ich diese mitleidigen Blicke und das machte mich noch wütender, als ich es ohnehin schon war. Meine Wut hatte sich in den letzten Tagen verändert. Direkt nach dem Gerichtstermin war ich zum-Ausflippen-wütend gewesen, jetzt war ich eher ruhig-wütend. Aber das machte es kaum besser.

Die Situation vor Gericht war eine der ungerechtesten und absurdesten gewesen, die ich je erlebt hatte. Wie konnten Menschen, die doch in genau diesen Angelegenheiten bewandert waren, ein Kind, mich, in einen solchen Gefühlskonflikt bringen? Wer hatte sich denn das ausgedacht, meine leibliche Mutter während meiner Anhörung da reinzusetzen? Kannte sie mal wieder jemanden, der das eingefädelt hatte?

Ich verbrachte viel Zeit alleine in meinem Zimmer und dachte darüber nach, worum es in einer Familie eigentlich ging, vor allem, wenn man jemanden liebte. Wenn man jemanden liebte, wollte man doch, dass es dem Menschen gut ging, oder? Es ging doch darum, dem anderen Gutes zu tun, ihm Geschenke zu machen, über die er sich freute, und ihm bei allem zu helfen. Und nicht darum, ihn mit Gewalt an sich zu ketten, sich aber gar nicht wirklich um ihn zu kümmern. Ich hatte sogar ein Gedicht darüber geschrieben. Es hieß *Ketten und Flügel* und hing jetzt über meinem Bett.

Es klopfte an der Tür und Mama kam rein. »Seit fünf Minuten rufe ich nach dir. Warum hörst du denn nicht? Die Leute vom Jugendamt sind da.«

»Hab total vergessen, dass die heute kommen«, murmelte ich. Das hatte mir gerade noch gefehlt heute. »Muss ich denn mit runterkommen? Mir geht's heute nicht gut.«

Mama hatte schon vor ein paar Tagen gesagt, dass der nächste Besuch anstand. Wegen des abgelehnten Antrags war die Situation jetzt für alle besonders blöd.

»Ja, ich kann verstehen, dass du nicht gut drauf bist. Aber wir müssen alle gemeinsam überlegen, wie es jetzt weitergeht. Trübsalblasen hilft ja auch nichts. Außerdem gibt es da überhaupt keine Diskussion. Jugendamt-Termine sind Pflicht-Termine. Also, kommst du?«

Ich ließ die Fotoschnipsel liegen. Mama hatte das Schnipsel-Massaker zum Glück einfach ignoriert. Ich seufzte und stand auf. Es würde absolut nichts bringen, gemeinsam mit dem Jugendamt darüber zu reden, »wie es jetzt weitergehen würde«. Das war doch sowieso klar: Es würde genauso weitergehen wie immer, wie auch sonst? Wir machten, was die sagten. Ich folgte Mama die Treppe runter.

Papa, Stefan und Kerstin mussten heute mal nicht mit dabei sein. Im Wohnzimmer saßen nur Frau Antunes und die Frau, die ich aus den Therapiestunden kannte. Was wollte denn die hier?

»Hallo Janine, das ist Frau Schneider, die kennst du ja schon aus den Gesprächsstunden.«

»Mhm«, brummte ich und setzte mich aufs Sofa.

»Janine, ich muss dir etwas Wichtiges sagen«, begann Frau Antunes.

Was konnte es denn jetzt noch Wichtiges geben?

»Ich habe die Betreuung eurer Familie abgegeben an Frau Schneider. Ich gehe in den Ruhestand und arbeite bloß noch wenige Wochen.«

Mama wusste anscheinend schon Bescheid, denn sie sah nicht besonders überrascht aus.

»Frau Schneider wird in Zukunft für euch zuständig sein und die Besuche bei euch übernehmen.«

Das waren keine guten Nachrichten, fand ich. Diese Frau Schneider hatte schon in den Gesprächsstunden einen dämlichen Eindruck gemacht. Aber wenn ich ehrlich war, war es mir egal. Wirklich auf meiner Seite war auch Frau Antunes nie gewesen. Und Frau Schneider würde die gleichen Gesetze haben wie Frau Antunes. Ich nickte.

»Meinem Mann, Janine und mir tut es sehr leid, dass Sie gehen, Frau Antunes. Ich fand die Zusammenarbeit mit Ihnen immer sehr angenehm. Sie haben uns immer unterstützt. Aber mit Frau Schneider wird es auch gut klappen, da bin ich mir sicher«, sagte Mama höflich und nickte Frau Schneider zu.

»Es ist mir wichtig, dass Sie wissen, dass ich immer für Sie da bin, auch wenn ich im Ruhestand bin. Janine und Ihre Familie sind mir in den Jahren ans Herz gewachsen. Rufen Sie mich jederzeit an, wenn Sie Hilfe brauchen«, sagte Frau Antunes zu Mama und ich sah, dass sie genauso wie Mama Tränen in den Augen hatte.

»Ich nehme an, dass du zu deiner leiblichen Mutter keinen Kontakt hattest seit dem Gerichtstermin?«, fragte Frau Antunes.

Ich schüttelte den Kopf.

»Geschrieben hast du ihr auch nicht, oder?«

Ich schüttelte wieder den Kopf.

»Tja, ich befürchte, dass das Zusammentreffen vor Gericht die Fronten eher verhärtet als entspannt hat. Vielleicht wäre es hilfreich, wenn du eine kleine freundliche Geste in Richtung deiner Mutter sendest, Janine? Eine kleine Karte vielleicht?«

»Ich werde meiner Mutter nie wieder schreiben und sie nie wieder besuchen. Wenn die hier vor der Tür steht, schließe ich ab. Oder ich pack meinen Koffer und geh irgendwohin. Das meine ich ernst und dabei bleibe ich auch.« Ich war stolz auf mich, dass ich nicht geschrien hatte. Obwohl ich die Wut schon wieder in mir kochen spürte.

Mama war komplett weiß im Gesicht.

Frau Antunes nickte. Dann sagte sie: »Janine, diese Verweigerungshaltung bringt überhaupt nichts. Das war schon vor Gericht so. Mit dieser Trotzhaltung wirst du nichts erreichen.«

Ich atmete tief ein. »Es mag sein, dass ich damit nichts erreiche. Weil ich nämlich grundsätzlich nichts erreiche. Glauben Sie wirklich, es hätte etwas gebracht, wenn ich vor Gericht geredet hätte? Dem Gericht lag alles vor. Alle Akten, alles, was Sie denen erzählt haben. Ich hätte reden können wie ein Wasserfall, ich hätte da rumheulen können … Das hätte doch nichts verändert!«

»Na ja, einen Versuch wäre es schon wert gewesen. Wenn man nicht redet …«, hakte Frau Antunes ein.

»Das glaube ich nicht! Und Sie glauben es auch nicht. Dass meine Mutter da saß und es allen egal war, dass ich das nicht wollte, sagt doch schon alles. Ihre Wünsche werden immer wichtiger sein als meine. So lange sie der Adoption nicht zustimmt und vor Gericht die Mutti spielt, wird kein Richter für mich entscheiden.«

Frau Antunes nickte langsam. Dann seufzte sie. »Vielleicht hast du recht, Janine. Es ist schwierig. Und wird immer schwierig sein. Adoptionen gegen den Willen der leiblichen

Eltern sind tatsächlich sehr selten. Und wir haben wohl auch ein bisschen Pech mit dem Richter gehabt. Trotzdem dachte ich, wir hätten eine Chance. Wer nicht kämpft, hat schon verloren, weißt du.« Sie lächelte ein bisschen.

Ich nickte. »Ja, aber sie bekommt immer eine Chance mehr als ich. Egal, ob ich kämpfe oder nicht. Die Regeln sind für sie gemacht und nicht für mich. Deshalb sehe ich nicht ein, warum ich sie befolgen sollte.« Mehr gab es für mich nicht zu sagen. Ich stand auf.

Frau Antunes sah mich traurig an. Sie nickte, stand auch auf und umarmte mich kurz. Dann ging ich wieder in mein Zimmer.

Eine halbe Stunde später hörte ich, wie Mama Frau Antunes und Frau Schneider verabschiedete. Kurze Zeit darauf kam sie in mein Zimmer.

»Ich weiß, es ist schwierig, aber kannst du es uns nicht ein wenig leichter machen, Janine? Ich verstehe, wie wütend du bist, aber deine Mutter und das Jugendamt sitzen einfach am längeren Hebel. Das haben sie uns ja gerade erst demonstriert. Überleg es dir doch noch einmal mit der Karte, ja?«

Ich schüttelte den Kopf und sagte: »Ich will mit der wirklich nichts mehr zu tun haben, die Frau kann mir mal gestohlen bleiben.«

Mama nickte, aber ich sah, dass sie totale Panik hatte. Wir schwiegen eine Weile. Es gab nichts mehr zu sagen. Wir hatten das alles schon so oft besprochen. Da fiel mir etwas ein:

»Mama, was kostet eine Nasen-OP?« Die Frage war mir schon die ganzen Tage durch den Kopf gegangen.

»Warum willst du das denn wissen?« Mama sah mich entgeistert an.

»Ich hasse meine Nase, ich möchte sie operieren lassen.«

Mama schüttelte den Kopf: »Das kannst du machen, wenn du erwachsen bist und selber Geld hast. Du operierst jetzt erst mal gar nichts an deiner Nase, die ist schön und bleibt genau so, wie sie ist.«

Damit stand sie auf und ging in die Küche, um Abendessen zu machen.

Als wir zusammen gekämpft hatten, hatte ich mich Mama und Papa ganz nah gefühlt. Endlich war klar gewesen, wo ich hingehörte. Sie hatten mich verstanden. Dieses Gefühl war plötzlich wie weggeblasen. Sie dachten auf einmal ganz anders als ich und waren mir fremd in ihrem ständigen Bemühen, alles richtig zu machen. Was uns so lange zusammengeschweißt hatte, trennte uns jetzt.

Model

Es gibt keine großen Entdeckungen und Fortschritte,
solange es noch ein unglückliches Kind auf Erden gibt.
ALBERT EINSTEIN

Caro und ich saßen auf einer halbhohen Mauer im Pausenhof. Caro war meine Banknachbarin, seit ich auf der Realschule war und nicht mehr neben Silvia und Steffi sitzen konnte, die beide auf dem Gymnasium geblieben waren. Gerade war ein Vortrag von einem Berufsberater in der Aula gewesen. Zum Glück war der Vortrag jetzt vorbei. Es war superlangweilig gewesen. Der Typ vom Arbeitsamt hatte nichts erzählt, was wir nicht schon gewusst hätten, trotzdem musste der ganze Jahrgang zu dem Vortrag anrücken.

»Was ist denn eigentlich deine Mutter von Beruf?«

»Meine Mutter ist Hausfrau«, antwortete ich.

»Nein, ich meine, deine leibliche Mutter«, sagte Caro.

»Ach so. Die modelt und ist Tänzerin. Deshalb ist sie immer viel unterwegs.« Ich hatte im Moment überhaupt keine Lust, über sie zu reden. Aber wenn ich Caro das sagen würde, würde sie nur noch mehr bohren.

»Wie, die ist ein richtiges Model? Mit Fotoshootings und so?« Caro schien ziemlich beeindruckt zu sein.

»Mhm.« Ich dachte an den Modekatalog, den Helmut mir einmal gezeigt hatte. Wenn ich ehrlich war, waren das die einzigen Modefotos, die ich je von ihr gesehen hatte. Ich wusste eigentlich gar nichts darüber. Ich hatte noch nicht mal eine Ahnung, ob meine Mutter das immer noch machte oder nicht. Auch über das Tanzen wusste ich eigentlich nichts Genaues. War es nicht bescheuert, dass eine Frau, über die ich so wenig wusste, so viel Macht über mich hatte?

Egal. Wenn ich sagte, dass sie tanzte und Model war, hörte es sich danach an, dass sie viel unterwegs war und deshalb keine Zeit für mich hatte. So war es ja auch gewesen, deshalb hatte sie mich ja auch weggegeben, als ich ein kleines Baby war. Oder? Mir fiel auf, dass ich eigentlich gar keine Ahnung hatte, wieso sie mich weggegeben hatte. Früher hieß es auch mal, sie würde als Kellnerin arbeiten und die Arbeitszeiten wären blöd für ein Kind. Caro sah mich ungeduldig an.

»Ja, sie modelt für verschiedene Modekataloge, da gibt es dann natürlich auch Fotoshootings«, sagte ich und hoffte, sie wäre damit zufrieden und wir könnten endlich das Thema wechseln.

»Das ist ja total cool! Siehst du ihr ähnlich?«

»Ja, ziemlich.«

»Und, willst du auch mal Model werden? Oder Tänzerin?«

»Vielleicht«, antwortete ich ausweichend. Ich durfte gar nicht daran denken, was Mama zu so einem Berufswunsch sagen würde.

»Ich weiß noch gar nicht, was ich mal machen soll. Irgendwie finde ich alle Berufe langweilig.« Caro war anscheinend vom Thema abgekommen. Gott sei Dank!

»Mhm, geht mir auch so.«

Doch ich hatte mich zu früh gefreut. Nach einer kurzen Pause sagte Caro:

»Hey, bring doch mal ein Foto von deiner Mutter mit! Ich würd echt gerne mal ein echtes Model sehen, und ob du so aussiehst wie sie!«

»Ja, klar, mach ich!«, sagte ich und hoffte, dass Caro das bald wieder vergessen würde.

Leider wurde diese Hoffnung nicht erfüllt. Am nächsten Tag fragte Caro, ob ich an die Fotos gedacht hätte. Ich sagte, ich hätte sie vergessen. Am übernächsten Tag fing sie wieder damit an. Die Sache schien sie wirklich zu beschäftigen, sie ließ einfach nicht locker. Zwei Tage später sagte sie:

»Du hast doch bloß Mist erzählt, deine Mutter ist überhaupt kein Model! Hab ich mir gleich gedacht. Niemand hat eine Mutter, die Model und Tänzerin ist!«

»Doch, ist sie schon, aber ich hab die Fotos von ihr nicht gefunden!«, verteidigte ich mich.

»Das glaubst du doch selber nicht! Wenn meine Mutter Model wäre, würden überall in meinem Zimmer Fotos von ihr hängen!«

Ja, aber nur wenn sie dir nicht gerade die Adoption vermasselt hätte und ihr dein Glück nicht scheißegal wäre, dachte ich, sagte aber lieber nichts. Caro musste ja nicht alles wissen.

Ich versuchte, in der Schule so wenig wie möglich über die Pflegekind-Sache zu sprechen. Trotzdem hatten natürlich alle etwas von der Adoptionssache mitbekommen. Das konnte ich schon wegen der Gesprächsstunden direkt nach der Schule nicht vermeiden.

Im Laufe der Jahre hatte ich nie gute Erfahrungen damit gemacht, dass die Leute über die Pflegekind-Sache Bescheid wussten. Für Außenstehende war das immer etwas komisch. Die wenigsten wussten überhaupt, was ein Pflegekind ist. Adoptiert sein, ja, aber ein Pflegekind? Und niemand konnte sich vorstellen, was es bedeutete, eines zu sein. Entweder man bemitleidete mich oder sie sahen mich an wie einen Freak. Beides fand ich nicht besonders angenehm. Es war wie ein Makel, den ich von Anfang an gehabt hatte und der mich von allen anderen unterschied.

Nach wie vor kannte ich kein einziges anderes Pflegekind. Hatten sie die gleichen Probleme wie ich? Oder war ihr Leben ganz anders als meins? Heute Abend gingen Mama und Papa wieder zu so einem Treffen mit anderen Pflegeeltern. Das war für sie eher ein Hilfsprojekt, um den anderen zu raten und bei Problemen zu helfen, hatte Mama mir erklärt. Ich war noch nie auf die Idee gekommen, sie mal nach den anderen Pflegekindern zu fragen, mit deren Eltern sie sich da immer traf. Heute Abend würde ich das machen, nahm ich mir vor. Aber erst mal musste ich das Problem mit den Fotos irgendwie lösen.

Nach dem Abendessen saß ich auf dem Boden in meinem Zimmer und blätterte alle Modekataloge durch, die ich im Hause gefunden hatte. Ich konnte mich nicht mehr erinnern, in welchem Katalog mir Helmut damals die Bilder meiner Mutter gezeigt hatte. Aber irgendwo musste doch ein Foto von ihr zu finden sein! Als Model war man doch schließlich in vielen verschiedenen Katalogen, oder? Jetzt tat es mir leid, dass ich die Bilder von meiner Mutter zerschnitten und weggeworfen hatte. Ich hätte mir wenigstens eins in Reserve behalten sollen. Das hätte ich jetzt gut gebrauchen können, damit Caro endlich Ruhe gab. Dass ich mit meiner leiblichen Mutter nichts mehr zu tun hatte, wollte ich Caro nicht unbedingt auf die Nase binden. Wir waren zwar befreundet, aber ich wusste, dass sie eine der größten Tratschtanten der Schule war. Ihr konnte ich nicht so vertrauen wie Silvia. Die in der Schule mussten ja nicht unbedingt von dem ganzen Generve mit meiner Mutter wissen. Das würden die sicher bloß wieder komisch finden.

Auch in dem dritten und letzten Katalog war nichts. Ein paar Mal hatte ich gedacht, ich hätte sie gefunden. Aber als ich dann genauer hinsah, war sie es doch nicht. Mist. Oder sollte ich Caro einfach sagen, dass ich kein Foto mehr von meiner Mutter hatte, weil ich nichts mehr mit ihr zu tun haben wollte? Nein, das war nicht so gut, sie würde das überhaupt nicht verstehen. Plötzlich kam mir eine Idee: Caro hatte meine Mutter noch nie gesehen. Wenn ich nun einfach eines der Fotos nahm, die ihr ähnlich sahen? Dann hätte Caro, was sie wollte, die ganze Sache wäre sicher schnell vergessen und ich hätte wieder meine Ruhe. Ich überlegte. Lügen wollte ich eigentlich nicht, aber das war ja eine Notlüge, oder? Ich nahm den ersten Katalog und blätterte zu den Jeans. Da war ein Foto von dieser Frau, die meiner Mutter wirklich ähnlich sah. Ich nahm die Schere und schnitt es sorgfältig aus. Ein paar Seiten später kam das gleiche Model noch einmal mit anderen Klamotten, ich schnitt das zweite Foto auch noch aus.

Als ich die beiden Fotos in meinen Schulranzen packte, hörte ich im Flur ein Geräusch. Das mussten meine Eltern sein, die von dem Pflegeeltern-Treffen zurückkamen. Kurz darauf hörte ich Mama auch schon die Treppe hochkommen. Ich erkannte alle Familienmitglieder an der Art, wie sie die Treppe raufgingen. Stefan rannte immer. Papa ging schnell und leichtfüßig. Bei Mama merkte man, dass sie ein bisschen dicker war und es sie anstrengte. Jetzt hörte ich ihre gleichmäßigen Schritte.

Papa war sicher noch unten geblieben und sah sich etwas im Fernsehen an, ihn hörte ich nicht. Wenn Mama bei mir Licht sah, kam sie normalerweise noch mal kurz rein. Heute ging sie an meiner Zimmertür vorbei. Komisch. Ich schaute auf die Uhr. Es war gerade mal neun. Das war selbst für Mama ganz schön früh, um ins Bett zu gehen. Ich beschloss nachzusehen, was los war.

Als ich leise die Tür des Schlafzimmers öffnete, erschrak ich. Mama war noch komplett angezogen, saß auf dem Bett und weinte.

»Mama, warum weinst du denn?«, fragte ich und setzte mich neben sie. Früher hätte ich den Arm um sie gelegt, wie sie das so oft bei mir gemacht hatte. Jetzt blieb ich einfach neben ihr sitzen.

»Ach, Janine, ist schon gut. Ich bin nur ein bisschen traurig.«

»Hat es was mit mir zu tun?« Der ganze Terror wegen der Adoption hatte Mama auch ganz schön zugesetzt, das war mir klar.

»Diesmal nicht, diesmal nicht«, sagte sie.

»Was ist denn dann los?«

Mama antwortete nicht sofort, dann sagte sie: »Ich bin nur traurig, weil es so viele Kinder gibt, denen es schlecht geht und denen ich nicht helfen kann.« Sie hatte aufgehört zu weinen.

Da fiel mir wieder ein, dass sie ja bei dem Pflegeeltern-Treffen gewesen war und dass ich sie eigentlich nach den anderen Pflegekindern fragen wollte.

»Meinst du die anderen Pflegekinder?«

»Ja, einige von ihnen«, sagte sie ausweichend.

»Warum geht es denen denn schlecht? Erzähl doch mal! Geht es denen schlechter als mir?«

Mama lachte kurz auf. Es klang bitter. »Oh Janine, wenn du wüsstest!«

»Wie ist das bei den anderen Pflegekindern? Haben die auch eine ganz normale Familie, so wie ich euch habe? Oder sind die total arm?«, fragte ich.

Mama sah mich an und sagte: »Na gut, wenn du es unbedingt wissen willst: Das ist ganz unterschiedlich. Es gibt viele, denen es schlechter geht als dir. Die wohnen nur zeitweise bei ihren Pflegefamilien und zeitweise im Heim.«

»Warum wohnen die denn zeitweise im Heim?« Ich war geschockt. Und fühlte plötzlich wieder diese Wut auf meine leibliche Mutter. Und alle anderen Eltern, die ihre Kinder nicht haben wollten.

»Ach, Janine, das ist doch jetzt nicht wichtig! Vergiss das doch einfach.«

»Nein, jetzt sag doch. Ich bin doch kein kleines Kind mehr,

du kannst mir so was schon erzählen. Ich muss das wissen. Warum wohnen andere Pflegekinder manchmal im Heim?«

Mama seufzte.

»Also gut, aber versprich mir, dass du dir deshalb keine Sorgen machst. Das hat wirklich nichts mit dir zu tun und wird dir niemals in deinem Leben passieren, ja?« Sie sah mir fest in die Augen.

»Versprochen«, sagte ich und nickte.

»Also gut. Manche Pflegeeltern sind komische Leute. Sie nehmen das Kind vor allem wegen des Geldes, das ihnen das Jugendamt für die Verpflegung des Kindes bezahlt. Einige geben ihr Pflegekind ins Heim, wenn sie in den Urlaub fahren oder sogar an Weihnachten. Aber wie gesagt, das sind ganz wenige und es hat überhaupt nichts mit dir zu tun! Also vergiss es am besten gleich wieder.«

Ich musste schlucken. Ich wusste, dass Mama recht hatte: Das hatte alles gar nichts mit mir zu tun. Trotzdem fand ich die Vorstellung schrecklich, dass die Eltern ihre Kinder ins Heim steckten, wenn sie mal was Schönes machten, wie in den Urlaub fahren.

»Das ist alles so schlimm, und ich weiß nicht, warum man das nicht verändern kann. Natürlich ist es schwierig, allen gerecht zu werden. Gerade, wenn noch andere Kinder da sind. Aber es kann doch nicht sein, dass ich einem Kind einerseits helfen will. Und wenn es um die Dinge geht, die eine Familie letztlich ausmachen, wie Urlaub oder Weihnachten, gebe ich das Kind in ein Heim, weil mir das zu teuer wird. Was sind denn das für Eltern?« Mama hatte wieder Tränen in den Augen. Das schien sie wirklich aufzuwühlen.

Ich wusste nicht, was ich sagen sollte.

»Wir haben das Geld für dich angespart, damit du etwas hast, wenn du achtzehn bist«, sagte sie leise.

Ich hatte einen Kloß im Hals. Ich dachte über das nach, was sie gesagt hatte. Vielleicht sollte man den Pflegeeltern einfach kein Geld dafür geben. Oder diesen ganzen Pflegeeltern-Quatsch einfach abschaffen!

»Wenn es so schwierig ist, gute Pflegeeltern zu finden, warum gibt es denn dann überhaupt Pflegeeltern? Warum dürfen die Kinder nicht einfach von jemandem adoptiert werden?«

»Viele leibliche Eltern lieben ihre Kinder, auch wenn sie eine Zeitlang nicht in der Lage sind, sich um sie zu kümmern. Die Gesetze sollen verhindern, dass ein Kind zu schnell von seinen leiblichen Eltern entfernt wird und dass Familien ohne Not auseinandergerissen werden«, sagte Mama. Es hörte sich an, als hätte sie es auswendig gelernt. Sie klang müde.

»Meine Mutter hat mich nie geliebt.«

»Das stimmt nicht, Janine. Das darfst du nicht denken! Sie hat sicher viele Fehler gemacht, aber ich bin mir ganz sicher, dass sie dich auf ihre Weise sehr liebt.«

Warum verteidigte Mama sie immer? Und versuchte, ihr alles recht zu machen?

»Aber warum hat sie mich dann weggegeben? Ich meine, sie war doch nicht in einer Notlage oder so, oder? Sie war auch nicht krank oder arm oder so was. Sie hat mich einfach nicht genug geliebt!«

»Deine Mutter hat dich immer sehr geliebt, aber als du geboren wurdest, hatte sie keinen geregelten Job und kein geregeltes Leben. Ein Kind hatte in ihrem Leben keinen Platz.«

»Aber warum denn nicht?«

Mama seufzte. Ich hatte das Gefühl, dass sie mir auswich. Oder irgendetwas verschwieg.

»Mama, ich bin kein kleines Kind mehr. Ich bin fünfzehn!«

Mama lächelte leicht und sagte: »Ja, aber erst seit einer Woche.«

Ich verdrehte die Augen. Sie würde wahrscheinlich nie aufhören, mich wie ein kleines Kind zu behandeln. »Sag mir endlich, was damals war, als ich zu euch gekommen bin.«

»Deine Mutter hat damals vor allem nachts gearbeitet. Sie war ein Nachtmensch, eine … na ja, eine Partygängerin. Dein Vater und sie hatten noch keine feste Beziehung.«

»Aber als Model arbeitet man doch nicht nachts!«

Mama nickte. Nach einer Pause sagte sie: »Sie hat damals auch nicht als Model gearbeitet, Janine. Sie ist mit Männern ausgegangen und hat dafür Geld bekommen.«

Ich schluckte. Ich wusste nicht genau, was Mama damit meinte, aber ich ahnte, dass es nichts Gutes war. »Hat sie das lange gemacht?«

»Soweit ich weiß, nicht. Ich glaube, das war nur eine kurze Episode in ihrem Leben. Die meiste Zeit hat sie als Kellnerin und Tänzerin gearbeitet. Und eine Zeitlang eben auch als Model. Aber das könnte sie dir sicherlich alles noch viel besser selbst erzählen, wenn du sie mal wieder besuchen würdest.«

»So genau will ich das gar nicht wissen«, murmelte ich.

»Janine, jeder Mensch macht Fehler in seinem Leben. Verurteile deine Mutter nicht leichtfertig. Sieh es doch mal so: Hätte sie dich nicht weggegeben, wärst du nie zu uns gekommen! Das wäre doch schrecklich, oder?«

Ich nickte. Mama hatte recht. Wenn auch auf eine seltsam verdrehte Weise. Trotzdem würde ich meiner Mutter nicht verzeihen.

»Wie war das denn, als ich zu euch gekommen bin?«

»Das weißt du doch, das hab ich dir doch schon oft erzählt.«

»Erzähl es mir noch mal!«, sagte ich. Die Geschichte hörte ich gerne. Vor allem die Stelle, wenn Mama sagte, dass sie mich sofort mitnehmen wollte. Früher hatte ich mich immer an ihre Schulter gekuschelt, wenn sie mir das erzählt hatte. Jetzt kam mir das komisch vor.

»Na gut. Frau Antunes hat uns angerufen und gefragt, ob wir wieder ein Pflegekind aufnehmen würden. Du weißt ja, dass wir vor dir schon mehrere Pflegekinder für kürzere Zeit hatten.«

»Ja, das hast du mir erzählt.«

»Diesmal wäre es für länger, hatte sie gesagt. Die Zeit wäre unbestimmt, aber die Mutter würde das Kind auf keinen Fall zur Adoption freigeben wollen. Du warst bei Bekannten deiner Mutter, als wir dich zum ersten Mal gesehen haben. Du warst gerade ein paar Tage alt.« Mama lächelte. »Ich hatte sofort den Eindruck, dass du bei der Familie nicht am richtigen Platz warst, und hätte dich am liebsten sofort mitgenommen. So schnell ging es dann natürlich nicht. Oma Anna, Papa und ich saßen abends hier zusammen und haben nachgedacht. Ich wollte dich unbedingt zu uns nehmen. Aber Oma Anna war dagegen. Sie sagte: ›Mach das nicht! Wenn du ein Kind für ein paar Wochen hast, ist das ja schon schlimm genug für alle, da können wir deinen Wunsch zu helfen ja noch verstehen. Aber ein Kind auf unbestimmte Zeit zu nehmen, und die kommen nach einem Jahr oder zwei und sagen: Jetzt ist es vorbei. Das ist so eine Belastung, das solltest du euch allen ersparen.‹ Nicht nur meine Mutter, deine Oma Anna, sondern auch andere haben das gesagt. Und sie hatten recht, sich Sorgen zu machen. Denn es war ein großes Wagnis. Aber Papa und ich wollten dich trotzdem zu uns nehmen.«

Mama drückte mich und wir sagten eine Weile gar nichts.

»Wie war meine Mutter damals?«

»Eine schöne Frau, wie heute«, sagte Mama.

»Ja, aber was hat sie gesagt, als ihr mich abgeholt habt? Hat sie geweint?«

Mama schaute mich ein bisschen traurig an. »Nein, geweint hat sie nicht. Aber ich hatte trotzdem nicht das Gefühl, dass es ihr leichtfiel, dich wegzugeben. Sie hat gesagt …« Mama zögerte.

»Was hat sie gesagt?«

Sie überlegte.

»Mama, bitte sag es mir. Findest du nicht, ich sollte langsam die ganze Geschichte kennen?«

Sie nickte und seufzte. »Ja, vielleicht ist es wirklich an der Zeit, dass ich dir das erzähle.« Sie machte eine Pause. Es schien ihr richtig schwerzufallen, weiterzusprechen.

»Sie sah mir direkt in die Augen und war sehr ernst, dann sagte sie: ›Denken Sie daran, Sie bekommen das Kind nur auf Zeit. Ich hol es in spätestens drei Jahren wieder ab.‹«

Plötzlich verstand ich. »Hast du deshalb immer so Angst, dass sie mich euch wegnimmt?«

Mama presste die Lippen aufeinander und nickte.

»Ich bin so froh, dass sie mich nicht wieder abgeholt hat«, flüsterte ich.

Mama nickte.

Eine Weile sagten wir gar nichts. Ich dachte nach, über das, was sie mir erzählt hatte.

»Es hätte nichts genützt, wenn ich vor Gericht mehr gesagt hätte, oder?«

»Nein, es hätte nichts genützt. Deine Mutter wird dich nie freigeben. Wir dürfen jetzt nichts mehr falsch machen, hörst du?«

Ich seufzte. Dass es für sie immer darauf hinauslief, nervte. Aber ich sagte nichts.

Am nächsten Tag auf dem Weg zur Schule entschloss ich mich, die dämlichen Fotos aus dem Modekatalog wegzuschmeißen. Sollten die in der Schule doch denken, was sie wollten! Ob sie nun Fotos sahen oder nicht – sie würden das alles sowieso nie verstehen. Und deshalb immer seltsam finden. Ich verstand es ja selbst schon kaum.

Caro sagte, ich wäre eine Lügnerin und meine Mutter wär' gar kein Model. Ich zuckte bloß die Schultern und antwortete, es wäre mir egal, was sie glaubte oder nicht glaubte, ich wäre ihr keine Rechenschaft schuldig. Dass ich mich nicht provozieren ließ, überzeugte sie anscheinend. Nach der Pause brachte sie mir eine Milchschnitte mit, auf der ein Zettel klebte. *Sorry, dass ich dich so genervt hab. Caro*, stand darauf. Damit war die Sache zum Glück endgültig erledigt.

Gerede

Kinder müssen mit Erwachsenen sehr viel Nachsicht haben.
ANTOINE DE SAINT-EXUPÉRY

Am Nachmittag hatte ich Probe von meinem Flötenchor in der Kirchengemeinde. Mama hatte auch einen Termin im Gemeindehaus, sie hatte sich mit ein paar anderen Frauen verabredet, um Sachen zu sortieren, die für die große Wohltätigkeitstombola abgegeben worden waren. Der Erlös sollte einem Hilfsprojekt unserer Gemeinde in Eritrea zugutekommen. Wir fuhren zusammen mit dem Fahrrad hin.

»Kannst du uns nach der Chorprobe noch helfen? Ulrike hat gesagt, dass furchtbar viele Sachen abgegeben worden sind. Wir müssen überlegen, was wir als Sachspenden nach Eritrea schicken und was wir für die Tombola nehmen. Außer mir ist nur noch Ulrike mit dabei und Frau Schäfer. Das wird ganz schön viel Arbeit!«

»Aber später bin ich doch noch beim Tanzen, Mama!«

»Das Tanztraining beginnt um 17.00 Uhr. Und die Chorprobe hört um 15.00 Uhr auf. Da kannst du doch noch ein halbes Stündchen mithelfen, oder?«

Manchmal war Mama echt gnadenlos. Je mehr ich meine Freizeit selbst gestaltete, umso stärker kontrollierte sie mich. Gelegentlich hatte ich das Gefühl, dass ihr jede Stunde, in der sie nicht genau wusste, mit was ich beschäftigt war, gegen den Strich ging. Als müsste ich immer unter Beobachtung stehen!

Und natürlich wusste sie, dass ich auf nichts, wirklich gar nichts so wenig Lust hatte, wie alte Klamotten und Kaffeemaschinen für diese blöde Tombola zu sortieren. Die Leute gaben da ihren Mist ab und viele Sachen musste man dann doch zur Müllkippe fahren, weil sie weder für die Tombola noch für die Leute in Eritrea geeignet waren. Warum konnte man die Menschen nicht einfach gleich um Geld bitten? Dann hätte ich heute auf jeden Fall ein paar Stunden Freizeit.

Weil ich wusste, dass Widerstand bei solchen Dingen bei Mama immer zwecklos war und ich meine einzige Ausrede, das Tanztraining, schon verbraten hatte, sagte ich: »Okay. Ich schau nach dem Flötenchor vorbei.«

Um kurz nach drei ging ich möglichst langsam die Treppe runter. Nach der Probe hatte ich noch ein bisschen mit Katja gequatscht. Wir waren schon lange zusammen im Flötenchor und unsere Eltern waren über die Gemeinde miteinander befreundet. Aber Katja hatte es eilig, sie schrieb morgen eine Klassenarbeit und musste noch lernen. Also blieb mir nichts anderes übrig, als langsam die Treppe ins Erdgeschoss des Gemeindehauses runterzugehen. Der Proberaum für die verschiedenen Musikgruppen war im ersten Stock, unten war ein größerer Saal, wo genügend Platz war, um jede Menge Krempel auszubreiten. Dort waren Mama und die anderen Frauen und sortierten den alten Kram für die Tombola. Ihre Stimmen drangen durch die offene Saaltür ins Treppenhaus. Sonst war das Gemeindehaus heute Nachmittag leer.

Damit der kurze Weg durchs Treppenhaus möglichst lange dauerte, ging ich immer drei Stufen nach unten und dann wieder eine rückwärts nach oben. Dazu summte ich das Intro von *Lullaby* von *The Cure*. Ich mochte das Lied eigentlich gar nicht. Vielleicht lag das auch an dem Video, das ich letzte Woche zum ersten Mal bei *Formel Eins* gesehen hatte. Das war echt gruselig. Wir probten im Jazzballett gerade eine neue Choreografie zu dem Lied. Deshalb ging es mir dauernd durch den Kopf, vor allem der Anfang, den wir letzte Woche immer und immer wieder proben mussten, weil es einige von uns einfach nicht hinbekamen, auf die Zwei und nicht auf die Eins loszulegen.

Noch fünf Stufen, dann wäre ich unten angekommen und musste in dem alten Kram rumwühlen.

»Ich hoffe mal, es ist kein Fehler, sie jetzt bis zehn abends wegzulassen. Ich bin mir immer so unsicher, was ich ihr erlauben soll und wo ich hart bleiben muss! Sie ist so anders, als Anne und Kerstin in dem Alter damals waren.«

Das war die Stimme meiner Mutter. Ich horchte auf und blieb stehen. Worüber redete sie? Ging es da etwa um mich?

»Ach Karin, zehn Uhr ist für die Kinder heute doch keine Zeit. Viele dürfen sogar länger weg. Du musst einfach wissen, ob du ihr vertrauen kannst.«

»Ja, das ist es ja gerade, Ulrike. Da bin ich mir manchmal nicht so sicher. Sie hat so einen Hang zu auffälliger Kleidung, Schminke und so einen Freiheitsdrang! Und wie sie aussieht, kleben die Jungs ja sicher nur so an ihr. Wenn ich es ihr erlauben würde, würde sie wahrscheinlich bis morgens durch die Gegend tanzen.«

»Ich will mich da nicht einmischen, Frau Kunze. Aber meine Susanne ist ja gerade mal zwei Jahre älter als die Janine. Und die fängt jetzt erst an, sich zu schminken, mit siebzehn. Ich kann Ihnen nur raten: Halten Sie die Janine besser kurz. Sicher ist sicher, gerade bei der Janine. Der Apfel fällt nicht weit vom Stamm«, hörte ich plötzlich eine dritte Stimme sagen. Sie musste Frau Schäfer gehören.

Die kannte ich kaum, aber sie war mir schon immer ein bisschen unsympathisch gewesen. Sie hatte eine Tochter, die zwei Jahre älter war als ich. Sie ging auf meine alte Schule, daher und aus der Kirche kannte ich sie vom Sehen. Ich hätte wetten können, dass die sich mit fünfzehn auch schon geschminkt hatte!

»Es ist ja noch keine Sünde, ein bisschen Spaß zu haben als Teenager. Wirklich sicher ist man sich bei diesen Fragen wahrscheinlich nie. Damit muss man leben als Mutter! So, hiermit sind wir fertig. Dann hol ich noch mal zwei neue Kleidersäcke aus dem Keller«, sagte meine Mutter entschieden. Ich hatte das Gefühl, sie wollte das Thema wechseln.

Kurz darauf kam sie auch schon aus der Tür des Saales. Da die Kellertreppe weiter vorne in Richtung der Haustür lag, drehte sie sich nicht zu mir um und sah mich nicht. Ich blieb wie angewurzelt stehen.

»Ich wollte mich wirklich nicht einmischen. So gut kenne ich die Frau Kunze ja nicht«, hörte ich Frau Schäfer wieder reden, sobald meine Mutter durch die Tür war und sie nicht mehr hören konnte.

»Aber diesen Drang, raus, feiern, kurze Röcke, das hat die Janine doch woanders her! Verstehen Sie mich nicht falsch, Janine ist ein nettes Mädchen und Frau Kunze ist bestimmt eine gute Pflegemutter. Aber ich glaube, die Kunzes sollten sich nichts vormachen, schon zu ihrem eigenen Schutz! Tja, manchmal hilft die beste Erziehung nichts, da können die gar nichts machen und es trifft sie auch keine Schuld. Aber wie ich schon sagte, der Apfel fällt eben nicht weit vom Stamm. Da können wir uns noch auf was gefasst machen, sag ich Ihnen.« Nach einer kurzen Pause setzte Frau Schäfer noch einmal nach: »Und ich bin ich nicht die Einzige, die das sagt.«

Wut stieg in mir auf. Was fiel der blöden Kuh eigentlich ein, so über mich zu lästern! Ich wusste noch nicht mal, was sie eigentlich meinte. Was war an mir denn anders als an den anderen Mädchen in meinem Alter? Dass ich nicht bei meiner leiblichen Mutter wohnte, aber das war auch schon alles. Was hatte ich denn bitte getan? Sich schminken war ja wohl kein Verbrechen!

»Na ja, Frau Schäfer, jetzt übertreiben Sie mal nicht. Die Janine ist vielleicht ein bisschen temperamentvoll im

Moment, aber das sind andere Fünfzehnjährige auch. In dem Alter ist das doch ganz normal«, sagte Ulrike jetzt. Ich war Ulrike so dankbar, dass sie mich gegen die blöde Kuh in Schutz nahm. Auch wenn ich nicht so richtig verstand, was sie damit meinte, ich wäre »im Moment ein bisschen temperamentvoll«.

Ulrike kannte ich schon mein ganzes Leben. Sie und ihr Mann waren gut mit Mama und Papa befreundet. Wie alle Freunde von Mama und Papa und unsere Verwandten hatten sie mich immer ganz genauso behandelt wie Stefan, Kerstin und Anne. Obwohl alle wussten, dass ich kein leibliches Kind meiner Eltern war, machten sie nie einen Unterschied, genauso wie Mama und Papa. Ich war ihr Kind, Punkt.

Frau Schäfer schwieg und nach einer Weile fragte Ulrike sie nach ihrer Meinung zu irgendeinem Kleidungsstück. Damit war das Gespräch wieder bei anderen Themen.

»Ah, Janine, da bist du ja. Warum stehst du denn hier rum und gehst nicht rein? Komm rein, es gibt viel zu tun!«

Mama hatte mich entdeckt, als sie mit zwei vollen Kleidersäcken die Kellertreppe wieder raufkam. Ich nahm ihr einen der Säcke ab, gab ihr einen Kuss auf die Wange, und sobald Frau Schäfer es hören konnte, sagte ich betont brav:

»Ach Mama, ich bin doch froh, wenn ich mich nützlich machen kann.«

Mama schaute ein bisschen verwundert, schien sich aber zu freuen, dass ich plötzlich so eine Bilderbuchtochter geworden war. In der nächsten halben Stunde schleppte ich Kleidersäcke, sortierte wie eine Wilde und zeigte mich von meiner fleißigsten Seite. Danach konnte ich es mir nicht verkneifen, zu Frau Schäfer zu sagen:

»Schade, dass Ihre Tochter nicht auch zum Helfen gekommen ist. Mit ihr zusammen hätte es sicher noch mehr Spaß gemacht!« Ulrike konnte sich ein Grinsen nicht verkneifen und zwinkerte mir zu.

Minirock

Gewonnen hat immer der, der lieben, dulden
und verzeihen kann.
HERMANN HESSE

Am nächsten Nachmittag hatte ich mich mit Silvia in der Innenstadt verabredet. Obwohl ich Ende März Geburtstag hatte und es jetzt schon Ende Mai war, hatte ich noch ungefähr die Hälfte von meinem Geburtstagsgeld übrig, fast 35 Mark. Heute wollte ich mir einen Jeansminirock kaufen. Und vielleicht noch ein paar Ohrringe, falls noch Geld übrig war. Silvia und ich hatten uns um halb zwei am Eingang der Fußgängerzone verabredet. Es war der einzige Tag in der Woche, an dem wir beide kein Training hatten.

Normalerweise ging ich meine Klamotten immer noch mit Mama einkaufen, aber das gab meistens ziemlichen Stress oder zumindest schlechte Stimmung. Mama hatte einfach einen ganz anderen Geschmack als ich. Und sie interessierte sich gar nicht dafür, was gerade in war. Sie wollte mir immer nur langweiligen und praktischen Kram kaufen und wenn ich das dann nicht wollte, stritten wir uns. Oder sie kaufte es einfach und wir schwiegen verbissen, bis wir wieder zu Hause waren. Mit mir einkaufen zu gehen dauerte zehn Mal so lange, wie mit Stefan einzukaufen, sagte Mama immer.

Wenn ich etwas gespart hatte, durfte ich jetzt auch mal mit Silvia alleine in die Stadt, vorausgesetzt, ich war um sechs wieder zu Hause. Mama wollte nicht, dass wir zu lange in der Innenstadt »rumhingen«.

Es war super, nach der Schule mal nicht direkt nach Hause zu gehen. Es gab immer öfter Streit zu Hause, auch mit Stefan, und ich war froh, dem Generve mal zu entkommen. Besonders beim Mittagessen zofften wir uns in letzter Zeit dauernd.

Silvia war pünktlich und wir freuten uns, uns zu sehen. Obwohl wir nicht mehr zusammen zur Schule gingen, war sie immer noch meine beste Freundin. Durch das gemeinsame Tanztraining sahen wir uns mindestens einmal in der Woche automatisch. Meistens verabredeten wir uns zusätzlich noch zwei- oder dreimal oder telefonierten so lange, bis irgendein anderes Familienmitglied bei ihr oder bei mir Terror machte, weil die Leitung so lange belegt war.

Wir holten uns bei Nordsee schnell zwei Brötchen und schlenderten damit dann langsam die Schildergasse runter. Silvias Budget waren 15 Mark, sie wollte sich eine Kette mit einem großen Kreuz kaufen, so eine wie Madonna in dem Video von *Like a Prayer* trug. Unser erstes Ziel war der Jeanspalast, ein total cooler Laden auf der Schildergasse mit verspiegelten Wänden und Spiegeln auf dem Boden. Die laute Musik aus dem Jeanspalast hörten wir schon hundert Meter, bevor wir überhaupt da waren. Die Verkäuferinnen sahen total lässig aus, einige trugen sogar Ray-Ban-Sonnenbrillen! Silvia und ich schauten langsam die Kleiderständer durch. Es gab so viel, was ich gerne anprobiert hätte! Vor allem Levi's 501. Die kosteten 140 Mark, darauf würde ich noch ewig sparen müssen, Mama würde mir so eine teure Jeans niemals kaufen. Ich überlegte noch einmal kurz, ob ich das Geld, was ich für den Minirock vorgesehen hatte, doch besser sparen sollte, bis ich genügend für eine 501 zusammenhatte. Aber einen Minirock wollte ich jetzt unbedingt haben. Die 501 würde noch ein bisschen länger warten müssen. Es gab drei Jeansröcke, die mir gefielen. Am coolsten fand ich einen superkurzen, engen, moonwashed Jeansrock. Er war ziemlich hell, an manchen Stellen fast weiß. Zum Glück gab es ihn in meiner Größe, er passte mir wie angegossen. Und kostete 29,90 Mark, so konnte ich mir auch noch die knallblauen Dreiecksohrringe vom Accessoire-Ständer dazu leisten.

Ich war so stolz auf meinen neuen Minirock, dass ich ihn den ganzen Abend mit verschiedenen Oberteilen und Schuhen anprobierte. Ich kombinierte ihn mit einem langärmligen T-Shirt, mit einem kurzärmligen und mit einer Bluse. Ich kombinierte ihn mit Sandalen, mit Ballerinas und mit den Mokassinstiefeln, die ich zu meinem fünfzehnten Geburtstag bekommen hatte. Am besten fand ich die Kombination weiße Bluse und Mokassinstiefel. Das sah ziemlich cool aus. Fast als wäre ich schon sechzehn.

Genau das trug ich, als ich am nächsten Morgen zum Frühstück runterkam. Außerdem natürlich die neuen blauen Ohrringe. Ich wollte mich gerade an den Küchentisch setzen und mir einen Tee nehmen, als Mama mich von oben bis unten musterte.

»Das meinst du nicht ernst, Janine!«, sagte sie.

Ich merkte sofort, dass sie sauer war. Papa ließ die Zeitung sinken und musterte mich. Stefan war schon weg. Das Gymnasium war weiter weg als meine Schule und er musste immer früher aufstehen als ich.

»Was meinst du?«, fragte ich, um Zeit zu gewinnen. Es war mir klar, dass sie die Klamotten meinte. Nicht schon wieder, dachte ich.

»Du weißt genau, dass ich deine Kleidung meine.«

»Was ist denn damit?«

»Das sieht einfach furchtbar aufreizend aus, was du da anhast. Der Rock ist viel zu kurz, die Bluse zu weit aufgeknöpft, und dann auch noch diese Stiefel und diese billigen, viel zu großen Plastikohrringe! So gehst du keinen Schritt aus dieser Haustür, geschweige denn in die Schule!« Mama war laut geworden, sie klang jetzt ziemlich wütend.

»Das ist nicht aufreizend, das ist einfach modern!«, schrie ich zurück. Warum kapierte sie das einfach nicht? Es war immer das Gleiche: Kaum zog ich etwas an, das ein bisschen modisch war, warf sie mir vor, ich wäre »aufreizend« gekleidet. Dabei liefen in der Schule alle so rum!

»Es mag sein, dass das modern ist, Janine. Trotzdem wirst du so nicht aus dem Haus gehen. Geh nach oben und zieh dich um.« Ihre Stimme wurde schneidend.

»Das werde ich nicht tun!«, brüllte ich und stampfte mit dem Fuß auf. Jetzt hatte ich endlich mal coole Klamotten und dann durfte ich sie nicht anziehen, weil sie Mama nicht gefielen. Das sah ich überhaupt nicht ein! Ich rührte mich nicht vom Fleck. Sie konnte nicht alles in meinem Leben kontrollieren. Nur weil sie wegen jedem Quatsch Angst hatte, würde ich mich nicht hässlich anziehen.

»Tu, was Mama dir sagt!«, schaltete sich jetzt Papa in die Diskussion ein.

Warum waren die beiden denn so panisch? Plötzlich musste ich an das Gespräch zwischen Ulrike und Frau Schäfer im Gemeindesaal denken. Hatte das Gerede Mamas Ängste noch schlimmer gemacht? Hatte sie sich etwa von der blöden Kuh beeinflussen lassen? Jetzt wurde ich auch richtig wütend.

»Warum machst du das mit mir? Das ist modern, alle laufen so rum!«, schrie ich. »Nur weil ein paar Ziegen in der Gemeinde über mich lästern, kannst du mir doch nicht verbieten, mit der Mode zu gehen!«

Mama sah mich erschrocken an.

»Ich hab genau gehört, dass die Schäfer gesagt hat, du sollst aufpassen und mir nicht zu viel erlauben, sonst werde ich noch genauso wie meine Mutter!«

Plötzlich war es ganz still. Meine Mutter war nicht mehr

oft erwähnt worden in den letzten Wochen. Es war wie eine stumme Übereinkunft, dass wir alle kaum noch von ihr sprachen.

Mama seufzte, aber sie sah mich nicht an. »Janine, das hat damit jetzt wirklich nichts zu tun. Frau Schäfer hat das so doch auch gar nicht gesagt, sie meinte nur …«

Doch ich unterbrach sie: »Im Grunde denkst du doch das Gleiche!«, schrie ich.

»Das ist absolut nicht wahr, Janine, und das weißt du auch!« Mamas Ton wurde wieder schärfer.

»Es ist eben doch wahr! Warum darf ich denn sonst nicht im Minirock in die Schule?«

»Weil man sich als Fünfzehnjährige so nicht anzieht! Du siehst aus wie ein Flittchen! Und das erlaube ich nicht!«

»Du kannst mich nicht für meine Mutter verantwortlich machen! Vielleicht hatte die auch Miniröcke an, aber ich kenn die Frau kaum, ich hab mit der nichts mehr zu tun. Ich hab mich doch gegen die gestellt! Wie kannst du mir jetzt verbieten, mit der Mode zu gehen, nur weil du ein Problem mit irgendwas hast!«

Mama sah schockiert aus. Dann fing sie plötzlich an zu weinen. Sie tat mir irgendwie leid, aber gleichzeitig war ich immer noch wütend auf sie. Ich konnte doch auch nichts dafür! Ich hatte mir das alles doch auch nicht ausgesucht.

Papa stand auf und legte den Arm um Mamas Schulter. »Karin, beruhige dich. Und du auch, Janine. Hör auf, deine Mutter so zu provozieren! Jetzt setzt euch mal hin und redet vernünftig über die Sache. Es bringt doch nichts, sich hier so anzuschreien.«

Mama nickte und setzte sich auf die Eckbank. Sie schnäuzte sich und goss sich und mir eine Tasse Tee ein. Papa sagte, er müsse los, und ermahnte mich, auf Mama zu hören und keinen Terror zu veranstalten. Ich nickte, aber ich blieb stehen. Als die Haustür hinter Papa ins Schloss fiel, hatten wir immer noch nichts gesagt. Mama starrte in ihre Teetasse. Dann sagte sie:

»Nina, ich möchte dir das Leben sicher nicht absichtlich schwermachen, das musst du mir glauben. Aber ich habe einfach große Angst, dass dir etwas passiert, wenn du so rumläufst. Du bist ein sehr hübsches Mädchen. Wenn du dich dann noch so anziehst, mit so einem kurzen Rock und so aufgedonnert, kann das von manchen falsch verstanden werden.«

»Dann sag mir doch jetzt mal ganz klar: Glaubst du das wegen meiner Mutter?«

»Auch wenn es deine leibliche Mutter nicht gäbe, würde ich nicht wollen, dass du so rumläufst. Aber natürlich ziehe ich eine Verbindung zu deiner Mutter. Sie ist ein Lebemensch, hat sich immer sehr auffällig gekleidet und ihr Leben nie wirklich im Griff gehabt. Darüber erlaube ich mir kein Urteil und das ist allein ihre Sache, aber du wurdest mir anvertraut, um dich sorge ich mich. Das ist etwas anderes.«

»Was hast du denn gemacht, wenn sich Anne und Kerstin so angezogen haben?«

»Die beiden haben sich nie so angezogen! Nicht mal ansatzweise. Sie sind da einfach anders als du. Das ist es ja.«

Ich nickte.

»Es tut mir leid, aber ich kann da nicht aus meiner Haut. Es gibt ein paar Unterschiede zwischen uns. Ich kann dir nicht sagen: ›Das sieht toll aus, geh so raus!‹ Ich will das einfach nicht.«

Mama wollte das einfach nicht. Punkt. Weil Mama Angst hatte. Ich meinte, die Fesseln fast körperlich zu spüren, die diese Angst um mich schnürte. Ich sagte nichts mehr, drehte mich um und ging in mein Zimmer. Und dort würde ich heute bleiben. Sollte sie denen in der Schule doch sagen, was sie wollte.

Gardasee

Was du liebst, lass frei. Kommt es zurück,
gehört es dir – für immer.
KONFUZIUS

Den ganzen Juni über hörten die Diskussionen über meine Klamotten nicht auf. Immer wieder gab es Streit mit Mama, weil sie fand, ich sähe zu auffällig oder zu aufreizend oder zu sonst was aus. Ich hatte das Gefühl, dass es immer schlimmer wurde, und fühlte mich mehr und mehr eingeengt. Dabei machte es mir so viel Spaß, mir schöne Sachen anzuziehen, mich zu schminken und mich mit Freunden zu treffen! Aber sie verstand das einfach nicht. Auf Miniröcke und Schminke war sie besonders allergisch. Mehrmals die Woche musste ich mich wieder umziehen, wenn ich zum Frühstück runterkam, manchmal weigerte ich mich und dann brüllten wir beide rum, bis uns nichts mehr einfiel.

Zweimal sagte sogar Papa zu Mama: »Jetzt beruhige dich doch mal. Das ist doch ganz normal, was sie da macht. Die anderen Mädchen in dem Alter laufen doch auch alle so rum.« Doch meistens hielt er zu Mama.

Ich konnte ja grundsätzlich verstehen, was ihr Problem war, und wir versuchten mehrmals, darüber zu reden. Aber es war nicht mehr wie früher. Meistens schrien wir uns zum Schluss nur an.

Ich sah einfach nicht ein, dass nur ich Rücksicht nehmen sollte. Ich war fünfzehn und wollte nicht in einen Käfig gesperrt werden, nur, weil sie Angst hatte! Wie sollte das denn weitergehen? Würde ich meine ganze Jugend durch mit langweiligen Klamotten zu Hause sitzen müssen, weil ich nicht so lange ausgehen durfte wie alle anderen und mich nicht schön anziehen durfte? Und das alles nur, weil Mama Schiss hatte, dass ich wie meine Mutter wurde oder irgendetwas tat, das dem Jugendamt nicht passte?

Mitte Juni kam zum ersten Mal das Thema Urlaub auf. Die Stimmung zwischen meinen Eltern und mir war so mies, dass ich schon die Vorstellung, zwei Wochen zusammen in Österreich wandern zu gehen, schrecklich fand. Es gab sowieso nichts Langweiligeres als Wandern.

Mit Stefan verstand ich mich auch nicht mehr so gut. Er war wahrscheinlich total genervt, weil sich zu Hause so viel um mich drehte. Zuerst die ganze Zeit vor der Gerichtsverhandlung. Und danach war es eigentlich noch schlimmer geworden. Aber ich konnte auch nichts daran ändern. Ich wollte ja gar nicht, dass es immer nur um mich ging! Mama und Papa fingen immer an, weil ihnen nichts mehr an mir passte, sie mich dauernd kontrollierten und ich angeblich alles falsch machte. Langsam fühlte ich mich wie das schwarze Schaf der Familie. Egal, was ich machte, es war verkehrt. Vielleicht war es am besten, wenn ich allen mehr aus dem Weg ging.

»Ich bleibe diesen Sommer zu Hause und fahre nicht mit euch nach Österreich«, kündigte ich meine Pläne beim Abendessen an.

»Du tust *was*?« Mama ließ sofort Messer und Gabel liegen.

Papa stutzte kurz und zog die Augenbrauen hoch, aß aber weiter. Stefan grinste.

»Ich habe überhaupt keine Lust mehr auf Wandern und hier in Köln ist viel los im Sommer. Da bleibe ich lieber hier.« Ich hatte mir das lange überlegt. Ich konnte öfter bei Silvia übernachten oder noch besser: sie bei mir. Kerstin würde ja hierbleiben und konnte auf mich aufpassen. Auch wenn wir uns nicht mehr so gut verstanden wie früher, war sie sicher nicht so streng wie Mama und machte sowieso ihr eigenes Ding.

»Du bleibst auf gar keinen Fall alleine hier. Das kommt überhaupt nicht in die Tüte!« Mama war schon wieder auf hundertachtzig.

»Wieso denn nicht? Ich nerve euch doch sowieso bloß! Ständig meckerst du an mir rum, ständig mach ich alles falsch!« Sie sollte sich endlich mal locker machen. Ich wollte ja einfach bloß zu Hause bleiben, das war doch wirklich nicht zu viel verlangt.

»Das stimmt doch überhaupt nicht! Ja, wir streiten viel in letzter Zeit, aber das heißt nicht, dass du uns bloß noch nervst!«, sagte Mama. Richtig überzeugend klang sie nicht, fand ich.

Eine Weile sagte keiner etwas. Dann schaltete sich Papa ein:

»Weißt du, Janine, ich kann sogar verstehen, dass du mit fünfzehn auch mal deine eigenen Wege gehen willst. Und es gibt im Moment tatsächlich viel Streit hier. Der auch Mama sehr anstrengt. Aber dass du alleine hierbleibst, ist definitiv keine Möglichkeit.«

Mama sah ihn nachdenklich an und nickte. Sie seufzte und sagte: »Lass mich ein bisschen nachdenken. Am Wochenende reden wir noch einmal darüber, ja?«

Ich zuckte mit den Schultern. Was auch immer das bringen sollte. Wandern würde ich diesen Sommer aber garantiert nicht. Und wenn sie sich auf den Kopf stellten.

Am Samstag nach dem Frühstück zog Mama ein Faltblatt aus ihrer Handtasche und gab es mir. *Ferienlager am Gardasee* stand darüber.

»Was soll ich denn damit?«, fragte ich.

»Da sind noch Plätze frei. Das ist ein Ferienlager für Vierzehn- bis Sechzehnjährige, das die Gemeinde in Lövenich organisiert. Sie fahren zur gleichen Zeit wie wir. Niemand zwingt dich, mit uns in den Urlaub zu fahren. Das ist die Alternative.«

»Aha.« Ich war erst mal sprachlos. Ich hatte nie daran gedacht, in ein Ferienlager zu fahren. Ein unangenehmer Gedanke schlich sich in meinen Kopf: Wollte mich Mama vielleicht tatsächlich loswerden? Hatte ich den Bogen überspannt? Aber eigentlich war das jetzt auch egal. Schnell wägte ich ab: Am besten wäre alleine zu Hause bleiben, aber die Chance, dass sie sich darauf einließen, war gering. Am schlechtesten war, mit nach Österreich zu fahren.

»Wo ist denn der Gardasee?«

»In Italien. Er ist riesig. Und die Berge sind auch nicht weit. Man kann da sicher eine Menge unternehmen«, sagte Mama und bemühte sich, begeistert zu klingen.

»Aber ich kenne ja überhaupt niemanden, der da mitfährt.«

»Da findest du sicher schnell Anschluss. Du kannst auch nach wie vor mit nach Österreich fahren. Aber vielleicht ist es für uns beide keine so schlechte Idee, wenn wir mal zwei Wochen nicht miteinander streiten.« Mama sah müde aus.

Wenige Wochen später stand ich mit Mama und Papa vor einem großen Reisebus. Die Gepäckklappen waren offen und um uns herum wimmelte es nur so von Jugendlichen und ihren Eltern. Überall lagen und standen Koffer und Reisetaschen herum. Ständig kam jemand Neues an und begrüßte seine Freunde. Schlagartig wurde mir bewusst, dass ich hier wirklich niemanden kannte. Mir wurde mulmig.

»Alles okay?«, fragte Mama.

»Mhm«, machte ich.

»Für etwas Neues braucht man immer ein bisschen Mut. Und den hast du doch! Also, hab keine Angst. Und genieß den Urlaub.«

Ich nickte. »Könnt ihr jetzt gehen? Das ist sonst peinlich.«

Mama und Papa lächelten – zum ersten Mal seit Langem. Papa lud meine Tasche in den Bus. Wir umarmten uns kurz. Mama drückte mich ganz fest und flüsterte mir ins Ohr:

»Pass auf dich auf. Und bitte, bitte, mach keine Dummheiten, ja? Da sind ein paar ältere Jungs dabei und ...«

»Mama, hör auf!«, unterbrach ich sie. Sie hatte also bloß so cool getan! Ich löste mich aus der Umarmung, sah sie an und zischte: »Ich bin nicht blöd und du kannst mir vertrauen!« Warum konnte sie nicht einmal locker sein?

Papa sagte: »Vielleicht vermisst du uns ja ein bisschen.«

Da musste ich lächeln. »Bestimmt!«

Mama strich mir kurz durchs Haar. Ich sah, dass in ihren Augen zwei Tränen schwammen, aber sie lächelte trotzdem.

Als Mama und Papa weg waren, stieg ich in den Bus. Etwa in der Mitte saß ein Mädchen in meinem Alter alleine.

Ich nahm all meinen Mut zusammen, setzte mein nettestes Lächeln auf und fragte: »Ist hier neben dir noch frei?«

Sie lächelte auch, nickte und sagte: »Ja, klar, setz dich ruhig.«

Als ich meinen Rucksack im Fußraum verstaut hatte und mich hingesetzt hatte, sagte sie: »Ich kenne hier keinen Einzigen!«

»Jetzt kennst du mich. Ich heiße Janine.« Ich tat viel selbstbewusster, als ich mich gerade fühlte.

Sie hieß Tanja und hatte sich auch ganz kurzfristig angemeldet. Sie wohnte in Widdersdorf und ging wie ich auf die Realschule, aber auf eine andere. Wir kamen sehr schnell ins Gespräch und merkten gar nicht, dass der Bus losfuhr. Erst auf der Autobahn wurde mir klar, dass ich es geschafft hatte. Mit Tanja würde es sicher ein super Urlaub werden!

Wir kamen spätabends an. Während der Pausen und im Bus hatten Tanja und ich schon ein paar von den anderen kennengelernt. Die meisten, die dabei waren, waren schon sechzehn oder siebzehn. Als wir ankamen, quartierten Tanja und ich uns zusammen mit zwei anderen Mädchen in einem Vierer-Zimmer ein. Wir fielen todmüde ins Bett und ich schlief sofort ein.

Gleich nach dem Frühstück am nächsten Tag erklärten die Betreuer, wie alles funktionierte und was in den nächsten Tagen geplant war. Man konnte hier jede Menge Sport machen, z.B. Segeln, Surfen, Volleyball und Radfahren. Ich war erleichtert, das klang alles gut und würde schon nett werden.

Tagsüber erkundeten Tanja und ich den Strand – es war fast wie am Meer! –, danach machten wir beim Volleyballturnier mit. Abends hatten die Betreuer einen Grillabend mit Lagerfeuer organisiert. Nach dem Essen saßen wir alle am Lagerfeuer. Andi, einer der Betreuer, hatte eine Gitarre dabei und spielte ein paar Lieder. *Groß ist der Herr, Herr, deine Liebe ist wie Gras und Ufer, Kumbaya My Lord...* Zuerst hielten sich alle zurück, aber irgendwann gab es lauten Protest, als er schon wieder ein Kirchenlied anstimmte. Das waren zwar alles einigermaßen moderne Kirchenlieder und Gospelsongs, aber wir wollten viel lieber was Poppiges hören. Andi überlegte und fing an: *On a dark desert highway, cool wind in my hair...* Na ja, poppig konnte man *Hotel California* jetzt auch nicht gerade nennen. Das Lied spielte Kerstin auf ihrer Stereoanlage ungefähr seit meiner Geburt rauf und runter. Weil ich jahrelang das Zimmer neben ihrem bewohnt hatte, hing es mir zum Hals raus.

Tanja stupste mich an und flüsterte: »Hey, Janine! Nicole, Evelyn und ein paar von den Jungs haben zwei Flaschen Wein und sind runter zum Strand gegangen. Hier ist es doch voll öde, sollen wir nicht mitgehen?«

Ich überlegte. Hier war es wirklich ein bisschen öde. Nicole und Evelyn waren schon sechzehn und wirkten ziemlich reif und erfahren. Was die wohl vorhatten? Ich stand auf.

Tanja und ich taten so, als würden wir zum Haus gehen. In einem weiten Bogen außerhalb des Lichtscheins bewegten wir uns unbemerkt in Richtung See. Als wir an den Steinstufen angekommen waren, die von der Seepromenade zum Strand hinunterführten, sahen wir plötzlich Nicole und einen der Jungs im Schatten der Mauer stehen. Sie waren alleine, wahrscheinlich waren die anderen schneller gegangen und schon weiter voraus. Sie lehnten an der Steinmauer, die den Strand von der etwas höher gelegenen Promenade trennte. Und knutschten.

Ich hielt Tanja am Arm fest und legte den Finger an die Lippen. Sie folgte meinem Blick und begann zu grinsen. Der Junge hatte seine Hand unter Nicoles T-Shirt geschoben.

Eigentlich war mir schon klar gewesen, worum es bei unserem kleinen Ausflug zum Strand ging. Ich war ja kein Baby mehr. Aber erst jetzt begriff ich, was es wirklich bedeutete: Wenn ich hier Alkohol trank oder mit einem der Jungen rummachte, würde Mama mit ihren Befürchtungen recht gehabt haben! Das war doch genau das, was sie von mir dachte!

»Ich geh wieder zurück. Ich mag sowieso keinen Alkohol«, flüsterte ich Tanja ins Ohr und drehte mich um. Sie kam mir hinterher.

»Hey, lass uns doch wenigstens mal schauen, was die anderen machen!«

»Nee, lass mal. Ich hab keine Lust mehr. Außerdem bin ich total müde.«

Tanja maulte zwar, kam aber schließlich mit. Wir setzten uns noch ein bisschen zu den anderen ans Lagerfeuer. Mittlerweile war sogar die Musik besser geworden.

Nicht zuletzt wegen Tanja hatte ich einen tollen Urlaub. Wir spielten jeden Tag Volleyball, gingen viel schwimmen und machten jede Menge Blödsinn. Aber ich trank den ganzen Urlaub über keinen einzigen Schluck Alkohol und ignorierte alle Annäherungsversuche.

Mauern fallen

Die einzige Freude auf der Welt ist: Anfangen.
Es ist schön zu leben. Weil leben anfangen ist,
immer, in jedem Augenblick.
CESARE PAVESE

Nach den Ferien begann die zehnte Klasse, mein letztes Schuljahr auf der Realschule. Was Mama nicht davon abbrachte, weiterhin die strengsten Regeln in meinem ganzen Freundeskreis aufzustellen. Ich musste nach wie vor spätestens um Punkt zehn Uhr zu Hause sein. Waren die Klamotten zu kurz, zu modisch oder sonst wie falsch, gab es Zoff. Und das war oft. Stefan und auch Kerstin waren zunehmend genervt von unseren Streits, die sich immer wieder um das Gleiche drehten.

Mit dieser ganzen Klamottenthematik wäre meine leibliche Mutter sicher cooler umgegangen als Mama, dachte ich manchmal. Gleichzeitig verbot ich mir den Gedanken. Meine leibliche Mutter wurde mir schließlich immer fremder, je länger ich sie nicht sah. Sie gehörte nicht mehr zu meinem Leben. Daran würde sich nichts mehr ändern und daran sollte sich auch nichts ändern. Trotzdem wusste ich tief in mir drin, dass ich ihr ähnlich war. Das verwirrte mich. Am besten war es, gar nicht an sie zu denken.

Mama hatte die Hoffnung immer noch nicht ganz aufgegeben, dass ich vielleicht doch noch Abitur machen wollte. Aber ich reagierte allergisch auf das Thema, also redeten wir auch darüber nicht mehr.

So vergingen der August, der September und der Oktober. Mama versuchte immer wieder, mich dazu zu bringen, mit ihnen die Tagesschau anzusehen. Sie sagte, wer erwachsen werden wolle, müsse auch wissen, was in der Welt geschah. Aber ich fand Nachrichten gucken ziemlich langweilig und sagte zu Mama:

»Ganz ehrlich, warum soll ich mir das anschauen? Da kommt sowieso nur schreckliches Zeug, ich will das alles überhaupt nicht sehen, da krieg ich bloß schlechte Laune.«

Manchmal ging ich nach dem Abendessen trotzdem mit ihr und Papa ins Wohnzimmer und guckte Nachrichten, aber meistens ging ich einfach in mein Zimmer, wenn ich nicht sowieso später nach Hause kam, weil ich beim Training war.

Mama, Papa und Kerstin redeten jetzt viel über die Veränderungen in der DDR. Ich war noch nie dort gewesen, aber wir hatten Verwandte in der Nähe von Dresden, denen Mama immer Pakete schickte.

An einem Abend Anfang November hatte ich nichts Besseres zu tun und schaute mit Mama, Papa und Stefan Tagesschau. Es war ein seltener Moment, dass wir alle so friedlich zusammensaßen. Aber beim Fernsehen musste man ja auch nicht miteinander reden.

Gleich am Anfang wurde die Deutschlandkarte gezeigt. Links die große grüne Bundesrepublik, rechts die kleine grüne DDR mit einem Fleck namens Ost-Berlin. Darunter stand *DDR öffnet Grenze*. Der Sprecher erzählte etwas von Visa und Ausreise und einer Pressekonferenz. Das klang alles ziemlich kompliziert.

»Mama, was heißt das denn jetzt für die Leute in der DDR?«, fragte ich.

»Psst! Ruhe, ich muss zuhören! Das ist jetzt wichtig!«, zischte Mama.

Danach folgte ein Bericht über eine Pressekonferenz, auf der ein Mann mit Lesebrille ziemlich rumstotterte. Zum Schluss sagte der Sprecher des Beitrags: »Die Mauer soll über Nacht durchlässig werden.«

»Das gibt's doch gar nicht!«, flüsterte Papa.

»Warum denn, was ist denn jetzt?«, fragte ich noch mal.

»So wie ich das verstehe, wird die DDR die Grenzen öffnen«, erklärte Mama. Dann starrte sie wieder fassungslos in den Fernseher und sagte: »Das kann ich gar nicht glauben!«

»Was ist dann mit der Mauer in Berlin?«, fragte Stefan.

»Ich weiß es nicht, Stefan, aber es könnte sein, … na ja, das kann ich mir eigentlich nicht vorstellen … «, unterbrach sich Papa. Er war mindestens genauso gebannt vom Geschehen wie Mama.

»Heißt das, die Mauer ist bald weg?«

»Das wäre ein Ding, das wäre …«, sagte Mama, mehr zu sich selbst.

Den Rest der Tagesschau ging es um die Flüchtlingswelle, das Reisegesetz, freie Wahlen und irgendeine Parteikonferenz. Vielleicht hatte Mama doch recht gehabt: Die Hintergründe verstand man wohl tatsächlich besser, wenn man jeden Abend Nachrichten schaute. Ich nahm mir vor, jetzt öfter Tagesschau zu gucken. Auch wenn ich es langweilig fand, wollte ich schon verstehen, was passierte. Von den DDR-Flüchtlingen, die über Ungarn und die Tschechoslowakei nach Deutschland kamen, hatte ich natürlich schon gehört. Aber ich verstand nicht, warum die DDR dann nicht gleich die Grenzen zu uns öffnete.

Nach der Tagesschau kam ein Fußballspiel, das Papa und Stefan angucken wollten. Ich ging nach oben und hörte Musik. Mama telefonierte mit Oma und versuchte rauszufinden, ob es bei unseren Verwandten in der DDR etwas Neues gab.

Am nächsten Morgen beim Frühstück waren Mama und Papa ganz aufgeregt. Sie hatten noch spätabends ferngesehen und hörten die ganze Zeit Deutschlandfunk. Die Mauer war tatsächlich gefallen! Beziehungsweise, die Mauer stand zwar noch, war aber keine Grenze mehr. Wer wollte, konnte nun einfach die Grenze passieren!

Als wir mittags aus der Schule kamen, schalteten wir sofort den Fernseher ein. Im Mittagsmagazin konnte ich endlich sehen, was in der Nacht passiert war und wovon alle in der Schule geredet hatten: jubelnde Menschenmassen, die über die Grenzübergänge in Berlin strömten, lachende und weinende Menschen, die sich in den Armen lagen. Hupende Trabis, aus denen Hände rauswinkten, und Menschen, die lachend auf die Autodächer klopften. Alle Leute, die interviewt wurden, lachten und freuten sich. Sie sagten, sie wollten nur mal auf dem Ku'damm ein Bier trinken. Dann kamen die Bilder, von denen in der Schule alle gesprochen hatten: Die Berliner Mauer – voll von Menschen! Die Leute zogen andere hinauf und alle, die oben standen, jubelten und riefen »Wir sind das Volk!« und »Die Mauer muss weg!«. Obwohl ich niemanden von den Menschen dort kannte, musste ich plötzlich weinen. Das war einfach so ergreifend! Die Leute waren so lange eingesperrt gewesen und plötzlich waren sie frei! Mama nahm meine Hand und wir saßen schniefend und gleichzeitig lachend vor dem Fernseher. Es war so schön, dass es mal nicht um unsere Probleme zu Hause ging. Zum ersten Mal seit Langem fühlte ich mich Mama wieder nah und konnte wieder mit ihr lachen.

Zwischendrin klingelte immer wieder das Telefon. Alle möglichen Verwandten riefen an und schließlich lud Mama alle ein, abends zu uns zu kommen. Onkel Jochen, Tante Ingrid, meine beiden Cousins und Oma Anna kamen gegen halb sieben zu uns. Mama hatte einen großen Topf Linsensuppe mit viel Speck, Gemüse und Würstchen gekocht, dazu gab es Schnittchen mit westfälischem Schinken und Zwiebelmettbrötchen. Wir setzten uns alle zusammen vor den Fernseher im Wohnzimmer und sahen uns zuerst die Heute-Nachrichten und danach die Tagesschau an. Tante Ingrid und Mama weinten immer wieder und als die Tagesschau vorbei war, erzählten die Erwachsenen von ihren Erinnerungen. Papa und Onkel Jochen konnten sich noch genau daran erinnern, als vor 28 Jahren die Mauer gebaut worden war. Das war für alle beängstigend gewesen. Papa sagte, er hätte nie gedacht, dass das alles einmal so ausgehen könnte. Ganz ohne Krieg und Gewalt. Papas Vater war im Zweiten Weltkrieg gestorben. Meine Eltern hatten eine ganz andere Jugend gehabt als ich. Das wurde mir heute mal wieder richtig bewusst.

Ich fragte, ob ich noch zu Silvia durfte, wir hatten heute Nachmittag telefoniert und uns verabredet. Oh Wunder, ich durfte! In der Tagesschau hatten sie gesagt, dass in allen deutschen Großstädten gefeiert wurde, und natürlich wollten wir gucken, was auf den Straßen los war. Ich sah Silvia und ein paar andere Freundinnen aus der Tanzgruppe schon auf der Bank am Spielplatz sitzen. Ich war spät dran, und sie wussten, dass ich hier sowieso vorbei musste auf dem Weg zu Silvia, sie hatten also auf mich gewartet. Es war schon zu spät, um noch nach Köln in die Innenstadt zu fahren, aber wir beschlossen, wenigstens zur Frechener Hauptstraße zu fahren und zu sehen, was dort so los war. Für einen Novemberabend waren tatsächlich viele Leute auf der Straße. Ein paar Autos fuhren mit offenen Fenstern, aus denen laute Musik schallte, und hupten. Ich hatte das Gefühl, dass eine ganz besondere Stimmung herrschte. Das Freiheitsgefühl der Leute aus dem Fernsehen hatte sich irgendwie auf alle anderen übertragen. Oder kam mir das nur so vor? Wir setzten uns in ein Café und bestellten Kirsch-Bananensaft.

»Hallo, Janine!«, sagte plötzlich eine Stimme hinter mir.

Ich drehte mich um und konnte es nicht fassen: Christian Engels stand hinter meinem Stuhl und grinste! Wo kam denn der jetzt plötzlich her? Und warum sprach er mich an? Bis zu diesem Moment hätte ich geschworen, dass er meinen Namen gar nicht kannte.

Christian war drei Jahre älter als ich und der totale Mädchenschwarm. Ich kannte ihn vom Sehen. Jeder kannte ihn mindestens vom Sehen, weil er so wahnsinnig gut aussah. Er spielte mit Marco, Silvias großem Bruder, Fußball. Seine schwarzen Haare trug er wie meistens zurückgegelt, und er hatte leuchtende blaue Augen.

Mein Hirn war wie leergepustet. Nach einer Ewigkeit sagte ich:

»Hallo, Christian! Wo kommst du denn plötzlich her?«

Er sagte, dass er mit ein paar Kumpels in der Innenstadt gewesen war. Sie waren mit dem Auto über die Ringe gefahren. Es waren richtig viele Leute unterwegs gewesen, erzählte er.

»War total geil!«

Das glaubte ich ihm sofort.

»Und, was hast du gemacht?«, wollte er wissen.

Ich überlegte fieberhaft. Linsensuppe und Zwiebelmettbrötchen mit Onkel Jochen und Tante Ingrid war einfach zu uncool, um es jemandem wie Christian Engels zu erzählen. Mit Mama, Papa und dem kleinen Bruder vor dem Fernseher war auch nicht viel besser … Vielleicht, wenn ich Mama, Papa und den kleinen Bruder einfach wegließ?

»Äh, ich hab ferngesehen. Ich wollte mir das mal alles ausführlich angucken. Die ganzen Sachen aus Berlin und so, mit der Mauer und den Grenzen. Tagesschau und Heute.«

Er nickte und sah mir in die Augen. »Ja, das ist echt der Hammer, was da gerade passiert.«

Ich war drei Jahre jünger als er, aber plötzlich hatte ich das Gefühl, dass das gar keine Rolle mehr spielte. Dass ihm das ganz egal war und er mich gar nicht als kleines Mädchen sah, wie ich bisher immer gedacht hatte. »Ich muss los, wir sehen uns«, sagte er plötzlich.

»Ah, äh … ja klar. Mach's gut.«

»Bis dann«, sagte er, grinste und drehte sich um.

»Ja, bis dann«, quetschte ich noch raus, dann war er schon verschwunden. Hatte er gerade wirklich gesagt *Wir sehen uns*?

»Was war denn das jetzt?«

Das fragte ich mich auch, hätte ich Silvia am liebsten geantwortet.

»Du grinst ja, als wäre Weihnachten und Geburtstag zusammen. Ich dachte, du findest den voll blöd?«, flüsterte sie.

Ich hatte völlig vergessen, dass überhaupt noch irgendjemand außer mir in diesem Café saß.

»Du bist ja knallrot! So blöd ist er wohl doch nicht?«

»Geht so. Frauenheld halt«, sagte ich, aber ich konnte einfach nicht aufhören zu grinsen. Silvia etwas vorzumachen, hatte sowieso keinen Sinn.

»Aha. Na ja, egal, was du von ihm hältst. Eins ist mal sicher: Der steht auf dich.«

»Dass der auf mich steht, ist ungefähr so wahrscheinlich wie, dass die morgen die Grenzen wieder zumachen«, sagte ich, aber ich fühlte mich auf einmal so frei und glücklich wie die gesamte DDR.

Karneval

Well, we all fall in love
but we disregard the danger
though we share so many secrets
there are some we never tell
BILLY JOEL

»Echte Fründe ston zesamme,
ston zesamme su wie ene Jott un Pott
Echte Fründe ston zesamme,
ess och dih Jlöck op Jöck un läuf dir fott.
Fründe, Fründe, Fründe en der Nut,
jon'er hundert, hundert op e Lut.
Echte Fründe ston zesamme,
su wie ene Jott un Pott.«

Silvia und ich sangen lauthals mit und tanzten im völlig überfüllten Partykeller von ihrer Mutter. Wir liebten die Karnevalhits der Höhner und der Black Fööss, genauso wie die aktuellen Hits aus den Charts. Es tat so gut, mal wieder zu lachen und zu tanzen und alles andere zu vergessen!

Nach der kurzen Verschnaufpause im Herbst rund um die Maueröffnung war es schnell wieder abwärts gegangen mit der Stimmung bei uns zu Hause. Komischerweise wurde es immer schwieriger, je älter ich wurde. Andere in meinem Alter zofften sich jetzt auch viel mit ihren Eltern, aber ich hatte das Gefühl, dass es bei uns besonders schlimm war. In meiner Familie fühlte ich mich mehr und mehr wie ein Alien. Aber heute war mir das alles egal.

Wir tanzten zu jedem Lied, auch wenn sich unsere Kostüme langsam, aber sicher in ihre Bestandteile auflösten. Wir waren dieses Jahr beide Piratinnen. Unsere engen schwarzen Jeans hatten wir in hohe Stiefel gequetscht, Kerstin hatte mir eine weiße Rüschenbluse geliehen und auf dem Kopf trugen Silvia und ich jeweils ein Piratenkopftuch. Die Piraten-Augenklappen hatten wir uns mit schwarzem Kajal aufgemalt, sie waren aber schon total verwischt. Ich konnte zwar nur Silvia sehen, mein Gesicht war aber bestimmt mindestens genauso verschmiert. Auf dem Ärmel meiner Bluse war ein großer hellbrauner Cola-Fleck. Aber auch das war völlig egal. Wir grinsten uns an. Hauptsache nicht nachdenken, und nicht zusammenreißen! Endlich wieder eine normale 15-Jährige sein und nicht Janine, das ewige Pflegekind und der angebliche Problemteenie.

Nach *Echte Fründe* spielte Silvias Bruder Marco, der heute den DJ machte, *Mir sinn kölsche Mädcher* – das war natürlich unser Lied! Danach waren die kölschen Lieder vorbei und wir tanzten zu Abba – was Silvia hasste und ich liebte – und Bobbie McFerrins *Don't worry, be happy,* dem Megahit aus dem letzten Jahr. Ich schaute auf die Uhr: Mist, schon Viertel vor zehn. Um zehn musste ich zu Hause sein, da war Mama nach wie vor total streng. Zehn Uhr hieß bei ihr wirklich zehn Uhr, keine Minute später, sonst gab es Ärger. In knapp zwei Monaten wurde ich sechzehn, dann durfte ich bis zwölf weg. Ich konnte es kaum noch erwarten! Wenn ich mich von niemandem verabschiedete und ordentlich in die Pedale trat, konnte ich noch ein Lied lang bleiben, rechnete ich. Ich drückte fest die Daumen, dass Marco was Gutes spielte. Einen Moment später schallten die ersten Takte von Michael Jacksons *Billy Jean* aus der Anlage. Juhu! Das war zwar schon ein bisschen älter, aber trotzdem eins meiner Lieblingslieder. Silvia und ich tanzten weiter.

Plötzlich wurde die Musik ruhiger und langsamer. Ein

romantisches Klavierintro begann. Was war denn in Marco gefahren? Wie sollte man denn dazu tanzen? Zum Glück musste ich sowieso gehen. *Each day I live, I want to be a day to give the best of me…* Jetzt erkannte ich, was Marco da spielte. Das war Whitney Houston und *One Moment in Time*! Ich liebte dieses Lied! Trotzdem, es half nichts, ich musste nach Hause. Und zu so einer Schnulze konnte man sowieso nicht tanzen. Als ich mich in Richtung Tür umdrehte, stand ich plötzlich Christian Engels gegenüber.

Ich wusste gar nicht, dass er heute auch hier war! War er gerade erst gekommen? Wahrscheinlich hatte Marco ihn eingeladen, die beiden waren gleich alt und kannten sich ja vom Fußball. Ich hatte ihn seit dem Tag des Mauerfalls ein paar Mal von Weitem gesehen. Er mich auch, aber er hatte mich noch nicht mal gegrüßt. Davon, dass er auf mich stand, konnte also nicht die Rede sein. Außerdem hatte Silvia in Erfahrung gebracht, dass er zwischenzeitlich mit zwei anderen Mädchen gegangen war.

Er war auch als Pirat verkleidet, aber um einiges profimäßiger als ich. Er hatte sich seine Augenklappe auf die Stirn geschoben und sah ziemlich cool aus. Plötzlich waren mir mein schwarz verschmiertes Gesicht und mein improvisiertes, fleckiges Kostüm total peinlich. Sich eine Augenklappe ins Gesicht zu malen, war ja wohl echt kindermäßig!

»Hallo Janine!«, sagte er, lächelte und legte seine Hände um meine Taille.

Eigentlich wollte ich cool und ein bisschen abweisend sein, aber dann sagte ich einfach: »Hallo!« Mehr fiel mir nicht ein.

Aber mehr war anscheinend auch nicht nötig. Christian nahm meine Hände und legte sie um seinen Hals. Dann fasste er wieder locker um meine Taille. Wie in Zeitlupe bewegten wir uns im Takt der Musik über die Tanzfläche. Über seine Schulter hinweg sah ich in den Raum. Alle anderen tanzten genauso: Eng umschlungene Paare traten von einem

Fuß auf den anderen. Manche der älteren Mädchen hatten ihren Kopf auf die Schulter ihres Tanzpartners gelegt. Mein Herz schlug mir bis zum Hals und ich konnte keinen klaren Gedanken fassen. Ich tanzte Blues mit Christian Engels! Wie cool war das denn?

And in that one moment in time I will be, I will be, I will be free, I will be free… Beim Finale von Whitney Houstons Lied lief mir ein Schauer über den Rücken. Ich verstand zwar nur Bruchstücke des englischen Textes, aber diese Sätze sprachen mir direkt aus der Seele. Was für ein unglaubliches Gefühl wäre es, endlich frei zu sein, endlich über mein Leben selbst entscheiden zu können! In weniger als zwei Monaten wurde ich sechzehn. Und dann dauerte es noch mal zwei Jahre. Eine Ewigkeit. Aber ich konnte es schon jetzt kaum erwarten.

Nach Whitney Houston spielte Marco noch *Stop!* von Sam Brown und zwei weitere langsame Lieder, die ich noch nie gehört hatte. Christian und ich blieben die ganze Zeit auf der Tanzfläche. Wenn Christian seine Hände auf meinem Rücken leicht bewegte, kribbelte das komisch. Ob er doch in mich verknallt war?

Als die Musik wieder schneller wurde, war es, als würde ich aus einem Traum aufwachen. Ich sah Silvia, die mit ihrem Zeigefinger auf ihr Handgelenk tippte und mich fragend anschaute.

Was sollte das denn? Schlagartig wurde mir klar: Ach du Scheiße, ich hatte völlig die Zeit vergessen! Es musste längst nach zehn sein! Ich schaute auf die Uhr – Oh Gott! Halb elf. Mama würde mich killen. Ich wollte Christian noch tschüss sagen, aber er war schon wieder zu seinen Freunden gegangen, die in der Nähe der Bar am DJ-Pult standen. Er tat so, als hätte es die letzten zwanzig Minuten gar nicht gegeben.

Aber ich hatte jetzt keine Zeit, darüber nachzudenken. Ich winkte Silvia kurz zu und rannte zur Tür. Wenige Sekunden später saß ich auf meinem Fahrrad. So schnell es irgendwie ging, fuhr ich nach Hause.

Ich stellte das Fahrrad vor dem Haus ab und schickte ein Stoßgebet gen Himmel: Bitte mach, dass Mama schon im Bett ist und es gar nicht merkt, dass ich zu spät bin! Doch schon, als ich die Tür aufschloss, wusste ich, dass ich umsonst gehofft hatte. Mama saß auf der Treppe. Ich sah sofort, dass sie geweint hatte.

»Dann weiß ich ja jetzt, dass alles in Ordnung ist«, sagte sie, stand auf und ging nach oben.

Ich lief ihr hinterher: »Mama, es tut mir leid, ich hab total die Zeit vergessen. Es war so eine super Party!«

»Gute Nacht, Janine«, sagte sie nur und ging ins Schlafzimmer.

Mist. Mama war stocksauer. Mir blieb nichts anderes übrig, als schnell ins Bett zu gehen. Vielleicht war morgen ja ausnahmsweise mal wieder alles gut?

Doch leider war nichts gut am nächsten Morgen. Ganz im Gegenteil: Es war alles besonders schlimm. Mama machte mir noch nicht mal offene Vorwürfe, sondern schwieg mich einfach an. Das war noch schlimmer, als wenn wir uns anbrüllten.

Zum Glück war es Karnevalssonntag und damit der Tag der Veedelszüge, der kleinen Karnevalsumzüge in den Kölner Stadtteilen. Weil ich mit der Leichtathletikgruppe in unserem Zug in Frechen mitlief, hatte ich eine gute Ausrede, früh von zu Hause zu verschwinden. Es war ohnehin geplant gewesen, dass nur Papa und Stefan mitkamen, weil Mama in der Kirche helfen musste.

Als ich nachmittags zurückkam, war die Stimmung immer noch mies. Ich ging auf mein Zimmer, hörte Musik und versuchte, etwas zu schreiben. Aber ich konnte mich nicht konzentrieren. Mamas Schweigen machte mich ganz wahnsinnig. Irgendwann hielt ich es nicht mehr aus und ging nach unten in die Küche. Stefan saß am Küchentisch und las Zeitung, Mama bereitete etwas für das Abendessen vor.

»Ich finde das zum Kotzen! Okay, ich war eine halbe Stunde zu spät, aber das ist doch kein Weltuntergang! Es ist doch gar nichts passiert. Warum machst du ein solches Drama daraus? Können wir nicht einfach normal darüber reden?«, platzte es aus mir raus.

Mama drehte sich zu mir um. »Janine, ich mache aus nichts ein Drama. Das Ganze *ist* ein Drama.« Ihre Stimme war leise und fast brüchig. »Du weißt ganz genau, wovor ich Angst habe! Wenn dir irgendetwas passiert, ist es nicht nur schrecklich, weil dir etwas passiert ist, sondern es kann für uns alle sehr ernste Konsequenzen haben: Ich werde dafür zur Verantwortung gezogen. Es ist schlimm genug für eine Mutter, wenn ihrem Kind etwas passiert, aber für uns wird es doppelt schlimm, weil das Jugendamt ganz genau beobachtet, was hier vor sich geht. Die sagen dann zu mir: ›Frau Kunze, Sie haben Ihre Aufsichtspflicht verletzt, wir müssen Ihnen Janine wegnehmen.‹« Sie hatte Tränen in den Augen. »Wir dürfen uns nichts, wirklich gar nichts vorwerfen lassen. Wir dürfen einfach keine Fehler machen. Es ist nach wie vor keine Entscheidung gefallen und deshalb wird das so bleiben.«

»Aber Mama, ich bin nur eine halbe Stunde zu spät von der Karnevalsparty bei Silvia zurückgekommen. Alle anderen waren auch noch da. Ich war echt die Erste, die nach Hause musste! Dass ich eine halbe Stunde zu spät war, war ein Fehler. Aber es war mein Fehler, nicht deiner. Und es war kein riesig großer Fehler«, fügte ich noch hinzu. Das musste doch auch mal gesagt werden. Ich verstand sie ja grundsätzlich, trotzdem nervte es total, dass meine Eltern von allen die strengsten waren.

»Fünfzehnjährige sind um zehn Uhr zu Hause. So steht es im Jugendschutzgesetz. Das heißt für dich: zehn Uhr und keine Minute später.« Mamas Tränen waren wieder verschwunden. Ihr Gesicht wurde hart.

Plötzlich stand Stefan auf, knallte die Zeitung auf den Tisch und verließ wortlos die Küche.

»Stefan …«, begann Mama, verstummte dann aber wieder.

Ich ließ mich nicht beirren. »Und warum dürfen die anderen sonst so viel länger bleiben? Gilt das Jugendschutzgesetz nur für mich?«

Mama schüttelte resigniert den Kopf. »Natürlich nicht und das weißt du auch. Kannst du dich nicht einfach mal zusammenreißen? Kannst du dich nicht einfach mir zuliebe mal an die Regeln halten? Ich hab mir das alles auch nicht ausgedacht.« Sie wirkte müde und erschöpft. »Ich versuche, euch allen gerecht zu werden, aber manchmal ist das wirklich eine Zerreißprobe. Deine Situation ist nun mal leider nicht die gleiche wie die der anderen. Daran kann ich nichts ändern. Du kannst mir glauben, ich würde mir für uns alle so sehr wünschen, dass es anders ist.«

Ich war keine normale Jugendliche und würde nie eine sein. Egal, wie lange ich mit Mama diskutierte. Ich würde immer weniger dürfen als alle anderen. Mein Sonderstatus war für Mama und die ganze Familie eine Zerreißprobe, wie sie es genannt hatte. Würde unsere Familie daran zerbrechen?

Kiss

Wo Liebe ist, da ist Leben.
MAHATMA GANDHI

Zwei Wochen nach Karneval passierte es: Ich stieg aus der Bahn und wer lehnte am Zaun direkt neben der Ampel, an der ich auf meinem Nachhauseweg vorbei musste? Christian Engels! Der Bus seiner Schule, einer privaten Jungenschule, hielt an der Bahnstation, an der ich aussteigen musste. Ich wusste, dass Christian eigentlich erst zwei Haltestellen später aussteigen musste, aber jetzt war er hier und begrüßte mich: »Hallo, Janine!«

Er begleitete mich nach Hause. Fast bis nach Hause, denn Mama wäre sicher nicht begeistert gewesen, wenn sie mich mit einem drei Jahre älteren Jungen gesehen hätte. Er erzählte mir, dass er am Wochenende in irgendwelchen Diskos, deren Namen ich noch nie gehört hatte, tanzen gewesen war. Er stand auf schwarze Musik, Michael Jackson, Prince und solche Sachen. Ich musste mir mittlerweile eingestehen, dass ich ihn wirklich cool fand.

Trotzdem konnte ich nicht vergessen, was Silvia mir gesagt hatte: Nachdem er mich im Herbst angequatscht hatte, war er mit zwei anderen Mädchen gegangen. Ich war nicht die Einzige, die er um den Finger wickelte. Es gab noch jede Menge andere, da brauchte ich mir nichts vorzumachen. Und mit denen knutschte er bestimmt sogar. Oder machte sonst was. Deshalb ließ ich mir nicht anmerken, dass ich ihn cool fand.

Als wir an der Straßenecke vor unserem Haus angekommen waren, sagte ich, dass es besser wäre, wenn er jetzt nach Hause ging.

Er grinste und sagte zum Abschied: »Bis bald, Eisprinzessin!«

Ich musste auch grinsen. Da war meine Botschaft wohl angekommen. Er wusste, dass er mich nicht so schnell rumkriegen würde.

Kerstin hatte mittlerweile ein Auto: einen grasgrünen Fiat 500. Ich fand den ein bisschen peinlich, aber es war toll, dass wir damit jetzt unabhängig von meinen Eltern mobil waren. Wenn Anne da war, machten wir manchmal zu dritt oder zu viert Tagesausflüge, nur wir Geschwister, ohne die Eltern. Wir besuchten die Verwandten in Wuppertal oder fuhren ins Freilichtmuseum Kommern. Mama gab uns Geld mit und wir gingen mittags essen. Manchmal war es gar nicht so schlecht, zwei ältere Schwestern zu haben.

Dummerweise war auch Papa ein großer Fan des grünen Fiat 500. Weil er wusste, dass mir das peinlich war, holte er mich, wann immer ihn Kerstin nicht brauchte, damit vom Tanztraining ab. Ich dachte mir jedes Mal: Das kann doch nicht wahr sein, dass der schon wieder mit der Karre ankommt. Wenn ich sagte: »Kannst du mich nicht einfach mit unserem normalen Auto abholen?«, grinste er nur und sagte: »Das würde ich ja gerne, mein Schatz, aber das braucht Mama heute. Was hast du gegen den Kleinen hier? Er fährt doch prima und ist so schön grün!« Ich verdrehte die Augen. Er würde es nie kapieren!

An einem Samstag Ende Februar hatten wir einen Auftritt mit der Tanzgruppe. Am Mittwoch hatte mich Christian nach Hause begleitet und seitdem hatte ich insgeheim jeden Mittag gehofft, dass er wieder an der Bahn auf mich warten würde. Tat er aber nicht. Ich war fast froh, dass heute Samstag war und ich mir keine Hoffnungen machen brauchte, ihn heute zu sehen.

Papa ließ es sich nicht nehmen, mich mit dem Fiat zur Turnhalle zu fahren. Mama hatte in der Gemeinde zu tun, also würde heute nur er zusehen. Es war Tag der offenen Tür in der Turnhalle, in der wir immer probten, und die einzelnen Gruppen präsentierten sich mit kleinen Aufführungen. Wir hatten die neue Choreografie wochenlang geprobt. Das Lied dazu war *I Will Survive* von Gloria Gaynor, das ich super fand. Die Schrittfolge war diesmal mit vielen Drehungen. An manchen Stellen waren wir in zwei Gruppen aufgeteilt, die aufeinander zutanzten. Das war ein bisschen wie in den Videos, die ich immer bei *Formel Eins* guckte. Manchmal stellte ich mir beim Tanzen vor, ich wäre bei einem Videodreh dabei. Mittlerweile war ich in der Fortgeschrittenengruppe. Silvia und ich waren die jüngsten, die anderen waren alle sechzehn, siebzehn oder achtzehn.

Papa musste den grünen Fiat auf dem Parkplatz der Turnhalle abstellen, wo ihn zum Glück keine meiner Freundinnen sehen konnte. Er ging schon in den Zuschauerraum, ich in den Umkleidebereich. Ich war eine der Letzten: Silvia, die meisten anderen Mädchen und Frau Grundel, die unsere Gruppe seit Jahren leitete, waren schon da. Ich schlüpfte in meine schwarze Leggins und eines der schwarzen T-Shirts, die wir mit Nieten und hellgrauer Stofffarbe rockig gestylt hatten. Diese Kostüme waren richtig cool.

»Ist Susanne schon da?«, fragte Frau Grundel. Susanne war das älteste Mädchen, sie war gerade neunzehn geworden. Sie hatte einen kleinen Solopart in unserem Tanz. Wahrscheinlich wollte Frau Grundel das noch mal mit ihr durchsprechen.

»Keine Ahnung, ich hab mich auch schon gefragt, wo sie bleibt. Normalerweise ist sie doch immer eine der Ersten«, sagte Kathrin, Susannes Freundin.

In zehn Minuten waren wir dran, lange hatte Susanne also nicht mehr Zeit. Als Susanne auch eine Minute vor dem Auftritt noch nicht aufgetaucht war, sagte Frau Grundel:

»Okay, Mädchen. Das wird ein Nachspiel für Susanne haben. Aber jetzt konzentrieren wir uns auf den Aufritt. Das Solo von Susanne fällt weg. Ihr tanzt einfach euren Part so, als würde sie ihr Solo machen. Das fällt bestimmt niemandem auf. Schafft ihr das?«

Wir nickten.

»Also gut. Dann raus mit euch. Viel Glück!«

Ich fand es schade, dass Susannes Solo wegfiel, sie konnte so cool tanzen! Ich bewunderte sie und hoffte, ich würde auch mal so gut werden wie sie.

Als wir auf die Bühne gingen und die ersten Takte der Musik erklangen, dachte ich schon nicht mehr daran. Auf der Bühne tanzen war einfach das Größte! Aus dem Augenwinkel sah ich Papa in der zweiten Reihe sitzen und lächeln. Ob noch jemand anderes hier war, den ich kannte? Mittlerweile hatte ich so oft vor Publikum getanzt, dass ich kaum noch aufgeregt war und es in vollen Zügen genießen konnte.

Wir bekamen viel Applaus und verbeugten uns immer wieder. Frau Grundel strahlte und klopfte uns allen auf die Schulter. »Gut gemacht, Mädels!«

Nachdem wir uns umgezogen hatten, standen wir vor der Turnhalle noch kurz zusammen. Papa kam aus dem Zuschauerraum und umarmte mich. »Das sah ja aus wie direkt vom Broadway! Ich bin so stolz auf dich, mein Schatz!«

Auch von den anderen waren einige Eltern da, die uns jetzt lobten und sich bei Frau Grundel für ihre Arbeit bedankten.

»Frau Grundel, kann ich Sie kurz sprechen?«, fragte ein Mann, der ungefähr so alt war wie Papa.

»Ja natürlich, Herr Keller!«, sagte Frau Grundel.

Jetzt fiel es mir ein. Der Mann war Susannes Vater. Was machte er denn hier? Susanne war doch gar nicht da.

Frau Grundel und er stellten sich etwas abseits von uns. Frau Grundel wirkte auf einmal sehr ernst. Sie hörte Herrn Keller zu und schlug sich eine Hand vor den Mund. Erst jetzt fiel mir auf, wie grau Herr Keller heute aussah. Als wäre er viel älter, als er eigentlich war. War irgendetwas passiert?

Wenig später erfuhren wir es: Susanne hatte einen Autounfall gehabt. Sie war selbst gefahren und hatte noch eine Freundin mitgenommen. Auf einer Landstraße waren sie in einem Waldstück auf Glatteis gekommen. Das Auto war hinten ausgebrochen, Susanne konnte es nicht mehr kontrollieren. Sie überschlugen sich mehrfach, als sie die Böschung neben der Straße hinunterrasten, und knallten an einen Baum. Die Beifahrerin hatte schwer verletzt überlebt, aber Susanne war sofort tot.

Ich konnte es nicht glauben. Ich konnte es mir einfach nicht vorstellen! Wie konnte Susanne einfach nicht mehr da sein? Und wieso Susanne und nicht jemand anderes?

Frau Grundel hatte uns die schrecklichen Neuigkeiten mit leiser Stimme mitgeteilt. Man merkte, wie schwer es ihr fiel, sich zusammenzureißen. Sie war blass und wirkte plötzlich völlig kraftlos. So fühlten wir uns alle. Die meisten Mädchen weinten, aber ich war zu geschockt.

Am Mittwoch der folgenden Woche war Susannes Beerdigung. Der Friedhof schien zu klein für all die Menschen, die gekommen waren. Susanne war erst neunzehn gewesen! Und plötzlich war sie tot. Beerdigungen und Todesfälle hatte ich bisher nur bei alten Menschen erlebt. Natürlich wusste ich, dass man auch als junger Mensch sterben konnte. Aber das geschah doch bloß im Fernsehen und nicht hier, mitten in meiner Umgebung! Warum ließ Gott eine Neunzehnjährige sterben? Was ergab das für einen Sinn? Ich konnte das einfach nicht begreifen. Hatte das der gleiche Gott getan, zu dem ich jeden Sonntag in der Kirche betete? Warum?

Das Leben konnte so schnell vorbei sein. Ganz ohne Vorwarnung konnte man ganz plötzlich sterben. Auch mit neunzehn, mit sechzehn oder mit fünfzehn. Dieser Gedanke machte mir Angst. Aber ich konnte nicht aufhören, ihn zu denken.

Wenn ich wüsste, dass ich morgen sterben müsste, was würde ich dann heute tun? Mama und Papa sagen, wie lieb ich sie hatte. Das hatte ich ganz lange nicht mehr gesagt. Weil wir seit der Gerichtsverhandlung gar nicht mehr viel über Gefühle sprachen. Würde ich meine leibliche Mutter noch einmal sehen wollen? Ich wusste es nicht. Was würde ich ihr sagen? Ich hatte keine Ahnung.

Die Woche nach Susannes Tod war überschattet von lauter solchen Gedanken. Ich war traurig und gleichzeitig ängstlich. Ich war froh, dass Mama es merkte und mich darauf ansprach. Sie versuchte mir zu erklären, dass man nicht alles verstehen konnte, was Gott so tat, aber dass alles einen Sinn hatte. Das wollte ich gerne glauben, aber welchen Sinn konnte der Tod von Susanne Keller haben?

Als ich am Tag nach Susannes Beerdigung aus der Bahn stieg, war ich völlig in Gedanken versunken.

»Hallo, Janine!«

Ich zuckte zusammen. Christian Engels! Den hatte ich ja völlig vergessen.

»Was ist los, kennst du mich nicht mehr?«

»Äh, doch, klar. Hi!«, sagte ich.

»Warum bist du so komisch, Eisprinzessin? Ist irgendwas passiert?«

Ich nickte. »Kanntest du Susanne Keller?«

»Ach du Scheiße, du hast sie gekannt?«, fragte Christian zurück. »Ich hab gehört, was passiert ist. Total krass.«

Er kannte Susanne nicht persönlich und war deshalb auch nicht auf der Beerdigung gewesen, aber natürlich hatte er davon gehört.

Dieses Mal redete ich deutlich mehr als Christian, während er mich nach Hause begleitete. Beim letzten Mal war es umgekehrt gewesen. Ich erzählte ihm von all den Dingen, die mir in den letzten Tagen durch den Kopf gegangen waren.

Zum Abschied sah er mich ganz ernst an und sagte: »Danke, dass du mir das alles erzählt hast. Ich kann dich verstehen.«

Er drückte meine Hand und mir wurde ganz warm. Ich konnte nichts sagen, deshalb drehte ich mich einfach um und ging um die Straßenecke nach Hause.

Am nächsten Tag stand er wieder an der Bahn und wartete auf mich. Wir schlenderten extra langsam durch die Straßen. Heute redete er wieder mehr. Dass ich gestern so offen gewesen war, war mir heute fast peinlich. Vielleicht war ja alles totale Grütze, was ich ihm da erzählt hatte? Aber hätte er mich dann heute wieder abgeholt? Wahrscheinlich eher nicht. Also wird es wohl okay gewesen sein.

Als wir fast bei mir waren, griff er in seinen Rucksack und holte etwas heraus.

»Für dich!«, sagte er und gab mir eine selbst aufgenommene Kassette.

Ich wusste, dass ich rot wurde, aber das war mir egal.

Ich sah mir die Kassette an. Er hatte sie nicht beschriftet. Auf dem Papier in der Kassettenhülle stand nur *Für Janine*. Sonst nichts.

»Was ist da drauf?«

»Hör's dir einfach an!«, sagte er, lächelte und ging.

Sobald das Mittagessen vorbei war, sprintete ich die Treppe hoch und legte die Kassette in den Rekorder. Das erste Lied erkannte ich sofort: Es war *Kiss* von Prince. Als der Refrain kam, bekam ich eine Gänsehaut.

You don't have to be rich to be my girl
You don't have to be cool to rule my world

Dann verstand ich eine Zeile nicht und dann kam:

I just want your extra time and your … kisss

War das eine Botschaft an mich? Wollte er mit mir gehen? Mich küssen? Warum tat er es dann nicht einfach? Ich konnte es kaum erwarten, bis das Lied zu Ende war und ich die anderen Lieder hören konnte.

Als *Kiss* vorbei war, hielt ich die Luft an. Zuerst kam gar nichts, dann klackte es leise und es begann … *Kiss*. Er hatte es noch einmal aufgenommen! Eine knappe Stunde später wusste ich: Nicht einmal, nicht zweimal, sondern ganze fünfzehn Mal hintereinander hatte er das Lied aufgenommen!

Am nächsten Tag nach der Schule war ich total aufgeregt. Ich wollte nichts so sehr, wie Christian sehen. Gleichzeitig hatte ich vor nichts so sehr Angst. Was erwartete er jetzt von mir? Sollte ich ihn einfach küssen? Das würde ich mich niemals trauen! Als meine Haltestelle nahte, war mir schlecht vor Aufregung. Ich sah rüber zur Ampel, wo er sonst immer stand. Aber da war … niemand. War er zu spät dran?

Ich ließ mir endlos Zeit beim Aussteigen. Als Letzte ging ich aus der Bahn. Als Letzte über die Ampel. Aber er war immer noch nicht da. Ich war maßlos enttäuscht. Wieso schenkte er mir so eine Kassette und war dann einfach nicht da? War es ihm peinlich? Tat es ihm leid? Oder hatte er es gar nicht so gemeint, wie ich es verstanden hatte?

Plötzlich hatte ich Angst, dass er wieder für ein halbes Jahr aus meinem Leben verschwinden würde. Oder für immer. Dieses Gefühl kam mir bekannt vor. Alles in meinem Leben fühlte sich unsicher an. Es gab nichts, auf das ich mich wirklich verlassen konnte.

Endlich sechzehn

We hurt the ones we love the most.
SHAKESPEARS SISTER

Wie ich einen Tag später von Silvia erfuhr, war Christian die nächsten zwei Wochen mit der Schule auf Skifreizeit in Österreich. Der hatte echt Nerven, mir so eine Kassette zu schenken und dann einfach zu verschwinden! Warum hatte er mir nicht erzählt, dass er für zwei Wochen wegfuhr?

So konnte ich ihn nicht fragen, was er mir damit eigentlich hatte sagen wollen. Okay, ganz blöd war ich auch nicht. Aber warum redete er nicht einfach mit mir, statt mir eine Kassette aufzunehmen? Wollte er sich bloß über mich lustig machen, weil er genau wusste, dass ich auf ihn stand? Oder war er wirklich in mich verknallt?

Nach zwei Tagen Grübeln hatte ich keine Lust mehr. Ich beschloss, nicht länger darüber nachzudenken. Ich ließ mich doch von ihm nicht zum Idioten machen! Es gab schon genug schwierige Themen in meinem Leben.

Und außerdem noch etwas anderes, das wie geschaffen war, mich von der ganzen Sache abzulenken: Mein sechzehnter Geburtstag nahte! Zum ersten Mal wollte ich unten im Partykeller feiern. So wie Kerstin das immer machte.

Mama und Papa waren einverstanden, wenn ich nicht mehr als zwanzig Leute einlud und kein Alkohol getrunken wurde. Ich machte eine Liste: Kerstin und Stefan natürlich, Caro und ein paar andere Mädchen aus meiner Klasse, Silvia, Steffi und die Mädels aus der Tanzgruppe, Marco,

Silvias Bruder, und ein paar von seinen Freunden, mit denen wir auch an Karneval gefeiert hatten. Ich stockte. Christian Engels? Ja, klar würde ich ihn einladen, es wäre superalbern, das nicht zu tun. Aber wenn er kam, musste ich auch noch seine beiden besten Freunde, Florian und Marc, einladen, sonst war es zu auffällig und jeder würde denken, ich wollte was von ihm. Meine Liste war fertig. Ich hatte an einem Dienstag Geburtstag, deshalb beschloss ich, dass die Party am Samstag danach stattfinden sollte.

Ich hatte Christian zweimal gesehen, seit er aus Österreich zurück war. Aber keiner von uns hatte die Kassette angesprochen. Es war wie verhext! Er tat einfach so, als hätte es diese Kassette gar nicht gegeben. Ob er bereute, sie mir geschenkt zu haben? Wir unterhielten uns über die Schule, das Skifahren, die aktuellen Charts und alles Mögliche. Das Einzige, worüber wir anscheinend nicht reden konnten, war diese Kassette. Oder das, was sie bedeutete. Warum war das so schwierig? Ich zählte die Tage, bis es endlich Samstag war. Ich war so gespannt, ob er mir etwas zum Geburtstag schenken würde. Und wenn ja, was.

Es dauerte ewig, aber irgendwann war der 24. März. Mama hatte ein richtiges kaltes Buffet aufgebaut. Mit verschiedenen Salaten, Frikadellen, Chili con Carne und kleinen Knoblauchbroten. Als Erstes kamen Silvia und Marco, der heute den DJ machte. Kurz danach kamen die Mädels aus der Tanzgruppe. Sie schenkten mir die CD von Sinéad O'Connor, auf der *Nothing Compares 2 U* drauf war. Das Lied hatte ich mir schon lange aufgenommen und hörte es rauf und runter. Endlich hatte ich die ganze CD. Ich freute mich total! Von meinen Eltern hatte ich eine Stereoanlage bekommen und jetzt konnte ich endlich in meinem Zimmer CDs hören.

Während meine Gäste im Partykeller rumstanden, sich unterhielten oder etwas aßen oder tranken, war ich die ganze

Zeit zwischen Haustür und Partykeller unterwegs. Dauernd klingelte es und neue Leute kamen. Bei jedem Klingeln kribbelte es vor Aufregung in meinem Bauch. Aber immer war es jemand anderes. Um kurz vor neun, als alle anderen schon da waren, war es endlich so weit. Ich öffnete die Haustür und davor standen Christian, Flo und Marc. Christian küsste mich zur Begrüßung auf beide Wangen. Das hatte er noch nie gemacht. Flo und Marc gaben mir die Hand, gratulierten mir und grinsten breit.

»Hey, Janine, alles Gute zum Geburtstag. Das ist von uns«, sagte Christian und gab mir ein kleines weiches Päckchen.

»Was ist denn das?«, fragte ich.

»Pack's aus, dann siehst du es«, sagte Christian und grinste.

Doch erst mal kam ich nicht dazu. Mama kam gerade aus der Küche. Flo gab ihr die Hand und sagte brav: »Guten Abend, Frau Kunze.«

»Mama, das hier sind Christian Engels und Marc Odenthal.« Beide gaben ihr die Hand.

»Ihr seid Freunde von Florian, nehme ich an?« Mama zwang sich zu einem Lächeln.

Flos Vater war Arzt und spielte im gleichen Tennisclub wie Papa. Mama und Papa hatten es nie ausdrücklich gesagt, aber ich wusste, dass sie Flo für einen reichen Schnösel und seine Eltern für Snobs hielten. Diese ganze Lacoste-Fraktion war nicht ihr Fall.

Christian und Marc nickten. »Ja, wir kennen uns von der Schule«, sagte Christian.

Na prima! Mama wusste natürlich, dass Flo auf eine Privatschule ging. Ihrer Meinung nach schickten reiche Eltern ihre Kinder auf Privatschulen, weil sie es auf einer normalen Schule nicht schafften. Privatschulen waren für Mama und Papa Schulen, auf denen man sich sein Abitur kaufen konnte.

»Kommt, lasst uns nach unten gehen!«, sagte ich und wollte die drei in Richtung Kellertreppe bewegen.

»Zuerst das Geschenk auspacken!«, sagte Flo.

Mann, raffte der denn gar nichts? Ich verdrehte die Augen, aber jetzt blieb mir wohl nichts anderes übrig, als das Päckchen vor Mamas Augen auszupacken. Plötzlich hoffte ich, dass in dem Päckchen irgendetwas Langweiliges, Normales drin war. Was schenkten drei neunzehnjährige Jungs einer Sechzehnjährigen? Wenige Sekunden später wusste ich es. Ich hielt den Atem an: Unterwäsche! Sie hatten mir allen Ernstes einen BH und einen Slip geschenkt! Immerhin waren sie nicht rot oder lila, sondern weiß mit dünnen schwarzen Streifen und schwarzer Spitze. Ein Blick in Mamas Gesicht machte mir allerdings schlagartig klar, dass es schlimmer nicht hätte kommen können. Sie verzog keine Miene und sah gleichzeitig so sauer aus, als hätte ich ihr gerade gebeichtet, dass ich im dritten Monat schwanger sei.

Ich merkte, dass mein Gesicht brannte. Bestimmt hatte ich einen hochroten Kopf. »Toll, danke!«, presste ich hervor und versuchte ein Lächeln. »Kommt mit nach unten!«, murmelte ich und stürzte in Richtung Kellertreppe.

»Janine, kommst du dann gleich noch mal rauf? Hier sind noch ein paar Tüten Chips!«, sagte Mama. Ihr drohender Ton entging mir nicht.

»Ja, mach ich!«, rief ich ihr von der Treppe aus zu.

»Was habt ihr euch dabei gedacht, mir vor den Augen meiner Mutter Spitzenwäsche zu schenken? Seid ihr eigentlich völlig bescheuert?«, zischte ich Christian zu.

»Wieso? Was ist denn dabei? Konnte doch keiner ahnen, dass die so prüde ist«, sagte Christian beleidigt. »Gefällt dir die Wäsche etwa nicht?«

»Geht so. Eine CD wär mir lieber gewesen.«, sagte ich und drehte wieder um in Richtung Küche. Die Wäsche stopfte ich im Flur in meine Sporttasche.

»Okay, wo sind die Chips?«, fragte ich Mama, als ich die Küche betrat.

Mama schloss die Küchentür hinter mir.

»Was hast du mit diesen reichen Schönlingen zu schaffen, Janine? Und was erlauben die sich, dir Reizwäsche zu schenken? Das ist doch unmöglich!«

Ich seufzte. »Ach Mama, reg dich nicht auf. Das ist gerade so eine Mode mit der Wäsche. Silvia hat auch welche zum Geburtstag bekommen. Das hat gar nichts zu bedeuten. Jetzt verkrampf mal nicht, ich zieh das Zeug ja nicht an, das war einfach ein Witz, okay?«

»Ganz schön schlechter Witz«, sagte Mama. Sie war immer noch pampig, aber anscheinend einigermaßen beruhigt. Oder das richtige Donnerwetter würde es erst morgen geben.

»Okay, kann ich wieder runter?«

»Ja, klar, kümmere dich um deine Gäste.«

Als ich den Partykeller wieder betrat, hatte sich etwas verändert. Das Licht war aus, man sah nur noch die zuckenden bunten Lichter aus Marcos Lichtorgel, die er extra mitgebracht hatte, und es wurde getanzt! Ich hatte gedacht, es wäre viel schwieriger, die Leute zum Tanzen zu kriegen, aber Marco hatte das anscheinend im Handumdrehen hingekriegt. Ich musste grinsen, ich kam mir vor wie bei La Boum, die Fete. Und das an meinem sechzehnten Geburtstag! Ich sah mich um. Die Mädels aus dem Jazzdance, Caro und Steffi tanzten wie die Wilden, und sogar zwei von Marcos Kumpels machten mit. Marco wusste natürlich auch genau, welche Musik man spielen musste.

Christian saß mit Flo und Silvia auf der großen Ledercouch hinten in der Ecke. Da stand unsere alte Wohnzimmergarnitur als kleine Sitzecke, für alle, die gerade nicht tanzen wollten. Christian winkte mich zu sich. Anscheinend war er nicht allzu beleidigt wegen meiner mangelnden Begeisterung für sein Geschenk. Ich wollte gerade zu ihm rübergehen, da erschallten die ersten Takte von *Tainted Love*. Caro kreischte und zog mich auf die Tanzfläche. Ich konnte das Lied eigentlich schon nicht mehr hören. Seit wir auf Partys gingen, wurde es jedes Mal mindestens zwei Mal gespielt. Aber Caro liebte es. Sie konnte gar nicht genug davon bekommen. Ich zuckte entschuldigend mit den Schultern und lächelte zu Christian rüber. Dann tanzte ich mit Caro und den anderen Mädels. Gleich danach kam *She Drives me Crazy*, danach *We Didn't Start the Fire*. Ich war schon völlig verschwitzt, als ich dachte: Nach diesem Lied gehst du rüber zu Christian. Als Billy Joel zu Ende war, hörte ich nur einen Takt und erkannte das Lied sofort. Ich schaute zur Couch rüber. Christian grinste mich an. Anscheinend hatte er sich das Lied gewünscht. Ich hatte gar nicht mitbekommen, dass er aufgestanden war. Das war *Kiss* von Prince. Meine Knie wurden weich, als ich langsam Richtung Couch ging. Ich setzte mich neben ihn. Als wäre es das Normalste der Welt, legte Christian den Arm um meine Schulter. Ganz langsam näherte sich sein Gesicht. Er schaute mir ganz tief in die Augen, bis er so nah war, dass ich die Augen schloss. Dann küsste er mich. Fünf Minuten später war mir klar, dass stimmte, was in der BRAVO stand: Küssen muss man nicht üben, das kann man von alleine.

»Was hältst du davon, wenn wir das jetzt öfter machen?«, fragte Christian zwischen zwei Küssen.

Als Antwort küsste ich ihn einfach noch mal.

Irgendwann tippte mich jemand auf die Schulter. Es war Silvia, die neben Christian saß. Anscheinend wollte sie mir etwas sagen. Ich beugte mich über Christian und sie rief mir ins Ohr:

»Deine Mutter war gerade hier unten. Hat nur um die Ecke geguckt. Ich glaube, sie war … na ja … nicht gerade begeistert.«

Ach du Scheiße! Ich nickte Silvia zu und sagte Christian Bescheid. Dann schnappte ich mir eine leere Schüssel vom Buffet und ging nach oben. Besser gleich mal die

Lage checken. Das würde mir jetzt sowieso keine Ruhe lassen.

Mama stand in der Küche und räumte den Geschirrspüler ein.

»Äh, Mama, kann ich noch was Salat haben?«, fragte ich.

Sie sah nicht auf und knallte die Teller geradezu in das Gitter der Spülmaschine. »Das scheint ja eine Bombenparty zu sein, da unten!«

Ich kam mir komplett bescheuert vor. Konnte sie nicht gleich sagen, dass sie stinksauer war? Was tat sie jetzt so blöd rum? Ich kam mir völlig bescheuert vor. Als sie nichts weiter sagte, drehte ich mich um und ging wieder nach unten.

Wir tanzten noch eine ganze Weile und nach zwei Liedern hatte ich Mamas Gesicht fast vergessen. Das mit dem Knutschen ließ ich trotzdem lieber sein. Mittlerweile waren fast alle auf der Tanzfläche. Auch Christian. Wir hatten einen Riesenspaß und ich konnte gar nicht mehr aufhören zu lächeln. Ich war so glücklich! Irgendwann spielte Marco ein langsames Lied und wir tanzten Blues. Mein ganzer Körper kribbelte.

Mitten im Lied ging plötzlich das große Deckenlicht an. Zuerst dachte ich, jemand wäre an den Lichtschalter gekommen und würde das Licht gleich wieder ausmachen. Doch stattdessen ging wenig später auch die Musik aus. Alle blieben stehen und schauten zur Tür. Da stand Mama. Mit finsterer Miene und vor der Brust verschränkten Armen.

»Die Party ist zu Ende«, sagte sie.

Ich starrte sie fassungslos an. Das war jetzt nicht ihr Ernst, oder? Ganz automatisch schaute ich auf die Uhr. Es war Punkt zwölf Uhr. Das konnte sie doch echt nicht bringen! Mich so zu blamieren vor meinen versammelten Freunden! Ich ging zu ihr und flüsterte, damit es nicht alle hörten:

»Mama, bitte! Tu das bitte nicht! Du machst mich doch total lächerlich vor allen! Das ist mein sechzehnter Geburtstag und wir sind bei uns zu Hause. Wir können die doch jetzt nicht einfach alle wegschicken.«

Sie schüttelte den Kopf und sagte: »Nein, Janine, es geht nicht anders. Das ist mein voller Ernst: Die Party ist zu Ende.«

Im Raum war es totenstill. Plötzlich sagte Flo frech:

»Frau Kunze, ich hab jetzt aber total Hunger. Können wir denn noch in Ruhe etwas essen?«

Mamas Augen sprühten zornige Funken in seine Richtung.

»Ich habe ganz viele Tupperdosen oben in der Küche. Sag mir einfach, was du haben möchtest, ich packe dir alles ein. So viel du möchtest. Aber ich möchte, dass ihr jetzt geht.«

Ich wäre am liebsten auf der Stelle im Boden versunken. Das hatte sie jetzt nicht wirklich gesagt? Konnte nicht einfach in dieser Sekunde eine Bombe auf unser Haus fallen, sodass das alles nicht mehr wichtig war? Bitte!

Aber nichts dergleichen geschah. Warum auch immer sie das tat, sie meinte es ernst. Ich hatte heute den ersten Kuss meines Lebens bekommen. Ich war so glücklich gewesen heute. Und sie machte mit einem Schlag alles kaputt. Ich war den Tränen nahe.

Christian flüsterte mir ins Ohr: »Ich seh dich am Montag an der Bahn.«

Ich nickte.

Meine Mutter begann aufzuräumen und sammelte Teller und Gläser ein. Ich brachte meine Freunde zur Tür und versuchte möglichst gute Miene zu der Sache zu machen.

»Mach dir keine Gedanken«, sagte Silvia, die genau wusste, wie es unter meiner angestrengt lächelnden Fassade aussah.

Als alle weg waren, lief ich die Treppe hoch in mein Zimmer, warf mich aufs Bett und schrie in mein Kissen. Ich war so wütend, dass ich es kaum noch aushielt. Das würde ich mir nicht gefallen lassen!

Schwarzfahren

Liebe mich dann, wenn ich es am wenigsten verdient habe,
denn dann brauche ich es am meisten.
ANONYM

»Da hast du dir aber einen Schönling ausgesucht«, war Mamas einziger Kommentar zu der ganzen Sache am nächsten Tag. Es gab keine Entschuldigung, keine Erklärung, gar nichts. Zwischen ihr und mir herrschte Eiszeit. Wir redeten nur das Allernötigste miteinander. Das Schweigen zwischen uns fühlte sich schrecklich an. Wenn ich mittags aus der Schule nach Hause kam, spürte ich eine bleierne Schwere, sobald ich die Tür aufmachte. Ich wusste, wenn wir darüber reden würden, würden wir uns bloß anschreien und der ganze Mist seit dem verlorenen Gerichtsverfahren würde wieder hochgespült. Dass ich erwachsen und selbstständig wurde, schien Mama immer mehr Angst zu machen, je älter ich wurde. Ich wusste, dass sie fast zerbrach unter der Verantwortung, die auf ihr lastete. Und zerrissen wurde in dem Bemühen, die Familie zusammenzuhalten. Aber das war völlig unnötig! Warum konnte sie mir nicht einfach vertrauen? Ich machte doch gar nichts Schlimmes. Ich war einfach ein ganz normaler Teenager.

Mehr als je zuvor fühlte ich mich eingeengt, unverstanden und allein. Passte ich wirklich hierher? War das wirklich noch meine Familie, mein Zuhause?

Abgesehen von diesen düsteren Gedanken war ich stinksauer. Wie hatte sie mich so blamieren können? Besonders peinlich war mir die ganze Sache vor Christian und seinen Freunden. Sie waren ja viel älter und mussten sich von ihren Eltern so etwas nicht mehr gefallen lassen. Ich kam mir vor wie ein Baby.

Am Montag, als ich Christian an der Bahn traf, sagte er, ich solle mir keine Gedanken machen, das müsse mir nicht peinlich sein. Für unsere Eltern würden wir schließlich nichts können.

»Seine Eltern kann man sich nicht aussuchen. Die sind eben, wie sie sind.«

Ich nickte. Ich hatte keine Lust, ihm zu erklären, dass die Sache bei mir etwas anders lag. Vielleicht wusste er das sowieso schon längst. Wir hatten zwar noch nicht darüber geredet, dass ich ein Pflegekind war, aber es war ja auch kein Geheimnis. Die Leute sprachen mich nicht darauf an, aber ich wusste, dass die meisten es wussten. Ob Christian es wusste?

»Wann sehen wir uns wieder?«, fragte er beim Abschied. Darüber hatte ich auch schon nachgedacht. Ihn zu mir nach Hause einzuladen, war im Moment komplett unmöglich. Mama durfte noch nicht mal mitkriegen, dass wir uns trafen. Was sie von Christian hielt, hatte sie mir schließlich mehr als deutlich gemacht. Zu ihm nach Hause würde sie mich niemals gehen lassen – undenkbar. Ich überlegte.

»Mittwoch Nachmittag am Klettergerüst?«

Etwas Besseres fiel mir einfach nicht ein. Immerhin lag der Spielplatz etwas abseits und war ziemlich weitläufig. Das Klettergerüst stand ganz am Rand und man war dort meistens ungestört. Christian war einverstanden. Leider war heute erst Montag. Noch zwei Tage … Bis es so weit war, versuchte ich, ganz normal weiterzumachen.

Am Nachmittag fuhr ich mit der Bahn zum Leichtathletiktraining. Der Sportplatz war nur zwei Stationen entfernt und eigentlich hatte ich laufen wollen. Aber ich war spät dran und die Bahn kam genau in der Sekunde, als ich an der Haltestelle vorbeiging. Da konnte ich auch schnell reinspringen und die zwei Haltestellen fahren. So würde ich ein bisschen Zeit sparen. Ich blieb an der Tür stehen und stellte meinen Rucksack auf den Boden.

»Den Fahrschein, bitte!«

Ich zuckte zusammen, als ich die Stimme hinter mir hörte. Mist! Daran hatte ich ja gar nicht gedacht! Meine Monatskarte galt nur von zu Hause in Richtung Innenstadt, zur Schule. Unsere Haltestelle war die letzte innerhalb der Zone, für die mein Schülerticket galt, der Sportplatz lag zwei Stationen weiter stadtauswärts. Da ich so selten mit der Bahn in die andere Richtung fuhr, hatte ich überhaupt nicht daran gedacht, mir ein Ticket zu kaufen! Mir wurde heiß. Mit zitternden Fingern fischte ich meine Monatskarte aus dem Portemonnaie. Vielleicht fiel es dem Kontrolleur ja gar nicht auf?

Er nahm die Monatskarte und drehte sie um. Dann sah er mich an.

»Mhm. Die gilt aber nur bis zu der Station, an der du zugestiegen bist. Ab hier musst du einen extra Fahrschein lösen.«

»Ach ja? Das wusste ich ja gar nicht«, versuchte ich mein Glück weiter. Aber ich war eine schlechte Lügnerin und das merkte der Kontrolleur sofort.

»Erzähl keinen Kappes, Fräulein. Du fährst schwarz, und das weißt du auch!«

An der nächsten Station musste ich mit ihm aussteigen. Er notierte sich meinen Namen von der Monatskarte und fragte mich nach meiner Adresse. Er schrieb alles in ein Formular und gab mir den Durchschlag.

»Innerhalb der nächsten zwei Wochen muss das erhöhte Beförderungsentgelt von sechzig D-Mark beglichen werden.

Entweder per Überweisung oder bar bei der Verwaltung der KVB.« Damit drehte er sich um und stieg in die nächste Bahn.

Ich nahm den Zettel und nickte. So ein Mist! Wo sollte ich denn jetzt sechzig Mark herbekommen? Mama würde ausflippen! Ich durfte ihr auf keinen Fall von der Sache erzählen. Das würde sie bloß in ihrer schlechten Meinung von mir bestätigen. Sie würde sofort denken, ich stünde mit einem Bein im Knast. Grübelnd ging ich in Richtung Sportplatz. Mist, Mist, Mist, wo bekam ich jetzt sechzig Mark her? Ich könnte Kerstin fragen, aber ich war mir nicht sicher, ob sie dichthalten oder es nicht doch Mama erzählen würde. Christian? Auf gar keinen Fall konnte ich ihn um so viel Geld bitten. Ich würde auf der Stelle vor Scham im Boden versinken. Zwanzig Mark hatte ich noch von meinem Taschengeld übrig. Aber das nächste Taschengeld gab es erst nächsten Monat. Und das wären auch keine vierzig Mark. Wenigstens hatte ich zwei Wochen Zeit, um das Geld irgendwie aufzutreiben. Irgendetwas würde mir schon einfallen, hoffte ich.

Auch am nächsten Tag würde ich mich noch nicht mit Christian treffen. Es war erst Dienstag. An Mamas mieser Stimmung mir gegenüber hatte sich seit letztem Wochenende mit dem Party-Super-GAU nichts geändert. Wir schwiegen uns weiter an. Mama hatte dunkle Ringe unter den Augen. Sie anzusehen, machte mich gleichzeitig traurig und wütend. Nie zuvor hatte ich mich so sehr wie das schwarze Schaf gefühlt.

Stefan erzählte beim Mittagessen aus der Schule, Mama fragte interessiert nach. Ich hatte einen Kloß im Hals und brachte fast nichts runter, obwohl es mein Leibgericht Spaghetti Bolognese gab. Ich konnte es kaum erwarten, in mein Zimmer zu gehen und allein zu sein.

Ich beteiligte mich nicht am Gespräch, aber das schien auch niemanden zu stören. Als ich nach dem Essen nach oben gehen wollte, hielt mich Mama zurück: »Janine, bleibst du noch mal eben?«

Was kam denn jetzt? Wollte sie sich doch noch entschuldigen? Oder hatte sich etwa die KVB bei ihr gemeldet? Kontaktierten die die Eltern, wenn man noch nicht achtzehn war und beim Schwarzfahren erwischt wurde? Ich hatte keine Ahnung. Stefan ging in sein Zimmer. Als wir alleine waren, sagte Mama mit unbewegter Miene:

»Deine Mutter hat heute angerufen.«

Ich hatte mit allem gerechnet. Einer weiteren Standpauke wegen der Party, einem Versöhnungsangebot, einer Grundsatzdiskussion über meinen angeblich so schlimmen Lebenswandel, einem riesigen Krach wegen dem Schwarzfahren. Aber nicht mit einem Anruf meiner Mutter.

»Sie bittet um deinen Rückruf. Melde dich mal bei ihr«, war alles, was Mama dazu zu sagen hatte, bevor ihre gesamte Aufmerksamkeit vom Abwasch in Anspruch genommen wurde.

Ich nickte. Wie lange hatte ich nicht mehr mit meiner Mutter gesprochen? Ich konnte mich nicht genau erinnern, aber es kam mir vor wie eine Ewigkeit. Ich hatte überhaupt keine Lust, sie anzurufen. Ich hatte sie vor zwei Jahren aus meinem Leben verbannt. Und es nie bereut. Andererseits gab es in letzter Zeit so viel Streit mit Mama und Papa. Dass ich mich nicht mehr mit meiner Mutter traf, machte Mama schon die ganze Zeit zu schaffen. Das merkte ich, auch wenn wir nicht darüber sprachen. Es würde sicher wieder einen Riesenkrach geben, wenn ich mich jetzt weigerte, sie zurückzurufen. Mit Mama und Papa, aber vielleicht auch wieder mit dem Jugendamt.

Ich hatte das Gefühl, Mama und Papa verstanden mich immer weniger. Mamas Aktion an meiner Party letzten Samstag war nur ein zu deutliches Beispiel dafür. Würde meine leibliche Mutter mich besser verstehen? Ich schob den Gedanken sofort wieder beiseite. Das war Quatsch. Sie war ja fast eine völlig Fremde für mich. Und hatte sich nie wirklich für mich interessiert.

Ich seufzte. Mama würde keine Ruhe geben, bis ich sie anrief, also konnte ich es auch gleich machen.

»Ich sollte dich zurückrufen«, sagte ich möglichst neutral, als sie ans Telefon ging.

»Hallo, Janine, schön, dass du dich meldest! Ich wollte fragen, ob wir uns nicht mal wieder sehen können. Ich würde dich gerne zum Essen einladen, schließlich bist du letzte Woche sechzehn geworden. Das sollten wir feiern!«

Es war komisch, ihre Stimme zu hören. Ich überlegte. Ich konnte schlecht Nein sagen. So viel Stress, wie ich im Moment hatte, konnte ich mir zumindest diese Auseinandersetzung mit Mama sparen.

»Ja, gut, können wir machen. Wann?«

Wir verabredeten uns für den nächsten Tag abends. Ich würde mich nachmittags mit Christian treffen, aber abends hatte ich Zeit.

Christian wartete schon, als ich am nächsten Nachmittag zum Klettergerüst ging. Er saß auf einer der Stangen und grinste. Ich war ein bisschen unsicher. Bisher waren wir immer nebeneinander hergelaufen, da konnte man außer reden nichts tun. Er machte schnell klar, was wir an diesem Tag tun würden: Er sprang vom Gerüst, nahm meinen Kopf in die Hände und küsste mich. Lange.

Später redeten wir über alles Mögliche und ich beschloss, ihm von meiner leiblichen Mutter zu erzählen. Natürlich wusste er es schon. Er sagte, er würde sie gerne mal kennenlernen. Ich war mir nicht sicher, ob das eine gute Idee war. Wir quatschten noch ein bisschen, dann musste ich zurück. Bevor ich ging, nahm er meine Hand und fragte:

»Sag mal, meinst du, du kannst mal zu mir nach Hause kommen? Ich meine, hier am Klettergerüst, das ist ja nett, aber ich hätte gerne mal ein bisschen mehr Zeit mit dir. Ungestört. Und eine etwas gemütlichere Umgebung.« Er grinste.

Ich kam mir blöd vor. Klar, was wollte ein Neunzehnjähriger, der so gut aussah und jedes Mädchen haben konnte, auch mit einer Sechzehnjährigen, die er bloß am Klettergerüst treffen konnte? Das war für ihn natürlich total langweilig.

»Ja, ich überleg mal. Da fällt mir schon was ein«, sagte ich vage. Es musste eine Lösung geben! Ich wollte seine Freundin sein, aber das ging nur, wenn wir irgendwo Zeit miteinander verbringen konnten.

Wir küssten uns zum Abschied, dann ging ich nach Hause. In einer Stunde würde meine Mutter mich abholen.

Als sie vor der Tür stand, regte sich in mir gar nichts. Weder spürte ich die altbekannte Wut noch Freude oder etwas anderes. Ich hatte wohl wirklich mit ihr abgeschlossen. Wir begrüßten uns und ich bemühte mich, höflich und oberflächlich nett zu sein, wie man es wohl von mir erwartete. Wir fuhren zu einem italienischen Restaurant in der Innenstadt. Im Gegensatz zu früher fuhr sie selbst und holte mich nicht mit dem Taxi, mit dem Bus oder in Begleitung von Helmut ab. Ich war ihr dankbar, dass sie Helmut nicht mitgebracht hatte. Auf den konnte ich nach wie vor sehr gut verzichten. Wir setzten uns an einen Tisch ans Fenster.

»Bestell dir ruhig ein Glas Wein, du bist ja jetzt schon fast erwachsen«, sagte sie.

»Nein, danke, ich trinke keinen Alkohol«, antwortete ich. In diesem Punkt fiel es mir tatsächlich nicht schwer, Mamas Regeln zu befolgen: Alkohol und Zigaretten schmeckten mir überhaupt nicht. Ich konnte nicht verstehen, dass manche Freunde von mir so viel Aufhebens darum machten.

Meine Mutter nickte. »Auch gut, ich trinke heute auch nichts, schließlich muss ich noch fahren.«

Sie erzählte viel von Helmut und sich. Wohin sie in den Urlaub fuhren, was sie so machten. Die missglückte Adoptionsgeschichte vor zwei Jahren erwähnte sie mit keinem Wort. Ich tat es auch nicht.

Sie trug die Haare jetzt etwas kürzer und war auch nicht mehr ganz so auffällig gekleidet, wie ich es in Erinnerung hatte. Sie hatte eine enge, schwarze Jeans an, trug einen breiten Gürtel und ein schlichtes Oberteil. Ich musste zugeben, dass sie sehr cool aussah. Trotzdem war sie mir fremd. Mir fiel gar nichts ein, was ich mit ihr reden sollte. War das, weil wir uns so lange nicht gesehen hatten, oder, weil wir uns nichts zu sagen hatten?

»Und, hast du einen Freund?«, fragte sie mich plötzlich.

»Äh … na ja, ich weiß nicht«, presste ich hervor. Ich hatte gar keine Lust, ihr von Christian zu erzählen.

Sie grinste. »Aha. Wie heißt er denn?«

»Christian.«

»Und, wie lange seid ihr schon zusammen?«

»Seit Samstag.«

Sie prustete los. Das war blöd gewesen, jetzt lachte sie mich aus. Ich hätte ja auch einfach irgendetwas anderes erzählen können. Als sie merkte, dass ich das gar nicht lustig fand, hörte sie auf zu lachen und sagte:

»Na ja, ist ja auch egal. Alles fängt irgendwann an. Vielleicht lerne ich deinen Christian ja mal kennen?«

»Hm, mal sehen«, antwortete ich ausweichend.

Sie wechselte das Thema: »Du hast ja gerade Geburtstag gehabt. Da wir uns so lange nicht gesehen haben, habe ich gedacht, ich warte unser Treffen ab, bevor ich dir etwas schenke. Gibt es denn etwas, das du dir von mir wünschst?«

Ich überlegte. Darüber hatte ich mir nun gar keine Gedanken gemacht. Was sollte ich mir denn von ihr wünschen?

Plötzlich kam mir eine Idee. Ob ich meine Mutter nach den sechzig Mark für die KVB fragen sollte? Würde ich Mama damit hintergehen? Ja ... aber hatte sie mich nicht auch hintergangen, als sie einfach so meine Party beendet hatte, ohne vorher mit mir zu reden und ohne Rücksicht auf die Blamage vor all meinen Freunden?

Ich sagte: »Ja, vielleicht. Aber das ist ein bisschen doof.« Ich kam mir blöd vor. Aber gab es eine bessere Chance?

»Na los, spuck's schon aus! Was möchtest du gerne haben?«

»Sechzig Mark.«

»Wozu brauchst du denn sechzig Mark?«, fragte sie verwundert.

Ich gab mir einen Ruck und erzählte ihr die ganze blöde KVB-Geschichte. Was sie über mich dachte, war mir völlig egal.

Sie lächelte nur und sagte: »Kind, das ist doch gar kein Problem. Da hast du einfach Pech gehabt. Das ist mir auch schon mal passiert. Mach dir keine Gedanken, die sechzig Mark gebe ich dir gerne und dann ist die blöde Sache ganz schnell aus der Welt und niemand erfährt davon.«

Mir fiel ein Riesenstein vom Herzen. Natürlich war mir klar, dass sie sich bei mir einschleimen wollte. Trotzdem war ich froh, dass sie dieses Problem für mich so unkompliziert löste.

Als ich am nächsten Tag aus der Schule kam und mich zum Mittagessen hinsetzte, legte mir Mama wortlos einen zusammengefalteten Brief hin. Es genügte ein Blick, um zu sehen, was das war. Oben auf dem Briefkopf prangte das rote Logo der KVB. Mir blieb das Herz stehen.

»Was hast du dazu zu sagen?«, fragte Mama nur. Sie war stinksauer.

Ich erzählte ihr die Geschichte. Genauso, wie sie gewesen war.

Sie seufzte. »Janine, du bekommst Taschengeld. Das ist für genau solche Dinge da: Statt dein gesamtes Geld für Klamotten und Schminke auszugeben, musst du lernen, damit hauszuhalten, damit du noch etwas übrig hast, wenn du dir eine Fahrkarte kaufen musst oder etwas anderes Unvorhergesehenes passiert.«

Sie wollte es schon wieder nicht verstehen! Dabei hatte ich ihr doch haarklein erzählt, wie alles gewesen war!

»Aber Mama, darum geht es doch gar nicht! Ich bin doch nicht absichtlich schwarzgefahren, oder weil ich kein Geld gehabt hätte. Ich habe wirklich einfach nur vergessen, mir eine Karte zu kaufen. Wieso glaubst du mir das nicht?«

»So was vergisst man doch nicht!«, antwortete sie.

Warum hatte die KVB überhaupt noch einen Brief an meine Eltern geschrieben? Ich hätte das Geld einfach heute Nachmittag eingezahlt und die Sache wäre erledigt gewesen. Jetzt hatte ich den Ärger am Hals. So ein Mist!

Ihre Miene blieb grimmig und ich sagte:

»Mama, du brauchst dich überhaupt nicht aufzuregen. Vergiss es einfach ganz schnell wieder. Ihr müsst das gar nicht bezahlen. Meine Mutter hat mir gestern die sechzig Mark gegeben und ich zahle sie heute Nachmittag bei der KVB ein.«

Mama erstarrte. »Du hast ihr davon erzählt?«

Ich nickte. »Was hätte ich denn machen sollen? Du machst mir doch gleich immer Vorwürfe und denkst dir wer weiß was! Du vertraust mir doch überhaupt nicht, obwohl ich gar nichts Schlimmes mache. Ich rauche nicht, ich trinke keinen Alkohol, und ich gehe nie länger auf Partys, als du es mir erlaubst. Trotzdem glaubst du, du müsstest mich einsperren! Ich bin doch kein kleines Kind mehr!« Jetzt wurde ich richtig wütend.

Mama war blass geworden. Sie sah völlig kraftlos aus, als sie sich langsam an den Küchentisch setzte. Ich sah, dass ihre Hände zitterten.

»Janine, bitte hör auf zu schreien.« Nach einer kurzen Pause fuhr sie fort: »Ich kann nicht mehr. Ich weiß einfach nicht mehr, was ich machen soll und woher ich die Kraft dafür nehmen soll. Du hältst dich an nichts, was wir verabreden. Ich kann nicht alles kontrollieren, ich habe auch noch drei andere Kinder und einen Mann!« Sie begann leise zu weinen. »Wenn es nicht geht, müssen wir uns eben etwas anderes überlegen«, sagte sie tonlos.

Ich war schockiert. So hatte ich Mama noch nie gesehen. Sie wirkte richtig verzweifelt.

»Mama, das mit der KVB tut mir wirklich leid …«, begann ich. Dann wusste ich nicht mehr, was ich sagen sollte.

Plötzlich wurde mir klar, wie sinnlos das alles war. Im Grunde konnte ich nur verlieren. Hielt ich mich immer genau an das, was Mama und Papa wollten, war ich überhaupt nicht ich selbst und saß meine ganze Jugend nur zu Hause. Ich würde mich so dazu zwingen müssen und mich so verbiegen müssen, dass ich irgendwann durchdrehen würde. Wenn ich aber weiterhin versuchte, so viel wie möglich von dem zu tun, was ich wollte, würde Mama irgendwann durchdrehen.

Christian

Der Erfinder der Notlüge liebte den Frieden mehr
als die Wahrheit.
JAMES JOYCE

Die nächsten zwei Wochen waren die Hölle. Ich versuchte, möglichst alles richtig zu machen. Immer öfter packte ich die Klamotten, die ich anziehen wollte, in meine Schultasche und zog zum Frühstück Sachen an, über die sich Mama nicht aufregen würde. Vor der ersten Stunde zog ich mich dann auf dem Schulklo kurz um und schminkte mich.

Ich sagte fast alle Verabredungen ab, ging nur noch zum Sport, zum Tanzen und zum Chor und blieb ansonsten so viel wie möglich zu Hause. Dazu musste ich mich richtig zwingen, denn dort war die Stimmung immer noch sehr angespannt. Stefan war mehr und mehr genervt, dass es immer nur um mich und meine Probleme ging. Wir redeten kaum noch miteinander. Kerstin machte sich Sorgen um Mama und war deshalb auch nicht gut auf mich zu sprechen. Papa arbeitete viel und war wenig zu Hause. Ich versuchte mich klein zu machen, keine neuen Probleme zu verursachen und verzog mich so oft es ging in mein Zimmer.

Im Sommer würde ich Mittlere Reife machen, was danach kam, war noch völlig unklar. Zumindest bis zum Beginn meiner Krankenpflege-Ausbildung, die ich aber erst mit siebzehn beginnen konnte.

Eine Woche nach dem schlimmen Gespräch mit Mama und der Diskussion über das Schwarzfahren kam Mama nachmittags in mein Zimmer. Sie sah ein bisschen entspannter aus als noch vor einer Woche.

Ich saß am Schreibtisch und machte Hausaufgaben. Das kam nicht oft vor, aber ich war froh, dass Mama zur Abwechslung mal im richtigen Moment reingekommen war.

Sie lächelte, als sie mich am Schreibtisch sah. »Janine, du lernst ja! Wie geht's denn in der Schule? So schlecht waren deine Noten in letzter Zeit ja gar nicht.«

»Nee, na ja, geht so. Ich bin froh, wenn es vorbei ist«, sagte ich vorsichtig. Was hatte sie vor?

Sie setzte sich auf mein Bett und strich abwesend die Bettdecke glatt. »Ich wollte etwas mit dir besprechen. Du hast noch nicht entschieden, wie du das Jahr bis zum Beginn der Ausbildung überbrücken willst. Langsam nahen die Anmeldefristen für die verschiedenen Schulen. Wir müssen uns entscheiden.«

Oh nein! Nicht wieder dieses Thema. Ich wollte am liebsten einfach ein Jahr jobben. Auf Schule hatte ich auf jeden Fall überhaupt keinen Bock mehr.

»Ich hab mich da mal erkundigt. Am Sachsenring gibt es das Erzbischöfliche Berufskolleg. Dazu gehört eine Fachoberschule für soziale Berufe. Das würde doch passen, oder?«

»Die Hauswirtschaftsschule?«, fragte ich entgeistert. Ein Mädchen aus der Gemeinde ging da hin. Aber was sollte ich denn mit Kochen, Putzen und lauter so einem Käse?

»Na ja, wenn man nur ein Jahr dabeibleibt, ist es nur eine Hauswirtschaftsschule. Aber in zwei Jahren kann man sogar sein Fachabitur …«

»Wie oft soll ich es eigentlich noch sagen! Ich werde kein Abi machen! Ich will das nicht und ich brauch das nicht! Und ich will auch nicht mehr darüber reden. Warum wollt ihr mich alle dazu zwingen, Abi zu machen?« Warum kam sie immer wieder damit an? Das Thema Abi war für mich gegessen. Und das würde es auch bleiben.

Mama nickte. »Ja, ja, okay. Ist ja schon gut. Niemand will dich zwingen, Abitur zu machen. Aber du bist noch jung und vielleicht siehst du das in einem Jahr ja anders. Die Hauswirtschaftsschule wäre auf jeden Fall eine gute Möglichkeit, das Jahr zu überbrücken. So oder so.«

»Ich hab aber keine Lust mehr auf Schule, Mama. Ich such mir einen Job für das Jahr.« Es fiel mir schwer, einigermaßen ruhig zu bleiben.

»Janine, diese Schule war doch nur ein Vorschlag. Jobben kommt überhaupt nicht in Frage und das weißt du auch. Das kann ich nicht verantworten, wir haben oft genug darüber gesprochen. Du kannst gerne auf eine andere Schule gehen im nächsten Jahr, aber arbeiten und rumhängen wirst du nicht«, Mamas Ton war bestimmt und duldete keinen Widerspruch. »Die Anmeldefrist für die Hauswirtschaftsschule ist in wenigen Wochen zu Ende. Wenn du bis nächste Woche keinen anderen vernünftigen Vorschlag hast, melden wir dich da an.«

Damit stand sie auf und ging aus dem Zimmer.

Natürlich fiel mir keine Alternative zur Hauswirtschaftsschule ein. Es ging mir total gegen den Strich, aber mir blieb schließlich nichts anderes übrig, als der Anmeldung für nächstes Jahr zuzustimmen. Ich hatte mittlerweile auch einfach Angst, dass es Mama irgendwann mit mir reichte und sie mich dafür verantwortlich machte, dass der Haussegen in der kompletten Familie so oft schief hing. Insgeheim schwor ich mir, dass Mamas Rechnung, dass ich im Laufe des nächsten Jahres doch wieder Spaß an der Schule finden würde und noch Abi machen würde, nicht aufgehen würde.

Im Laufe des Sommers war ich ein paarmal bei Christian zu Hause gewesen. Zweimal waren wir sogar zu mir gegangen. Ich dachte, wenn Mama und Papa ihn erst ein bisschen besser kennen würden, würden sie ihn vielleicht akzeptieren. Er war Mama gegenüber extrem höflich, aber ich merkte sofort, dass das nichts werden würde. Für Mama war er einfach ein Schönling, dem man nicht trauen konnte. Sie sagte zwar nichts mehr, aber sie lehnte ihn ab, das merkte ich deutlich.

Viel Zeit, die wir zusammen verbringen konnten, hatten wir sowieso nicht. Christian machte dieses Jahr Abitur und ich Mittlere Reife. Er musste viel lernen und tat es auch. Sehr zum Leidwesen meiner Eltern beschränkten sich meine Aktivitäten auf meine Sportgruppen und Verabredungen mit meinen Freunden. Mit der Schule hatte ich abgeschlossen und das würde sich auch nach den Sommerferien nicht ändern. Für die Hauswirtschaftsschule würde ich mir definitiv kein Bein ausreißen.

Ich mochte Christian sehr gerne und bewunderte ihn, weil er so erwachsen und cool war. Trotzdem kamen mir manchmal Zweifel, ob wir wirklich zueinander passten. Außerdem wusste ich nach wie vor nicht, ob ich ihm vertrauen konnte. Hatte Mama vielleicht doch ein bisschen recht mit ihren Vorbehalten? An den Wochenenden ging er immer aus. Da ich nach wie vor um zwölf zu Hause sein musste, konnte ich nur selten mitkommen. Ich hatte keine Ahnung, was er trieb, wenn ich nicht dabei war, und mit wem er unterwegs war. Aber wenn ich seine blauen Augen sah, waren alle diese Gedanken wie weggewischt.

Trotz meines geringen Engagements schaffte ich die Mittlere Reife ohne Probleme. Anfang August begann die Hauswirtschaftsschule, die ich gähnend langweilig fand. Wir lernten kochen, putzen und bügeln, hatten aber auch jede Menge normale Fächer wie Bio, Mathe, Chemie und so weiter. Christian hatte sein Abi geschafft und war vor einer Woche aus dem Urlaub zurückgekommen. Wir hatten uns seitdem zwei Mal gesehen und er kannte nur ein Thema: Wann ich endlich mal bei ihm übernachten würde. Zuerst hatte ich gesagt: »Nicht, bevor ich achtzehn bin.« Seitdem nannte er mich nur noch »kleine Nonne«. Das fand ich nicht besonders schmeichelhaft. Aber ich wusste, ich brauchte Mama gar nicht erst zu fragen. Sie würde mir niemals erlauben, bei einem Jungen zu übernachten. Ganz egal, was ich ihr versprach oder was meine Freundinnen durften. Bei mir war es immer »etwas anderes«.

Mitte August machte Christians Freund Marc eine Party. Und mir kam eine Idee. Am Mittwoch bevor die Party steigen würde, beschloss ich, mit Mama zu reden:

»Am Samstag ist doch die Party bei Marc Odenthal«, begann ich. Ich hatte mich den ganzen Sommer extrem zusammengerissen und war wenig weg gewesen. Deshalb hatte sie mir die Party diesmal ohne große Diskussionen erlaubt.

»Ja, ja, ich weiß. Wir hatten ja schon darüber geredet. Bis um zwölf kannst du bleiben.«

»Könnte ich nicht bei Silvia übernachten am Samstag?«

»Wieso das denn? Silvia wohnt doch nur ein paar Straßen entfernt, das ist doch auch nicht näher bei den Odenthals als wir.«

»Ja, aber wenn ich bei ihr übernachte, muss ich nicht mehr mitten in der Nacht alleine mit dem Fahrrad durch die Gegend fahren.«

»Das macht dir doch sonst auch nichts aus. Im Gegenteil, es kann dir normalerweise ja gar nicht spät genug sein zum Fahrradfahren!«

»Ach bitte, Mama. Ich hab so lange nicht mehr bei Silvia übernachtet! Ihre Mutter ist ja da, wir sind auch auf jeden Fall um zwölf zu Hause, versprochen.«

Mama sah mich zweifelnd an. »Das muss ich mir erst noch überlegen.«

Damit war die Diskussion für sie anscheinend erst mal erledigt. Sie ließ mich alleine in der Küche sitzen und sagte, sie würde jetzt einkaufen fahren.

Nach dem Abendessen versuchte ich mein Glück erneut. Manchmal musste man bei Mama einfach hartnäckig bleiben. Und siehe da: Diesmal hatte diese Taktik tatsächlich Erfolg. Nach viel Hin und Her war Mama einverstanden. Aber nur, wenn ich ihr hoch und heilig versprach, dass wir um zwölf zu Hause bei Silvia sein würden. Ich fiel ihr um den Hals und bedankte mich.

Dabei kam ich mir ein bisschen schlecht vor. Denn ich hatte nicht wirklich vor, bei Silvia zu übernachten. Ich schob das Gefühl weg. Ich war sechzehn! Und ich hatte so etwas Ähnliches wie einen Freund. Was sollte ich denn tun? Wenn Mama mich dazu zwang, sie zu belügen, war es nicht meine Schuld, fand ich. Außerdem wäre es ja nur das eine Mal. Und sie würde es nie erfahren. Niemand würde es erfahren. Niemand außer Silvia und Christian natürlich. Silvias Mutter kannte Mama und Papa zwar, aber sie liefen sich so selten über den Weg, dass ich mir ziemlich sicher war, dass mein Täuschungsmanöver nicht auffliegen würde.

Ich traf Christian auf der Party. Wir hatten ausgemacht, dass wir getrennt voneinander kommen und gehen würden. Ich war total nervös. Christian wusste zwar, dass er sich keine Hoffnungen zu machen brauchte: Ich würde bei ihm übernachten, aber mehr auch nicht. Das hatte ich vorher völlig klargestellt. Trotzdem war ich nervös. Ich mochte Christian sehr gern, aber ich war mir nicht sicher, was ich eigentlich von ihm wollte. Würde ich es herausfinden, wenn ich endlich einmal ungestört genügend Zeit mit ihm verbringen konnte? Ich hoffte es.

Um halb zwölf verabschiedete ich mich von Silvia. Da ich immer früh gehen musste, fiel niemandem etwas auf. Silvia grinste: »Na dann, viel Spaß mit Mister Gigolo! Pass auf dich auf.«

»Keine Sorge«, sagte ich knapp. Silvia war kein großer Fan von Christian. Sie glaubte, dass er die Situation bestimmt ausnützen würde, und fand mich naiv.

Eine Viertelstunde später kam Christian zu der Straßenecke, an der wir uns verabredet hatten. Wir fuhren die fünf Minuten bis zu ihm nebeneinander. Mein Fahrrad stellten wir in eine der beiden Garagen, die zu dem Haus seiner Eltern gehörten. Sie waren im Urlaub, hätten aber auch sonst sicher nichts von meinem Besuch mitbekommen, weil Christian einen eigenen Eingang hatte. Er wohnte im ausgebauten Dachgeschoss in einer kleinen separaten Wohnung.

Als ich hinter ihm die Treppe nach oben ging, bekam ich weiche Knie. Würde er irgendetwas tun, was ich nicht wollte? War ich wirklich so naiv, wie Silvia dachte?

»Alles in Ordnung?«, fragte Christian, als wir oben angekommen waren.

Ich nickte und zwang mich zu einem Lächeln. Er nahm mich in den Arm und küsste mich. Seine Wohnung war eigentlich nur ein einziger riesiger Raum. Auf der einen Seite lag eine große Matratze als Bett auf dem Boden, auf der anderen Seite gab es eine kleine Sofaecke mit Stereoanlage und Fernseher. Dort setzten wir uns. Er machte Musik an, mir zuliebe Whitney Houston. Zur Feier des Tages wollte er eine Flasche Sekt aufmachen, aber ich lehnte dankend ab. Alkohol war einfach überhaupt nicht mein Fall.

Er setzte sich neben mich und wir küssten uns noch einmal lange.

»Du bist etwas ganz Besonderes für mich, Janine, weißt du das?«

Ich lächelte. Was sollte ich darauf sagen?

»Du glaubst mir nicht, stimmt's?« Jetzt lächelte er auch. Seine blauen Augen strahlten.

»Aber es ist so. Bei dir fühle ich mich immer wie ein kleiner Junge. Du bringst mich ganz durcheinander.«

Während er das sagte, schob er seine Hand unter mein T-Shirt und strich über meinen Rücken.

»Ich vertraue dir, dass du dich an das hältst, was wir ausgemacht haben«, flüsterte ich in sein Ohr.

Er hielt in der Bewegung inne, fasste mich an den Schultern und sah mir tief in die Augen.

»Das kannst du auch. Es passiert nichts, was du nicht willst. Das verspreche ich dir.«

So war es dann auch. Wir redeten viel. Wenn uns nichts mehr einfiel, knutschten wir, bis uns wieder etwas einfiel, was wir uns unbedingt erzählen mussten. Christian spielte mir seine Lieblingslieder vor und zeigte mir alle möglichen Fotos, die er in einer großen Holzkiste aufbewahrte. Plötzlich war er gar kein Mister Gigolo mehr und ich merkte, wie gern ich ihn hatte, wenn er so offen und normal war wie jetzt.

Irgendwann schliefen wir sogar ein bisschen. Trotzdem war ich fast gar nicht müde, als ich am nächsten Morgen um halb acht aufwachte. Ich hatte mit Mama ausgemacht, dass ich mit dem Fahrrad direkt zum Gottesdienst kommen würde. Die Sonntagsmesse ausfallen zu lassen, kam bei ihr nicht in die Tüte. Ich hatte gar nicht erst versucht, mit ihr zu diskutieren.

Ich putzte mir die Zähne, kämmte mir die Haare und trank nebenbei von dem Tee, den mir Christian hingestellt hatte. Dann verabschiedeten wir uns mit einem langen Kuss und ich stieg auf mein Fahrrad.

Hatte ich zu lange getrödelt? Waren Mama und Papa spät dran? Im Nachhinein war es egal, wo der Fehler lag. Ein dummer Zufall brachte den ganzen Plan zum Einsturz. Als ich in die Straße unserer Kirche einbog, kam mir ein silberner Passat entgegen. Mir stockte der Atem und das letzte

Fünkchen Hoffnung verglomm, als ich Papas Gesicht hinter dem Steuer erkannte. Mama hatte mich schon gesehen. In ihrem Gesicht sah ich die entscheidende Frage: Warum kommst du von rechts und nicht von links, von wo du kommen müsstest, wenn du bei Silvia gewesen wärst?

Mama genügten nur wenige Minuten, bis sie die Antwort selbst wusste. Als wir an der Kirche angekommen waren, fragte sie:

»Wohnt Silvia jetzt in der gleichen Siedlung wie Christian Engels?«

Ich wusste nicht, was ich sagen sollte. Es war mir so peinlich, dass ich kein Wort herausbrachte. Ich konnte sie noch nicht mal ansehen.

»Wenn ich dir nicht vertrauen kann, dann ...«, begann sie.

Plötzlich wurde ich wütend. »Du vertraust mir doch sowieso nicht. Ganz egal, wie brav ich mich an die Regeln halte und was ich tue. Du wirst mir nie vertrauen. Egal, um was ich dich bitte, ich darf es nicht!«, sagte ich.

Ich war so aufgeregt, dass ich lauter gesprochen hatte, als ich wollte. Ein paar von den anderen Kirchgängern, die sich vor der Kirche unterhielten, schauten zu uns herüber.

»Wir reden später weiter, lass uns reingehen«, sagte Mama.

Als wir wieder zu Hause waren, kochte Mama Tee und wir setzten uns an den Küchentisch. Sie sah sehr besorgt aus, aber gleichzeitig auch sehr sauer und erschöpft.

»Warum hast du mich angelogen?«, fragte sie.

Ich seufzte. »Mama, ich hab Scheiß gebaut. Ich hab dich angelogen und das tut mir wirklich leid. Aber hätte ich dich gefragt, ob ich bei Christian schlafen kann, hättest du mich im Leben nicht gehen lassen. Wahrscheinlich könnte ich noch fünfundzwanzig werden! Solange ich bei dir wohne, würdest du mir das nicht erlauben.«

»Janine, du bist nicht fünfundzwanzig, sondern sechzehn!«

Ich nickte. Da hatte sie natürlich recht.

»Ja, ich weiß. Wenn es dich beruhigt, wir haben überhaupt nichts gemacht. Wir haben geredet und Musik gehört, sonst nichts.«

»Ja, das wäre ja auch noch schöner! So weit kommt's noch!«, rief sie.

Ich wusste nicht mehr, was ich sagen sollte. Es war falsch, dass ich sie angelogen hatte, das sah ich ein. Aber es war auch falsch, dass sie mir nicht vertraute. Noch nie vertraut hatte. Obwohl ich nie irgendetwas verbrochen hatte. Als ob ich von Anfang an das Problemkind gewesen war, weil ich nicht war wie ihre anderen Kinder.

Wir schwiegen eine Weile, dann sagte sie: »Bitte tu mir das nicht an, dass du irgendwann schwanger nach Hause kommst.«

Wie konnte sie so was von mir denken? Ich merkte, dass meine Wangen brannten. Ich schrie:

»Ich hab dir doch gerade gesagt, dass wir nichts gemacht haben. Nichts! Verstehst du? Wie soll ich denn davon schwanger werden?« Es tat weh, dass sie mir so etwas zutraute. Ich lief aus der Küche und knallte die Tür zu. Was hatte ich hier eigentlich noch verloren?

Als ich in meinem Zimmer war, hatte ich das Gefühl, dass gerade etwas endgültig zwischen Mama und mir zerbrochen war. Wie konnte sie denken, dass ich plötzlich schwanger nach Hause kommen würde? Vielleicht wäre es wirklich besser, wenn ich so schnell wie möglich auszog. Etwas Positives schien hier sowieso keiner mehr von mir zu erwarten. Wahrscheinlich würde ich nachher für das Unglück der ganzen Familie verantwortlich gemacht. Und ich selbst würde meinen Weg auch nie finden, wenn ich weiterhin so kurz gehalten wurde.

Wenige Tage später rief meine leibliche Mutter an und fragte, ob wir essen gehen wollten. Seit dem Wochenende nach meinem Geburtstag Ende März hatten wir uns nicht mehr gesehen und ich hatte kaum an sie gedacht. Zu Hause war nach wie vor schlechte Stimmung. Ich sagte zu. Schon allein, damit es nicht noch mehr Probleme gab. Obwohl Mama Angst davor hatte, dass es mit meiner Mutter wieder Streit gab, hatte ich das Gefühl, dass ich sie mit dem Treffen auch irgendwie verletzen konnte. Außerdem war das Treffen ein praktischer Vorwand, um einen Nachmittag bei Christian zu verbringen. Ich machte mit ihr aus, dass sie mich am späten Nachmittag dort abholen würde. Zu Mama sagte ich, dass ich gleich nach der Schule zu ihr ging. So hatte ich über zwei Stunden mit Christian. Was hatte es für einen Sinn, immer alles richtig zu machen, wenn mir Mama doch nicht vertraute?

Natürlich wollte Christian meine Mutter kennenlernen. Ich hatte nichts dagegen, eher im Gegenteil. Bisher hatten alle meine Mutter cool gefunden. Sie sah gut aus, war jung und locker – wie sollte man sie auch nicht cool finden? Zumindest von außen betrachtet. Sie klingelte um halb sechs, etwas später als wir eigentlich ausgemacht hatten, aber das war mir diesmal egal. Christian machte ihr die Tür auf und wir setzten uns in seine Sofaecke.

Sie sah sich um. »Tolles Zimmer, Christian!« Dann deutete sie auf das große Michael-Jackson-Tourplakat, das an der Dachschräge hing, und fragte: »Warst du etwa dort? Das war die *Bad*-Tour, richtig?«

»Ja, das war gigantisch! Das Konzert war im Müngersdorfer Stadion, das bis auf den letzten Platz ausverkauft war. Er ist einfach der beste Musiker, den ich kenne.« Bei Michael Jackson kam Christian immer richtig ins Schwärmen.

»Ja, es war ein tolles Konzert!«

»Waren Sie denn auch da?«, fragte Christian verwundert.

»Ja, mit meinem Mann und einigen Freunden. Es war wirklich super!«

Ich konnte mich gar nicht erinnern, dass meine Mutter auf einem Michael-Jackson-Konzert gewesen war. Auf dem Tourplakat stand, dass es im Juli 1988 gewesen war. Das war natürlich mitten während des ganzen Adoptions-Ärgers gewesen. Kein Wunder, dass ich davon nichts wusste.

Christian und meine Mutter unterhielten sich weiter über Michael Jackson und entdeckten außerdem ihre gemeinsame Leidenschaft für Prince. Ich mochte beide Sänger auch ganz gerne, aber meine Mutter überraschte mich mit ihrem Detailwissen. Christians Augen leuchteten. Er spielte ihr die B-Seite einer Michael-Jackson-Single vor, die sie anscheinend noch nicht kannte. Sie wippte im Takt dazu und schnippte leicht mit den Fingern. Die beiden verstanden sich auf Anhieb, das war nicht zu übersehen. Als das Lied vorbei war, erzählte Christian ihr, dass er nach dem Zivildienst BWL studieren wollte. Karriere zu machen, war ihm unheimlich wichtig. Ich hatte das Gefühl, dass die beiden mich völlig vergessen hatten.

»Wollen wir nicht mal aufbrechen?«, fragte ich irgendwann.

»Ja, wenn du dich von deinem Christian schon trennen willst! Mir fällt das wirklich schwer!«, sagte sie und warf lachend ihre Haare nach hinten.

Wir standen auf und verabschiedeten uns.

»Das nächste Mal kommst du mit zum Essen, Christian! Es hat mich sehr gefreut, dich kennenzulernen!«, sagte meine Mutter zum Abschied.

Christian gab mir einen Kuss auf die Wange und gab meiner Mutter die Hand.

»Sehr gerne! Es war ein Vergnügen, Sie endlich persönlich zu treffen.«

Das klang ja fast so, als hätte ich dauernd von ihr erzählt! Das hatte ich bestimmt nicht.

Beim Essen hörte meine Mutter gar nicht mehr auf, von

Christian zu schwärmen. »Diese blauen Augen, Janine! Und so sportlich, der Junge! Der ist ja richtig gut gebaut! Das war ein Glücksgriff, den würde ich mir warmhalten.« Sie zwinkerte mir zu.

Ihre Zweideutigkeiten waren mir peinlich. Je mehr sie Christian lobte, umso stärker begann ich zu zweifeln. Ich musste an Helmut denken und an andere Freunde meiner Mutter, die ich früher als Kind mal gesehen hatte. War Christian so einer? Konnte er für mich der Richtige sein, wenn meine Mutter ihn so toll fand? Hatte Mama doch recht, wenn sie ihn als »Schönling« bezeichnete?

Wenige Tage nach dem Treffen mit meiner Mutter machte ich mit Christian Schluss.

Im Spiegel

Die Wahrheit ist leicht zu verstehen, wenn sie erst entdeckt ist.
Die Schwierigkeit ist nur, sie zu finden.
GALILEO GALILEI

Erst durch das Gespräch mit meiner Mutter hatte ich verstanden, was mich schon die ganze Zeit an Christian gestört hatte: Es war diese Oberflächlichkeit, diese Fixierung auf alles Äußerliche, die mich schon immer genervt hatte. Sein Aussehen, ein Job, der möglichst viel Kohle brachte, dessen Inhalt ihm aber egal war, sein Image bei seinen Freunden … darum drehte sich für ihn alles. Er sah wirklich super aus, aber er wusste das auch. Genau wie meine Mutter.

Ich erinnerte mich, dass ich einmal überlegt hatte, ihm meine Gedichte zu zeigen, es aber sofort wieder verworfen hatte. Er hätte damit gar nichts anfangen können. Und das hätte mich total enttäuscht. Wir hatten zwar viel geredet, aber meistens war es um all die tollen Sachen gegangen, die er schon gemacht hatte. Die Konzerte, auf denen er gewesen war, die Diskos und die Leute, die er kannte. Selten ging es darum, was er über das Leben dachte oder was ihn wirklich beschäftigte. Bei Frauen, egal ob Filmschauspielerinnen oder die neuen Freundinnen seiner Freunde, kommentierte er immer zuerst das Aussehen.

Er war total perplex, als ich ihm sagte, dass ich ihn nicht mehr treffen wollte. Damit hatte er überhaupt nicht gerechnet. Aber ich merkte, dass er nicht wirklich traurig war, sondern nur gekränkt, weil ich ihn verließ. Ich war erleichtert, dass ich ihm nicht wirklich wehtat und dass es vorbei war. Trotzdem hatte ich mich noch nie so alleine gefühlt.

Ich setzte mich in meinem Zimmer vor den großen Spiegel, den ich seit meinem sechzehnten Geburtstag hatte. Ich sah mich in meinem Zimmer um. Letzte Woche hatte ich ein neues Poster aufgehängt: Es war ein Schwarz-Weiß-Foto von Marilyn Monroe, die sich in New York auf eine Balkonbrüstung stützte und von hoch oben hinunter auf die Straße blickte. In einer Hand hielt sie eine Zigarette. Sie sah nachdenklich aus. Es war traurig, wenn man wusste, dass sie so unglücklich gewesen war. Vor ein paar Wochen hatte ich bei Kerstin einen Bildband über Marilyn Monroe entdeckt und mir ausgeliehen. Seitdem kannte ich ihre Lebensgeschichte und wusste, dass sie wie ich als Pflegekind aufgewachsen war. Deshalb hatte ich mir das Poster von ihr gekauft und aufgehängt.

Ich sah in den Spiegel. Mit einem Finger drückte ich meine Nase platt. Dieser bescheuerte Richter und sein Nasenspruch! Obwohl es jetzt schon über zwei Jahre her war, musste ich immer noch oft daran denken. Seit er als Begründung für die Ablehnung unseres Antrags gesagt hatte, ich würde mal wissen wollen, wo die herkam, hasste ich meine Nase. Ich wusste, wo meine Nase herkam, aber wo gehörte sie hin?

Mit vierzehn war ich mir einmal ganz sicher gewesen, dass ich hundertprozentig hierhin gehören wollte. Aber diese Entscheidung war abgelehnt worden. Seitdem hatte sich viel verändert und ich wurde das Gefühl nicht los, dass alles anders verlaufen wäre, wenn der Richter mir damals recht gegeben hätte. Wir hatten so viel gestritten seitdem und es wurde immer noch schlimmer und schlimmer. Ich hatte die Hoffnung aufgegeben, dass das noch einmal anders werden könnte.

Ich stand auf und stellte mich vor meinen geöffneten Kleiderschrank. Natürlich hatte ich die ganzen Sachen noch, die anzuziehen mir Mama verboten hatte. Ich zog eine ausgewaschene enge Jeans mit ein paar fransigen Löchern heraus und zog sie an. Ich sah in den Spiegel. Das war ich, das fühlte sich cool und richtig an. Das war Janine, die gerne ausging, gerne Spaß hatte. Aber diese Janine war hier nicht gefragt. So gehörte ich hier nicht hin.

Ich musste an meine Mutter denken. Wie sie bei Christian auf der Couch gesessen und mit ihm über Michael Jackson geredet hatte. Zu ihr würden diese Klamotten passen. Aber der ganze Rest von mir passte nicht zu ihr. Nein, das passte überhaupt nicht. Auch wenn ich ihr total ähnlich sah, war sie mir fremd. Wo gehörte ich hin? Ich fühlte mich zerrissen.

Ich war nicht so wie Christian und meine Mutter. Ich liebte zwar modische Klamotten, aber es gab noch so viel mehr in meinem Leben, das mir viel wichtiger war! Wenn ich mit Silvia auf meinem Bett saß und wir zusammen die Texte unserer Lieblingslieder heraushörten und uns darüber unterhielten, was sie bedeuteten. Ich liebte das Album von Sinéad O'Connor, das mir meine Freundinnen zum Geburtstag geschenkt hatten, und hörte es immer wieder. Man konnte zwar nicht dazu tanzen, aber bei Liedern wie *Feel So Different* hatte ich das Gefühl, genau zu verstehen, was sie sagen wollte. Es war komisch – obwohl ich nicht jedes Wort übersetzen konnte, verstand ich genau, worum es ging.

Ich fühlte mich anders als Mama und Papa. Aber auch anders als meine Mutter.

In den nächsten Monaten dachte ich viel nach. Mit meiner Mutter wollte ich mich nicht mehr treffen. Sie rief ein paarmal an, aber ich sagte, ich hätte keine Zeit. Mit Mama stritt ich weiterhin über »meinen Lebensstil«, wie sie es nannte. Dass sie sich in Sachen Alkohol bei mir keine Sorgen zu machen brauchte, glaubte sie mir mittlerweile zum Glück. Die Themen, über die wir uns immer wieder stritten, waren

Klamotten und Ausgehen. Ich wusste, dass sie das nicht machte, um mich zu schikanieren, sondern, weil sie Angst um mich hatte. Trotzdem vereinfachte das die Sache nicht.

Mamas Nervenkostüm wurde immer dünner. Damit wir nicht dauernd stritten, versuchte ich, allen aus dem Weg zu gehen. Reden brachte uns nicht mehr weiter, wir blieben immer in den gleichen Streits stecken, die dann nur immer verbissener und verletzender wurden. Ich merkte, dass ich von Mal zu Mal aggressiver wurde. Ich konnte mich selbst nicht mehr leiden, aber alle anderen auch nicht. Ich fühlte mich wie das schwarze Schaf der Familie, niemand verstand mich und das Gefühl, mit mir selbst allein zu sein, wurde immer stärker. Die Regeln, die Mama und Papa mir auferlegten, schnürten mich immer mehr ein und von Monat zu Monat wurde mein Wunsch, aus diesem engen Korsett auszubrechen, stärker. Ich wollte weg! Ich wollte ausziehen und endlich mein Leben leben.

Im Februar gab es einen Tag der offenen Tür in dem Krankenhaus, in dem ich ab dem Sommer meine Krankenschwesternausbildung machen würde. Eingeladen waren alle Krankenpflege-Schülerinnen, die in diesem Jahr dort beginnen würden. Mama begleitete mich. Ich war erstaunt, wie groß das Krankenhaus war. Eine kleine dicke Nonne führte uns zusammen mit einer Schwesternschülerin aus dem letzten Ausbildungsjahr über das Gelände. Irgendwann blieben wir vor einem mehrstöckigen Gebäude, das etwas abseits stand, stehen.

»Das hier ist das Schwesternwohnheim. Die meisten der Nonnen aus der Krankenpflege wohnen hier und eine ganze Reihe der Schwesternschülerinnen«, sagte die junge Krankenschwester.

»Es sind noch Zimmer frei. Also, wer noch eine günstige Bleibe in direkter Nähe zu seinem Arbeitsplatz sucht, sollte sich bald bei uns melden«, warb die kleine dicke Nonne und fügte grinsend hinzu: »Ein Party-Hotel ist das allerdings nicht, meine Damen. Nicht, dass Sie sich da falsche Hoffnungen machen. Fünfzehn Nonnen mit guten Ohren passen auf Sie auf!«

Einige der Mädchen lachten.

Ich war wie elektrisiert. War das vielleicht die Lösung? Egal, wie streng die Nonnen waren, so würde ich der ständigen Kontrolle meiner Eltern entgehen und konnte endlich selbst über mein Leben entscheiden. Ich brauchte einfach Freiheit! Lieber ein Nonnenschwesternheim als diese völlig erstarrte Atmosphäre, der ständige Ärger und all die Verbote zu Hause.

Nach der Führung über das Gelände wurden wir noch zu Tee und Gebäck in einen Aufenthaltsraum geladen und ich hatte Gelegenheit, mit zwei Schwesternschülerinnen zu sprechen, die im Wohnheim wohnten.

»Ist das wirklich so streng bei euch, wie die Nonne gesagt hat?«, fragte ich.

»Ach, das ist lange nicht so schlimm! Offiziell heißt es zwar, dass nach Dienstschluss um 22.00 Uhr die Haustür abgeschlossen wird und keiner mehr raus darf. Aber es gibt noch ein paar andere Möglichkeiten, raus und rein zu kommen.« Sie zwinkerte mir zu. »Solange wir es nicht übertreiben, keine Partys feiern, immer alles aufgeräumt ist und wir pünktlich zum Dienst erscheinen, ist das alles kein Ding. Die Nonnen sind da schon in Ordnung.«

Mein Herz hüpfte. Jetzt musste ich nur noch Mama überzeugen.

Das war schwieriger, als ich gedacht hatte. Doch nach langen Diskussionen willigten Mama und Papa schließlich ein. Das letzte Jahr, nachdem ich sechzehn geworden war, war an uns allen nicht spurlos vorbeigegangen. Ein normales Gespräch ohne Vorwürfe, Stress und Schreierei war bei einem ernsten Thema kaum noch möglich zwischen uns. Natürlich machte Mama mir sofort klar, dass ich nicht zu glauben brauchte, dass mich im Wohnheim die große Freiheit erwartete. Solange ich noch nicht achtzehn war, blieben die Regeln die gleichen, egal, wo ich wohnte. Sie hatte mir immer noch nicht verziehen, dass ich sie angelogen hatte, als ich bei Christian übernachtet hatte. Dass ich mit ihm Schluss gemacht hatte, änderte daran auch nichts. Auch die Geschichte mit dem Schwarzfahren nagte noch an ihr und wurde mir in regelmäßigen Abständen immer wieder aufs Brot geschmiert.

Sie ließ mich schließlich nur unter der Bedingung ins Wohnheim ziehen, dass ich die Wochenenden, an denen ich nicht arbeiten musste, zu Hause verbringen und weiterhin mit in den Sonntags-Gottesdienst gehen würde.

Zwischen Mamas Augenbrauen hatte sich in den letzten Monaten eine steile Falte eingegraben. Wo war die Mama meiner Kindheit geblieben, an die ich mich jederzeit kuscheln konnte, wenn es mir schlecht ging? Warum war sie so hart geworden und warum war alles so verfahren zu Hause?

Ich wusste es nicht, aber am Schluss zählte für mich nur die Entscheidung, dass ich ausziehen durfte und damit bald mehr ich selbst sein konnte.

Die große Freiheit

Es gibt keine Freiheit ohne gegenseitiges Verständnis.
ALBERT CAMUS

Am Freitag vor Dienstbeginn war es endlich so weit: Ich war in meinem Zimmer und packte meine Kisten. Ich hatte seit einigen Wochen einen neuen Freund. Er hieß Thomas, studierte Geographie und war so nett und bodenständig, dass selbst Mama nichts an ihm auszusetzen hatte. Vielleicht lag das aber auch daran, dass sie ihn nur sehr selten zu Gesicht bekam und kaum kannte. Thomas wollte mir morgen helfen, meine Sachen ins Wohnheim zu fahren.

Mama und Papa hatten zwar auch angeboten, mir zu helfen. Aber ich wollte den Umzug ohne sie machen. Alleine, nur mit meinem Freund. Jetzt begann mein neues Leben und meine neue Selbstständigkeit. Da sollte mir keiner mehr reinquasseln! Ich würde alles selbst bestimmen, und das fing bei der Einrichtung meines kleinen Wohnheimzimmers an.

Im Schwesternwohnheim gab es zwei Kategorien von Zimmern: die normalen, zu denen die Gemeinschaftsbäder auf dem Flur gehörten, und kleine Appartements, die eine Küchenecke und ein eigenes Bad hatten. Ich hatte ein normales Zimmer und sehr viel gab es da eigentlich gar nicht einzurichten. Bett, Tisch und Schrank standen schon drin. Es ging also vor allem um die Frage, welche Klamotten ich mitnehmen würde, welche Poster, welche Kassetten und was noch für Kleinkram. Eine kleine Lampe, die ein gemütliches Licht machte, kam mit und natürlich der große Spiegel, den ich zu meinem sechzehnten Geburtstag bekommen hatte. Und die Jeans mit den ausgefransten Löchern.

Mama war in den letzten Tagen richtig nervös gewesen. Wir hatten kaum miteinander gesprochen. Es fiel ihr schwer zu akzeptieren, dass sie nicht mitmischen durfte. Und vielleicht auch, dass ich auszog, obwohl ich noch nicht volljährig war. Während Thomas und ich meine wenigen Kisten zu seinem Auto trugen, das vor dem Haus parkte, machte Mama irgendetwas in der Küche. Aus dem Küchenfenster hatte sie den besten Blick auf die Straße vor dem Haus. Ich wusste, dass sie uns beobachtete.

Als wir alles eingeräumt hatten, ging ich noch einmal zurück, um Tschüss zu sagen. Ich würde dieses Wochenende ausnahmsweise im Wohnheim bleiben, um mich einzurichten und mich in Ruhe mit allem vertraut zu machen, bevor am Montag der Dienst begann. Mama stand an der Spüle, als ich in die Küche kam.

»Mama, ich wollte nur kurz …«, begann ich.

Sie schaute auf und ich sah, dass ihre Augen rot und verheult waren.

»Peter, komm, es ist so weit«, rief sie durch die offene Tür ins Esszimmer. Ihre Stimme klang rau. Papa kam um die Ecke und legte den Arm um Mama. Jetzt brachen bei ihr alle Dämme. Sie konnte das Schluchzen nicht mehr unterdrücken und legte ihren Kopf auf Papas Schulter.

Ich hatte einen Kloß im Hals. »Mama …«

»Ist schon gut, Janine. Es ist nur. Ich hatte gehofft, wir … wir kriegen es besser hin.« Mehr brachte sie nicht heraus, so sehr musste sie weinen. Es war schrecklich, sie so verzweifelt zu sehen.

Ich wusste nicht, was ich sagen sollte, und brauchte meine ganze Kraft, um mich zusammenzureißen. Das war wohl die Kehrseite meiner neuen Freiheit: Wir waren alle irgendwie gescheitert. Ich war keine junge Erwachsene, die fröhlich auszog, sondern ein Problemteenager, der floh. Das war einfach nur traurig.

»Ich ruf an, bis bald!«, verabschiedete ich mich leise. Ich wollte so schnell wie möglich weg, damit ich nicht vor meinen Eltern in Tränen ausbrach.

»Melde dich, wenn wir dir doch helfen sollen«, sagte Papa noch, dann schloss ich die Haustür hinter mir.

Sobald ich im Auto saß, begann ich zu weinen und konnte nicht mehr aufhören. Thomas nahm meine Hand und drückte sie. Wir blieben noch eine Weile so stehen, ohne loszufahren. Aus dem Augenwinkel sah ich Mama am Küchenfenster stehen. Kurz gab es einen Blickkontakt zwischen uns. Ich hatte das Gefühl, das war ein Abschied für immer. Bei diesem Gedanken blieb mir fast die Luft weg. Ich fühlte mich komplett gescheitert. Es war kein schöner Abschied und nicht das Ende, das ich mir gewünscht hatte.

Ich weinte die komplette Fahrt zum Wohnheim. Doch als wir uns auf das Bett in meinem neuen Zimmer setzten, beruhigte ich mich langsam wieder. Ich nahm mir vor, ab sofort nicht mehr zurückzuschauen, sondern nach vorne. Und mir den Beginn meines neuen Lebens von nichts und niemandem vermiesen zu lassen. Ich schob die Trauer und die schlechten Gefühle und Erinnerungen weg. Ich beschloss, meine neue Freiheit in vollen Zügen zu genießen.

Trotz des tränenreichen Abschieds gewann bei mir in den nächsten Wochen das Gefühl Oberhand, endlich wieder atmen zu können. Ich konnte mich wieder frei bewegen. Keiner sagte mir den ganzen Tag: Tu dies nicht, mach das nicht. Ein ganz neues Freiheitsgefühl. Auch wenn es in meinem Leben plötzlich ganz andere Zwänge gab: Dienstpläne, Arbeitskleidung, Krankenpflegeschule. Aber die Arbeit machte mir Spaß und die Freizeit gehörte mir allein. Die wenigen Telefongespräche mit Mama dauerten nicht sehr lang. Die Stimmung zwischen uns blieb kühl. Sie erinnerte mich jedes Mal daran, dass ich noch keine achtzehn war. Sie vertraute mir immer noch nicht und rechnete immer noch jeden Tag mit einer wie auch immer gearteten Katastrophe. Das nervte natürlich und gab Anlass zu Streit. Knapp sieben Monate würde es noch dauern, dann war ich endlich achtzehn, damit offiziell erwachsen und es war auch diese Hürde genommen. Ich konnte es kaum erwarten.

An den Wochenenden fuhr ich wie verabredet nach Hause, wenn ich keinen Dienst hatte. Trotz meines Schichtdienstes kannte Mama kein Pardon, wenn es um das Thema Sonntagsmesse ging. Nach wie vor gingen wir alle zusammen früh am Sonntagmorgen in die Kirche.

Eines Sonntagsmorgens in der Adventszeit war es noch stockdunkel, als Mama mich weckte. Ich war so kaputt und hätte alles dafür gegeben, diesen einen Sonntagmorgen endlich mal wieder auszuschlafen. Die Ausbildung war anstrengend. Und manchmal auch die neu gewonnene Freiheit. Schlaftrunken sagte ich zu ihr:

»Mama, jeden zweiten Sonntag habe ich Dienst, da muss ich um halb sechs aufstehen. Musst du mich wirklich aus dem Bett schmeißen, wenn ich mal einen Sonntag frei habe? So kann ich ja nie wieder ausschlafen!«

Da meinte sie bloß: »Weißt du, für mich wäre es auch einfacher, dich schlafen zu lassen. Oder gleich selbst liegen zu bleiben. Aber oft ist der bequeme Weg nicht der, der uns weiterbringt im Leben, und nicht der, der uns glücklich macht. Nur, wenn man bereit ist, auf etwas zu verzichten, und etwas gibt, kann man auch Glück empfangen. Na los, jetzt steh auf! Das wird dich nicht umbringen. Es wird noch genug Sonntage in deinem Leben geben, an denen du ausschlafen kannst.«

Als ich später müde in der Kirchenbank saß und mit den

anderen sang, musste ich an Mamas Worte zurückdenken. Ich wusste, dass sie recht hatte. Durchhalten, als Familie zusammenstehen, vor Problemen nicht wegrennen – darauf war es ihr und Papa schon immer angekommen. In diesem Geist hatten sie mich erzogen. Sie hatten selbst immer so gelebt und es sich nie leicht gemacht, sie hatten oft den unbequemen Weg genommen und viel gekämpft. Auch für mich. Und selbst in den Monaten vor meinem Auszug, im ganzen vergangenen Jahr, das für uns alle ein absolutes Horrorjahr gewesen war, hatten sie nie gesagt, ich wäre nicht ihre Tochter. Auch meine Geschwister nicht, mit denen ich zeitweise kaum mehr ein normales Wort gewechselt hatte und mich nach wie vor nicht gut verstand. Ich schluckte. Gut, dass ich aufgestanden war und mitgekommen war in die Kirche. Es hatte mir klargemacht, dass es doch noch etwas gab, das uns verband. Auch wenn es im Augenblick nur ein sehr dünner Faden war.

Zu Weihnachten schenkten mir meine Eltern den Zuschuss zu einem Appartement und ich konnte innerhalb des Wohnheims umziehen. Es war wie eine eigene kleine Wohnung und ich freute mich riesig darüber! Jetzt hatte ich ein eigenes Bad und endlich ein bisschen mehr Platz und Möglichkeiten, mich einzurichten. Ich war ihnen dankbar und wertete den Zuschuss auch als Geste meiner Eltern, als einen Schritt auf mich zu. Seltsamerweise rückte es uns aber trotzdem nicht wieder näher zusammen. Vielleicht hatten wir einfach zu viel gestritten in den letzten Jahren.

Der erste Arbeitstag nach den Weihnachtsferien war kalt und grau. Als ich auf die Station kam, war die Stimmung passend zum Wetter gedrückt. Eine alte Frau, die schon lange bei uns gelegen hatte, war in der Nacht gestorben. Sie hatte Krebs im fortgeschrittenen Stadium gehabt; mehrere innere Organe waren befallen gewesen. Sie hatte schon lange gelitten. Der Tod war eine Erlösung für sie und absehbar gewesen, das wusste ich. In den Tagen vor Weihnachten hatte ich ihren langsamen Verfall mitangesehen.

Obwohl der Tod zu meinem Alltag gehörte, seit ich im Krankenhaus arbeitete, schockierte er mich immer wieder, riss mich aus meiner Routine und ging mir nah. Wenn ein Patient starb, erinnerte es mich daran, wie vergänglich und begrenzt alles war.

Die Frau, die gestorben war, war nett gewesen, aber nicht sehr präsent. Sie hatte wenige Wünsche gehabt, war aber auch nicht besonders herzlich zu uns Schwestern gewesen.

Als der Körper der Verstorbenen aus dem Krankenzimmer gebracht worden war, half ich der Stationsschwester und einer älteren Kollegin beim Bettenbeziehen. Die ältere Schwester war heute wie ich den ersten Tag nach dem Urlaub wieder auf Station. Sie fragte: »Hat schon jemand die Angehörigen verständigt?«

Die Stationsschwester faltete ein Bettlaken auseinander und schüttelte den Kopf. »Keine Angehörigen«, sagte sie routiniert, aber auch ein wenig traurig.

Plötzlich hatte ich Tränen in den Augen. Keine Angehörigen. Ich hatte selbst nie mitbekommen, dass die alte Frau Besuch bekam, aber dass sie gar keine Familie mehr hatte, hatte ich nicht gewusst. Doch so war das eben manchmal bei alten Leuten. Daran würde ich mich gewöhnen müssen als Krankenschwester. Was war nur mit mir los? Ich konnte ja nicht bei jedem traurigen Fall gleich heulen. Ich stopfte energisch die schmutzige Wäsche in einen Sack. Dann hatte ich mich wieder gefangen.

Abends saß ich in meinem neuen Appartement auf dem Bett und las einen Brief von der Krankenpflegeschule mit dem Dienstplan für das nächste Vierteljahr. Ab nächster Woche würde ich auf die Geburtsstation wechseln. Ich freute mich darauf, hatte aber auch Respekt vor all der Dramatik, die dort auf mich wartete. Die Mädchen aus dem zweiten Lehrjahr hatten schon jede Menge Geschichten erzählt.

Mein Blick fiel auf die Adresszeile. Janine Schuster, Appartement 304, stand da. Ich schaute mich um. Ich hatte noch ein paar Sachen von zu Hause mitgebracht, die Möbel umgestellt und außer den Postern aus meinem alten Wohnheim-Zimmer noch ein paar neue aufgehängt. Mein Zimmer sah wirklich fast wie eine Wohnung aus und nicht wie eine Wohnheim-Unterkunft. Jetzt hatte ich mein eigenes Zuhause und mein eigenes Leben. Noch drei Monate und ich war auch auf dem Papier endlich erwachsen und unabhängig.

Unabhängig – im Sommer hatte dieses Wort noch Begeisterungsstürme in mir ausgelöst. Ich merkte überrascht, dass sich etwas verändert hatte. Unabhängig. Jetzt fühlte es sich … seltsam an. Irgendetwas stimmte nicht. Irgendetwas fehlte. Aber ich kam nicht darauf, was.

Ich musste an die alte Frau von heute Morgen denken. Ich hatte keine Ahnung, ob ich jemals so alt werden würde wie sie. Und wenn ja, hatte ich bis dahin bestimmt einen Mann und viele Kinder, die mich besuchen kommen würden. Ob dieser Mann Thomas sein würde?

Mama und Papa würden dann schon lange nicht mehr leben. Das war eine komische Vorstellung und ich schüttelte sie sofort wieder ab.

Keine Angehörigen. Es war völlig verrückt, denn ich hatte nichts mit dieser Frau gemeinsam. Trotzdem hatten sich die beiden Worte in meinem Kopf festgesetzt. Um mich abzulenken, nahm ich den Brief von der Krankenpflegeschule wieder in die Hand. Mal nachsehen, an wie vielen Wochenenden ich Dienst hatte im nächsten Monat. Ich blieb wieder an der Adresszeile hängen. Und las erneut meinen Namen, Janine Schuster.

Plötzlich wurde mir klar, warum ich mich so komisch fühlte. Warum ich das Gefühl nicht loswurde, dass etwas fehlte. Ich war gar nicht Janine Schuster! Der Name meiner Familie war Kunze. Deshalb sollte ich eigentlich Janine Kunze heißen. Ich gehörte zu ihnen, das waren meine Angehörigen, die Menschen, die da sein sollten, wenn es mir mal schlecht ging, und für die ich da sein wollte, wenn es ihnen schlecht ging.

Auf dem Papier hatte ich immer noch nicht die richtige Familie. Ich hatte eine Entscheidung, die ich schon lange getroffen hatte, immer noch nicht durchsetzen können.

Das musste ich jetzt endlich ändern. Man hatte mir diese Entscheidung vor Jahren verweigert. Aber in drei Monaten konnte mir niemand mehr etwas verweigern. Ich würde ein Zeichen setzen.

Ein warmes Gefühl durchfloss mich und ich musste lächeln.

Ganz werden

Ganz sein, nicht fragmentiert in unseren Handlungen,
im Leben, in jeder Art von Beziehung, das ist das eigentliche Wesen geistiger Gesundheit.
JIDDU KRISHNAMURTI

Die restliche Woche dachte ich viel nach. Seitdem unser Adoptionsversuch damals so kläglich gescheitert war, hatte ich gewusst, dass man sich auch als Erwachsener noch adoptieren lassen konnte. Damals war mir das ziemlich sinnlos vorgekommen, denn zu der Zeit ging es uns vor allem darum, dass meine Eltern endlich das Sorgerecht für mich bekommen sollten. Wir hatten alle nicht mehr mit der Unsicherheit leben können, dass Leute von außerhalb jederzeit unsere Familie beeinflussen und im schlimmsten Fall zerstören konnten. Ich hatte immer gedacht, das wäre das Wichtigste: die rechtliche Sicherheit, die uns ein angstfreies Leben ermöglicht hätte und die uns immer verweigert wurde.

Der abgelehnte Antrag und die Unsicherheit und Angst, die sich dadurch noch verstärkt hatten, hatten unsere Familie fast zerrissen. Doch auf einmal verstand ich, dass das Sorgerecht nicht der einzige Punkt war. Ich würde mich weiterhin hin- und hergerissen fühlen, auch wenn ich mit achtzehn voll für mich verantwortlich war, es gar kein Sorgerecht mehr gab und niemand außer mir selbst über mein Leben bestimmen durfte.

Was fehlte und immer gefehlt hatte, war das Gefühl, wirklich dazuzugehören. Unwiderruflich, für immer und ohne

Kompromisse. Ich wollte mich endlich ohne jeden Zweifel zugehörig fühlen, endlich ohne blödes Gefühl von »meiner Familie« reden können und nicht mehr gleichzeitig »Pflegefamilie« denken. Meine Mutter, mein Vater, meine Geschwister. Ich wollte, dass endlich offiziell wurde, was in meinem Herzen schon längst Wirklichkeit war: Ich gehörte zu meiner Familie.

Gleichzeitig wollte ich mit allem abschließen, was mich in meiner Kindheit und Jugend gequält hatte. Wir alle hatten so darunter gelitten, dass es jahrelang keine Entscheidung gegeben hatte.

Ob meine Eltern das genauso sahen? Ob sie mich immer noch adoptieren wollten? Oder hatten die letzten beiden Jahre zu viel zwischen uns kaputtgemacht? Ich wusste es nicht, aber ich nahm mir fest vor, es herauszufinden.

Am nächsten Wochenende hatte ich keinen Dienst und fuhr nach Hause. In der Kirche musste ich an Mamas Worte von vor ein paar Wochen denken: Oft ist der bequeme Weg nicht der, der uns weiterbringt im Leben, und nicht der, der uns glücklich macht. Bequemer wäre es, das ganze Thema auf sich beruhen zu lassen und einfach so weiterzumachen wie bisher. Seit ich ausgezogen war, verstanden wir uns ja auch wieder ein bisschen besser. So wie mich die neue Selbstständigkeit befreite, befreite es Mama wohl, nicht mehr alleine für mich verantwortlich zu sein. Sie lächelte wieder öfter und die Falte zwischen ihren Augenbrauen hatte sich etwas geglättet. Die angeblich so guten Ohren der Nonnen schienen sie zu beruhigen. Trotzdem hatten wir nicht wieder richtig zueinander gefunden. Wir stritten zwar nicht mehr so oft, aber wir redeten auch nicht mehr über die Dinge, die uns wichtig waren. Alles blieb an der Oberfläche.

Wenn ich einfach alles so ließ, wie es war, würde vielleicht immer etwas fehlen. Ich wäre erwachsen und wäre weiterhin ein Mensch, der nirgendwo richtig dazugehörte und den falschen Familiennamen trug.

Nach der Kirche beim Essen war ich wohl sehr ruhig, denn irgendwann sagte Mama: »Hallo, Erde an Janine! Schmeckt's dir?«

»Oh, äh, ja klar. Schmeckt super, Mama! Ich war bloß in Gedanken.«

Als wir fertig waren, half ich, den Tisch abzudecken und die Küche aufzuräumen. Mama begann mit dem Abwasch.

»Du bist so nachdenklich, ist irgendetwas?«, fragte Mama unvermittelt und blickte über die Schulter.

»Ich weiß nicht …« Wie sollte ich anfangen? Wir hatten so lange nicht mehr wirklich offen miteinander geredet. Und: Was wäre, wenn sie die Idee mit der Adoption blöd fand und das gar nicht mehr wollte?

Ich fasste mir ein Herz und sagte: »Es tut mir leid, dass wir so viel gestritten haben in den letzten eineinhalb Jahren. Ich habe mir viele Gedanken darüber gemacht und ich würde gerne …«

Mama hatte aufgehört abzuspülen und sich zu mir umgedreht. Sie sah mich erwartungsvoll an. »Ja?« Ihre Hände kneteten nervös das Geschirrtuch.

»Na ja, ich hatte gedacht, ob wir nicht einen Schlussstrich unter alles ziehen und noch einmal die Adoption beantragen sollten«, platzte ich heraus.

Mamas Augen wurden groß. Sie lächelte und begann gleichzeitig zu weinen.

Mir fiel ein riesiger Stein vom Herzen.

»Peter, komm mal schnell, Janine möchte etwas mit uns besprechen«, rief sie ins Esszimmer rüber, wo Papa Zeitung las. Sie schniefte und legte geistesabwesend das Geschirrtuch auf die Arbeitsplatte.

Wir ließen den ganzen Abwasch einfach stehen und setzten uns an den Küchentisch. Wie lange hatten wir nicht mehr so miteinander geredet! Als ich einmal angefangen hatte, war es gar nicht mehr so schwer, ihnen zu sagen, wie wichtig mir unsere Familie war. Und wie sehr ich sie für das liebte, was sie für mich getan hatten. Zum Abschied lagen wir uns in den Armen und weinten. War das der Beginn eines Neuanfangs?

Als ich abends ins Wohnheim zurückkam, war ich völlig erschöpft. Aber auch glücklich. Ich spürte so deutlich, dass das der richtige Schritt war, und war so froh, dass Mama und Papa ihn auch machen wollten! Die eigentliche Adoption würde eine Formalität sein. Wenn ich achtzehn war, konnte sich niemand mehr dagegenstellen.

An den kommenden Wochenenden redeten wir auch mit meinen Geschwistern über meine Adoption. Zweimal kam Anne extra für ein Wochenende nach Hause. Meine Eltern machten meinen Geschwistern klar, was eine Adoption für sie bedeutete: Ich würde nicht nur endlich den Namen meiner Eltern und Geschwister tragen, sondern wäre meinen Geschwistern in allem gleichgestellt. Ich würde zum Beispiel genauso wie sie erben, wenn meine Eltern einmal nicht mehr da waren. Meinen Geschwistern und mir war dieses Erbthema völlig egal. Ich war erleichtert, als sie sagten, dass es auch für sie keine Frage war, meiner Adoption zuzustimmen. Kerstin und Stefan sagten, dass ich immer ihre Schwester gewesen war und immer sein würde, egal, wie viel wir uns gezofft hatten.

Obwohl alle mit meiner Adoption einverstanden waren, merkte ich, dass die Verletzungen, die wir uns in den letzten Jahren zugefügt hatten, nicht einfach auszulöschen waren. Bei den Gesprächen gab es viele Themen, die wir wie Klippen umschiffen mussten, damit nicht doch wieder Streit ausbrach. Ein echter Neuanfang brauchte Zeit. Auch für mich.

Dass ich nach der Adoption erbberechtigt sein würde, bedeutete uns zwar nichts, zeigte aber die Dimension einer Adoption, auch wenn man schon achtzehn war. Über diese Dinge hatte ich noch nie nachgedacht.

Mein ganzes Leben lang war ich nicht Fisch und nicht Fleisch gewesen. Ich hatte einen Sonderstatus gehabt. Wie würde es sein, ihn abzulegen? Wenn ich es mir vorstellte, schob sich immer wieder das Bild meiner leiblichen Mutter vor mein inneres Auge. Würde sie endlich verstehen, was sie mir angetan hatte? Und würde ich jemals verstehen, warum sie mir das angetan hatte? Plötzlich lief mein Hirn auf Hochtouren. Aus dem Gedanken, mich adoptieren zu lassen, wurde auf einmal ein Wust an Gefühlen und Fragen. Ich zweifelte nicht an der Richtigkeit des Schritts, aber es war auch anstrengend, dauernd darüber nachzudenken. Trotzdem konnte ich nicht damit aufhören.

Irgendwann kam ich auf die Idee, mich noch einmal mit einer Psychologin zu treffen. Die Psychologin, zu der ich vor dem ersten Gerichtsverfahren gehen musste, hatte ich zwar nicht in guter Erinnerung, aber ich hoffte, dass es auch andere gab, die einfach mit mir redeten und keine Barbiepuppen auspackten. Mama machte einen Termin für mich, und ein paar Wochen später saß ich in ihrer Praxis.

Die Psychologin war viel netter, als ich erwartet hatte, und die Stunden bei ihr hatten nichts mit dem Barbiepuppen-Mist zu tun, den wir ertragen mussten, als ich vierzehn war. Diesmal redeten wir einfach nur und die Psychologin behandelte mich wie eine Erwachsene. Ich hatte das Gefühl, dass sie mich verstand und mit ihren gezielten Fragen etwas Ordnung in das Durcheinander in meinem Kopf brachte. Sie verstand, warum ich mit Mama so viel gestritten hatte und dass ich nicht aus meiner Haut gekonnt hatte, auch wenn ich mich noch so sehr zusammengerissen hatte.

Im Krankenhaus lief alles weiter seinen Gang. Wir hatten abwechselnd Berufsschule und Dienst auf Station. Seit einigen Wochen arbeitete ich jetzt schon auf der Geburtsstation. Glück und Leid lagen hier so nah zusammen wie nirgendwo sonst. Die Neugeborenen mit ihren winzigen Händen und zusammengekniffenen Augen rührten mich sehr. Wie konnte man so ein kleines Wesen einfach weggeben? Der Gedanke war mir schon früher gekommen, aber als ich auf der Station die erschöpften, glücklichen Mütter sah, die ihre Babys im Arm hielten und völlig überwältigt von Gefühlen waren, konnte ich mir immer weniger vorstellen, was in meiner Mutter vorgegangen sein musste, als sie mich in die Obhut einer anderen Familie gegeben hatte.

Die Fragen, die meine leibliche Mutter betrafen, kamen wieder hoch. Wie hatte sie mich weggeben können? Warum war sie schwanger geworden, wenn sie doch schon wusste, dass sie mich nicht aufziehen wollte? Warum hatte sie mich überhaupt bekommen? Und warum hatte sie mich weggegeben und mich doch nie losgelassen?

Als ich bei unserem nächsten Termin mit der Psychologin darüber sprach, bot sie mir an, in ihrem Beisein ein Gespräch mit meiner Mutter zu führen, um die Fragen, die mich quälten, endlich zu klären. Ich überlegte. Das wäre eine völlig neue Situation. Könnte die Psychologin mir helfen, endlich Antworten zu finden und auch diesen Knoten in meinem Kopf zu lösen? Ich merkte, dass mir der Gedanke an ein Gespräch mit meiner Mutter zwar nicht angenehm war, ich mich aber danach sehnte, die Dinge zwischen ihr und mir zu klären. Nur dann wäre der Schlussstrich, den ich von der Adoption erhoffte, wirklich ein Schlussstrich. Ob ich es wollte oder nicht; sie gehörte zu meinem bisherigen Leben und ihre Entscheidungen hatten es geprägt.

Meine Mutter war sofort bereit, sich im Beisein der Therapeutin mit mir zu treffen. Sie freute sich, dass ich sie endlich wiedersehen wollte. Von der Adoption erzählten wir ihr vorsichtshalber nichts.

Wir trafen uns in der Praxis der Therapeutin. Als sie hereinkam, war sie nervöser, als ich sie in Erinnerung hatte. Wir hatten uns seit einem Jahr nicht mehr gesehen, aber vielleicht war es auch der ungewohnte Rahmen des Gesprächs. Ich konnte mich nicht erinnern, mich jemals mit meiner Mutter geplant und in Ruhe über unsere Probleme unterhalten zu haben.

Zum Glück musste ich erst mal gar nichts sagen. Die Therapeutin erklärte meiner Mutter, dass ich mir über einige Dinge klarwerden wollte. Sie sagte, ich würde mich immer wieder fragen, warum sie mich einerseits weggegeben hatte, mich andererseits aber nie hatte loslassen können.

Meine Mutter dachte nach und sagte dann sehr ernst:

»Janine, wofür du dich im Leben auch entscheidest, du darfst es später nicht bereuen. Auch wenn mal was schiefgeht, musst du zu deinen Entscheidungen stehen. Es ist, wie es ist. Ich hatte damals die klare Vorstellung, ich hol dich wieder, sobald sich meine Lebenssituation geändert hat. Aber irgendwann habe ich gemerkt, so einfach geht das nicht. Du hattest eine eigene Familie gefunden, die immer sehr gut für dich gesorgt hat und bei der du glücklich warst. Ich habe dich dort gesehen und mir gedacht: Kann ich ihr das bieten? Würde es ihr bei mir auch so gut gehen? Kann ich ihr das antun, sie da rauszuholen?«

Ich hatte immer gedacht, dass sie uns ein bisschen spießig fand. Sie hatte sich oft über meine Eltern lustig gemacht. Nun wurde mir klar, dass sie das gar nicht so gemeint hatte. Ich musste an die wenigen Male denken, die meine Mutter bei uns zu Hause gewesen war. Sie war Mama gegenüber immer sehr respektvoll gewesen.

»Ich habe unterschätzt, wie viel Zeit ein, zwei Jahre für ein kleines Kind sind. Ich konnte dich da nicht rausreißen, aber ich konnte dich auch nicht freigeben. Das habe ich einfach nicht geschafft«, sie schüttelte den Kopf und blickte zu Boden. Dann sah sie mich wieder an.

»Egal, wie die Leute über mich reden, oder was sie sich denken: In meinem Leben war alles allein meine Entscheidung. Auch wenn mir manche Entscheidungen schwergefallen sind – und dich wegzugeben, gehört sicherlich dazu –, ich weiß, warum ich mich so entschieden habe, und deshalb bereue ich nichts. Ich bin beruflich Wege gegangen, die viele nicht gut fanden, und ich habe lange Zeit sehr intensiv gelebt. Aber ich habe alles gemacht, weil ich es so wollte. Es war mir immer völlig egal, was die anderen über mich dachten. Über mein Leben bestimme ich, nicht die Meinung anderer oder die Angst davor.«

Sie sagte das ganz ruhig und voller Überzeugung. Und plötzlich bewunderte ich sie. So konsequent seinen Weg zu gehen, sich nicht darum zu scheren, was andere dachten! Vielleicht war das egoistisch, aber ich fand es vor allem sehr mutig. Sie strahlte Selbstbewusstsein und Stärke aus. So hatte ich sie noch nie gesehen. Trotzdem brannte mir nach wie vor eine Frage unter den Nägeln:

»Aber warum warst du dann nicht einverstanden, dass meine Familie mich adoptiert?«

»Nur, weil man zu seinen Entscheidungen steht, muss man nicht sein ganzes Leben mit ihnen glücklich sein. Ich wusste immer, dass es für mich und vor allem für dich die richtige Entscheidung war, dich zu deiner Familie zu geben. Aber ich habe auch darunter gelitten. Ich habe dich oft vermisst, und ich hätte es niemals über das Herz gebracht, die Verbindung zu dir abzubrechen. Eine Adoption hätte uns für immer getrennt. Es gibt Dinge, die kannst du eben nicht rückgängig machen im Leben. Ein Kind zu bekommen, gehört dazu.«

Sie lächelte. Ich musste auch lächeln. Ich war ihr nicht egal und nie egal gewesen. Sie hatte mich immer geliebt, aber ich hatte das nie sehen können. Weil sie so anders war – ganz anders dachte als meine Familie und ich. Ich war bei meiner Familie aufgewachsen, weil sie wusste, dass ich es dort besser hatte. Eigentlich hatte sie mir damit einen Gefallen getan.

Ich bewunderte sie für ihre Unabhängigkeit, ihre Durchsetzungskraft und ihren Mut. Gleichzeitig wusste ich, dass ich ihr in diesen Punkten nicht ähnlich war. Viele Dinge, die ihr wichtig waren, waren mir nicht wichtig. Für mich würde es immer eine Bedeutung haben, was andere über mich dachten, ob ich das nun wollte oder nicht. Für mich würde es auch immer wichtig sein, Teil einer Familie zu sein, auch wenn ich dafür mal zurückstecken müsste. Sie war meine Mutter, aber sie war ein anderer Schlag von Mensch.

Als wir uns verabschiedeten, war für mich alles klar: Ich hatte eine coole Mutter. Und ich hatte viel Glück gehabt in meinem Leben bisher.

So sicher wie nie zuvor spürte ich, wo ich hingehörte: zu meiner Familie. Dort war mein Platz und nirgendwo sonst. Zusammen mit meiner Familie würde ich ein Zeichen setzen. Die Adoption war der richtige Schritt.

Ich sah ihr aus dem Fenster der Praxis hinterher. In diesem Moment wusste ich, dass ich sie nicht wiedersehen würde. Ich war nicht mehr traurig und nicht mehr wütend, ich fühlte mich ganz leicht und frei. Und zum ersten Mal seit Jahren nicht mehr zerrissen, sondern ganz.

Erbstücke

Da ist ein Land der Lebenden und ein Land der Toten.
Und die Brücke zwischen ihnen ist die Liebe – das einzig
Bleibende, der einzige Sinn.
THORNTON WILDER

Die Gespräche mit der Psychologin, die Auseinandersetzung mit meiner leiblichen Mutter und die Arbeit im Krankenhaus hatten mich in den letzten Wochen stark in Anspruch genommen. Zu allem Überfluss hatte ich auch noch zwei Wochenend-Lehrgänge belegen müssen, die nur einmal im Jahr angeboten wurden und als Pflichtveranstaltungen im Ausbildungsplan standen.

Mit meinen Eltern gab es viele Formalitäten zu regeln, die natürlich wie immer Mama in die Hand nahm. Unsere Gespräche und Telefonate drehten sich deshalb fast immer um Praktisches: Auf diesem Antrag fehlte noch eine Unterschrift, jene Dokumente mussten noch besorgt werden und wann hatten alle Zeit für den Notartermin? An den wenigen Wochenenden, die ich zu Hause verbrachte, gab es immer irgendetwas zu organisieren.

Die Entscheidung, mich mit achtzehn adoptieren zu lassen, hatte alles verändert, aber ich merkte trotzdem, dass wir die letzten Jahre nicht ungeschehen machen konnten. Mama und ich näherten uns vorsichtig einander an, aber es gab viele Wunden, die noch vernarben mussten. Und viele Fragen, über die wir uns vielleicht nie einig sein würden.

Seit dem Gespräch, an dessen Ende wir uns vor Freude

über unsere Entscheidung für die Adoption in den Armen gelegen hatten, hatten wir nicht wieder über die Dinge, die uns beschäftigten, gesprochen.

Deshalb war ich überrascht, als Mama am Sonntag eine Woche vor meinem achtzehnten Geburtstag an meine Zimmertür klopfte.

»Ich wollte dir etwas geben«, sagte sie. Sie hielt ein kleines quadratisches Päckchen mit einer roten Schleife in der Hand.

»Ein Geschenk? Heute schon? Aber ich habe doch erst in einer Woche Geburtstag«, sagte ich überrascht.

Mama lächelte. »Ich habe etwas für dich aufbewahrt und ich dachte, jetzt wäre eine gute Gelegenheit, es dir zu geben. Jetzt, wo so vieles zu Ende geht und gleichzeitig so vieles neu beginnt.«

Ich wickelte das Geschenkpapier aus und zum Vorschein kam eine quadratische Schmuckschatulle. Ich öffnete sie und da lag es: Ein goldenes Armband mit grünen Steinen. Es hatte längliche Glieder, die ein bisschen verschnörkelt waren. In jedem Glied saß ein grüner Stein. Die Steine waren gewölbt und wenn man darüberfuhr, fühlten sie sich kühl an. Ich bildete mir ein, einen ganz schwachen Duft nach Kaffee und einem schweren Parfüm wahrzunehmen. Omas Armband!

Mir schossen Tränen in die Augen. Mama sah mich lächelnd an und nahm mich in die Arme.

»Familie ist das Wichtigste im Leben. Ich hoffe, dass deine Kinder mich mal genauso lieben werden, wie du deine Oma geliebt hast«, sagte sie leise an meinem Ohr. Schöner und einfacher hätte sie unseren Neuanfang nicht in Worte fassen können.

Eine Welle der Dankbarkeit durchfloss mich.

»Ach Mama, du bist die beste Mama, die es gibt. Ich bin dir so dankbar, für alles, was du für mich getan hast, und dafür, dass du mich nie aufgegeben hast! Ihr habt so viel auf euch genommen für mich. Ich bin so froh, dass ihr meine Familie seid!«

»Und ich bin unendlich froh, dass du wieder auf uns zugekommen bist und wir uns die Hand gereicht haben. Ich liebe dich, mein Schatz.«

Mama drückte mich noch einmal fest, dann schniefte sie, ließ mich los und sagte: »Probier es doch mal an. Wahrscheinlich ist es dir viel zu weit.«

Während ich den Deckel der Schatulle wieder zurückklappte, schnäuzte sich Mama und wischte sich die Tränen aus den Augenwinkeln. Ich nahm das Armband heraus und legte es um mein Handgelenk. Es war mir tatsächlich viel zu weit. Ich würde es enger machen lassen müssen.

Vor meinem inneren Auge sah ich das lachende Gesicht meiner kleinen, fröhlichen Oma vor mir. Und ich erinnerte mich an den Moment kurz vor ihrem Tod, als sie mir ihr Armband geschenkt und gesagt hatte, dass es Mama für mich aufbewahren würde, bis ich erwachsen war.

Auch wenn sie sich immer gewünscht hatte, dass ich meiner leiblichen Mutter wieder näherkam, hätte sie sich sicher mit mir über meine kurz bevorstehende Adoption gefreut. Denn eine Familie konnte gar nicht groß genug sein. Und ihre Wurzeln durften ruhig ein bisschen verästelt sein, Hauptsache, sie waren fest und tief und hielten einem Sturm stand.

Wir gehören zusammen

Und meine Seele spannte
Weit ihre Flügel auf,
Flog durch die stillen Lande,
Als flöge sie nach Haus.
JOSEPH VON EICHENDORFF

Mama öffnete die schwere Kirchentür. Es war ihr sehr wichtig gewesen, dass wir auf dem Weg ins Restaurant hierherkamen. Unsere Gespräche verstummten und meine Augen mussten sich erst an das Halbdunkel des Kircheninneren gewöhnen. Langsam gingen wir zu dem Marienaltar auf der linken Seite des Kirchenschiffs hinüber. Vor der kleinen Marienstatue standen die Halterungen mit den Gebetskerzen in mehreren Reihen. Im Luftzug der sich schließenden Kirchentür flackerten die brennenden Kerzen leicht. Hier hatten wir alle schon oft gestanden und für etwas gebetet oder uns für etwas bedankt. Ich zündete jeden Sonntag eine Kerze für Oma an und dachte an sie.

Jeder von uns warf etwas Geld in den Opferstock, nahm eine Kerze, zündete sie an und stellte sie in die Halterung. Dann falteten wir die Hände und ich schloss die Augen.

Meine Familie war meine Familie. Nicht die Probleme waren ausschlaggebend, sondern die Liebe. Das war eigentlich schon immer klar gewesen.

Wir hatten es geschafft. Wir hatten einen langen Kampf gewonnen. Vor zwei Stunden war unsere Anhörung vor Gericht zu Ende gegangen. Der Richter hatte gesagt, dass er die Adoption aussprechen würde. Das war der wichtigste Moment meines bisherigen Lebens gewesen. Und der feierlichste. Aber es würde sicher noch mehrere Tage dauern, bis ich das alles wirklich begreifen konnte.

Ich war so unendlich erleichtert, dass alles wieder gut war. Dass die letzten Jahre nichts zwischen uns dauerhaft zerstört hatten. Mama, Papa und ich wussten mittlerweile, dass es jahrelang eigentlich nur ein Problem zwischen uns gegeben hatte: Wir hatten keine komplette Familie sein dürfen. Alles war halb fertig gewesen, nicht wirklich entschieden und hing in der Luft. Die Angst, dass unsere Familie beim nächsten stärkeren Windstoß auseinanderbrach, und die Unsicherheit, die über allem lag, hatte beinahe alles für immer zerstört.

Sicher, ich war auch erwachsen geworden in den letzten Jahren, mit allen Querelen, die das mit sich brachte. Aber das Schlimmste war immer die fehlende Entscheidung gewesen, die uns vor Jahren verwehrt worden war.

Mein Gebet bestand heute nur aus einem Wort, das ich immer wieder in Gedanken wiederholte: Danke. Und ich wusste gar nicht genau, an wen sich dieses Danke richtete. An Gott, ja. Aber auch an meine Mutter. Dafür, dass sie mich geboren hatte und mir so eine tolle Familie gegeben hatte. Und vor allem an Mama und Papa, ohne die ich niemals die geworden wäre, die ich heute war. Die mich nie fallen gelassen hatten und die mir beigebracht hatten, nicht wegzurennen, sondern durchzuhalten und für mein Glück zu kämpfen.

Als wir die Kirche verließen, waren wir alle ergriffen. Anne, Kerstin, Stefan, Papa, Mama und ich – jedem von uns bedeutete dieser Augenblick sehr viel. Auch mein Freund Thomas war heute mitgekommen und ich freute mich, dass er dieses wichtige Erlebnis mit mir teilen konnte. Seit dem Drama bei meinem Auszug aus dem Schwesternwohnheim hatte er mich sehr unterstützt und war für mich da gewesen.

Wir machten uns auf den Weg zum Försterhof, einem teuren Restaurant bin der Nähe in das uns Papa zur Feier des Tages einlud. Langsam spazierten wir nebeneinander her.

Wenig später saßen wir an einem großen runden Tisch in einer Ecke des Gastraums. Es war erst halb sieben und das Restaurant noch relativ leer. Papa klopfte scherzhaft an sein Glas und räusperte sich absichtlich gekünstelt. Mit verstellter Stimme sagte er: »Silentium!« Ich musste lächeln über Papas Versuch, unsere feierliche Stimmung aufzulockern. Wir waren auch vorher schon ruhig gewesen. Es gab so viel zu sagen und doch waren wir alle schweigsam. Papa wurde ernst: »Jetzt seid ihr langsam alle erwachsen und bald werden nicht nur Kerstin und Anne, sondern auch Stefan und Janine endgültig aus dem Haus sein«, er sah jedem von uns in die Augen. »Während ihr aufgewachsen seid, hatten wir viele tolle Jahre alle zusammen, aber wir hatten auch ganz schreckliche Zeiten, in denen Mama und ich manchmal verzweifelt waren«, er nahm Mamas Hand und drückte sie. Sie nickte und tupfte sich mit einem Taschentuch die Tränen aus den Augenwinkeln. Papa fuhr fort: »Diese Zeiten waren für uns alle hart. Jeder von uns hat auf seine Art darunter gelitten. Und jeder von uns hat auf seine Art geholfen, sie zu überstehen. Sicher haben diese Zeiten auch Wunden und Narben hinterlassen. Aber sie haben vor allem eins hinterlassen: eine Familie, die immer zusammenhält und immer zusammengehören wird. Endlich ist das nicht nur in unseren Herzen so, sondern auch auf dem Papier. Das wird sich nie mehr ändern. Das kann uns keiner mehr nehmen und das macht mich sehr, sehr glücklich!« Papa liefen zwei Tränen aus den Augen und Mama schluchzte. Sie sah dabei so glücklich aus, dass es mir kaum gelang, nicht vor lauter Rührung, Glück und Erleichterung mitzuweinen. Ich legte den Arm um sie und blickte in die Runde. Anne, Kerstin, Stefan, Thomas und Papa lächelten und erhoben ihre Gläser. Mama und ich nahmen unsere und wir stießen miteinander an, ohne noch etwas zu sagen. Es war allen klar, worauf wir tranken.

Seit dem Nachmittag waren wir eine Familie. Ich war kein Pflegekind mehr, sondern endlich einfach nur Janine. Janine Kunze.

Meine Tochter Lily wurde am 29. Juli 2003 geboren. Sie, ihre beiden Geschwister Lola, geboren am 2. Oktober 2007, und Luiz, geboren am 15. April 2010, und mein Mann Dirk sind heute meine Familie, die ich über alles liebe. Wie meine beiden Mütter habe auch ich jetzt etwas, das mich verletzlich macht, etwas, das ich verlieren könnte und für das ich alles auf der Welt tun würde, weil es mich so unendlich glücklich macht.

Irgendwo tief in mir bin ich ein kleines Kind geblieben.
Erst dann
wenn ich's nicht mehr spüren kann

weiß ich
es ist für mich zu spät
zu spät
zu spät.

PETER MAFFAY, Tabaluga

Nachwort

Außer dem Armband meiner Oma sind mir aus meiner Kindheit noch einige weitere Erbstücke geblieben. Meine Verlustangst ist eines davon, mein Familiensinn ein anderes. Das ungeliebteste war lange Jahre meine Nase. Durch die Worte des Richters, er stimme unserem Antrag nicht zu, weil ich vielleicht in ein paar Jahren wissen wolle, woher meine Nase komme, blieb sie für mich ein Symbol für die Ignoranz und Willkür, mit der damals über meinen Kopf hinweg entschieden worden war. Seit ich sie mir in meiner Zeit als Krankenschwester dann auch gebrochen hatte und der Knochen nicht mehr ganz gerade zusammengewachsen war, hatte ich endlich einen vernünftigen Grund, sie operieren zu lassen. Jetzt lebe ich glücklich mit einer Nase, die nirgendwo herkommt, nichts bedeutet und einfach nur meine Nase ist.

Natürlich gibt es auch heute noch viele Momente, in denen ich an meine leibliche Mutter denke. Ich hoffe, dass es ihr gut geht, und bin ihr nach wie vor dankbar. Für mich ist sie auf ihre Weise eine ganz besondere Frau.

Ihre Art, mit den Dingen umzugehen, ist sicherlich nicht meine, aber ohne ihre Entscheidungen würde ich heute nicht das Leben führen, das ich führe. Ich habe eine tolle Zeit gehabt bis jetzt, das kann ich nicht anders sagen. Ich bin glücklich, heute sagen zu können, dass ich mit ihr im Reinen bin.

Meine leibliche Mutter mag unbewusst im richtigen Moment die entscheidenden Weichen gestellt haben, wirklich Bewundernswertes haben aber vor allem meine Eltern geleistet, denen ich immer unendlich dankbar sein werde für das Leben und das Zuhause, das sie mir geschenkt haben. Es gibt keine bedingungslosere Liebe einer Mutter als die, die ich erlebt habe. *Blut ist dicker als Wasser* ist einer der dümmsten Sprüche, die ich kenne; ich habe am eigenen Leib erfahren, dass er nicht stimmt.

Was wäre ohne meine Eltern aus mir geworden? Daran möchte ich gar nicht denken. Ich finde es großartig, dass es Menschen wie meine Eltern gibt, die das Wagnis auf sich nehmen, ein Pflegekind in ihre Familie aufzunehmen, und sich mit Haut und Haar darauf einlassen. Ein Pflegekind ist nicht einfach nur ein zusätzliches Kind, sondern wirbelt das komplette Familiensystem durcheinander. Jedes Familienmitglied, auch die leiblichen Kinder, die plötzlich eine weitere Schwester oder einen weiteren Bruder bekommen, sind existentiell davon betroffen und werden davon geprägt. Das Risiko, dass es schiefgeht, ist nicht gering, deshalb ist die Bereitschaft, für ein Pflegekind da zu sein, gar nicht hoch genug zu schätzen.

Obwohl ich selbst mein Leben, wie ich es heute führe, sicher in großen Teilen der Institution Pflegefamilie verdanke, sehe ich diese Einrichtung mittlerweile kritisch. So sehr ich davon profitiert habe, dass meine Eltern mich aufgenommen haben, so sehr hat unsere gesamte Familie jahrelang unter dem Schwebezustand »Pflegekind« gelitten. Unsere Familie wäre von der Unsicherheit und dem dadurch verursachten Leid fast auseinandergerissen worden. Erst der klare Schritt der Adoption hat uns wieder zusammengebracht.

Verglichen mit den meisten anderen Pflegekindern hatte ich eine glückliche Kindheit und Jugend. Trotzdem habe ich eine Ahnung bekommen, was angerichtet werden kann, wenn man Familien rechtlich so lange in der Luft hängen lässt, während sie tiefe emotionale Bindungen aufbauen und das reale Leben den juristischen Status längst überholt hat.

Ich bin alles andere als eine Familienrechts-Expertin und mir ist bewusst, dass meine Meinung zum Thema Pflegekinder durch mein ganz persönliches Erleben geprägt wurde. Aber ich frage mich, warum in Deutschland die Adoption nicht leichter gemacht wird. Ich möchte bezweifeln, dass die aktuelle Gesetzgebung dafür sorgt, dass das Wohl des Kindes immer an erster Stelle steht.

Ich würde jederzeit ein Kind adoptieren, in meine Familie aufnehmen und es lieben wie meine eigenen Kinder. Doch trotz meiner Biografie muss ich zugeben, dass ich davor zurückschrecke, ein Pflegekind aufzunehmen. Ich würde es einfach nicht aushalten, wenn es mir wieder weggenommen würde.

Danksagung

Ich danke …

… dem Piper Verlag für dieses Buch.

… Eva Brenndörfer für den tatkräftigen, aber immer rücksichtsvollen Einsatz.

… Anne Stadler für ihre liebevollen, mutmachenden und sanften Telefonate. Danke, dass Du meine hundert Farbwechsel geduldet hast!

… Kati Langenkämper, die mir den letzten Schubs für dieses Buch gegeben hat.
Danke dafür und dass Du zu jeder Zeit ans Telefon gehst, um lustige Gespräche mit mir zu führen!

… Sabine Cramer für ihr ehrliches, klares Interesse an meiner Geschichte und ihr Talent, meine Worte in so wundervolle Sätze einzupassen. Ohne Dich hätte ich das nicht geschafft. Du bist die Beste!

… meinen wahren Freunden, dafür, dass Ihr mit mir lacht und weint, nächtelang mit mir feiert, stundenlang mit mir quatscht und immer esst, was ich koche.

… meinen Geschwistern, die Ihr so oft und lange wegen mir zurückstecken musstet.

… meinem Mann für seine bedingungslose, fast aufopfernde Liebe. Du bist immer da, organisierst und rettest uns jeden Tag. Ich lache und streite mit niemandem lieber als mit Dir! Du hast mich komplett gemacht.

… meinen Kindern für ihre unglaublich reine Liebe. Ihr gebt meinem Leben Sinn, macht es wertvoll und bunt und mich unfassbar stolz. Ich liebe Euch über alles!

Und dann danke ich meinen Eltern für ihre selbstlose Liebe, die sie mir besonders in den wichtigsten Jahren geschenkt haben. Ihr habt mich verwurzelt. Ich bin Euch ewig dankbar!

Anhang

Pflegekinder: Die rechtliche Sicht

von Steffen Siefert

Viele Leser werden vor der Lektüre des Buches kaum etwas über Pflegekinder gewusst haben. Adoptivkinder sind uns allen ein Begriff, Pflegekinder begegnen den meisten nur in schrecklichen Vernachlässigungs-Szenarien in der Boulevard-Presse. Was genau aber ist ein Pflegekind und wo liegt der Unterschied zu einem Adoptivkind?

Dieser Unterschied kann schnell auf einen entscheidenden Punkt gebracht werden: Wird ein Kind adoptiert, dann sind die Adoptiveltern nach der Adoption die rechtlichen Eltern des Kindes. Mit der Adoption werden alle verwandtschaftlichen Beziehungen des Kindes zu seinen biologischen bzw. leiblichen Eltern abgebrochen. Das Adoptivkind gilt dann nur noch als Kind seiner Adoptiveltern. Es trägt automatisch den Familiennamen seiner Adoptiveltern. Diese erhalten das Sorgerecht, werden rechtlich also genauso gestellt, als wäre das Kind in ihrer Familie zur Welt gekommen. Der Abbruch der Verwandtschaftsbeziehungen zur leiblichen Familie führt zum Erlöschen sämtlicher Ansprüche, die durch die Verwandtschaft bestanden haben. So haben leibliche Eltern nach der Adoption etwa keinen Anspruch mehr auf Umgang mit dem Kind. Es entfallen auch alle unterhaltsrechtlichen und erbrechtlichen Ansprüche usw. Mit anderen Worten: Durch eine Adoption wird in rechtlicher Hinsicht eine ganz klare Zugehörigkeit des Kindes zu seiner Adoptionsfamilie geschaffen. Leibliche Eltern können und dürfen nach einer Adoption keine Ansprüche mehr geltend machen.

Bei Pflegekindern ist dies anders. Hier lebt das Kind zwar in einer Pflegefamilie, die leiblichen Eltern bleiben aber in rechtlicher Hinsicht die Eltern. Dieser Spagat führt in der Praxis nicht selten zu massiven Spannungen. Denn durch zunehmende Pflegedauer bindet sich ein Pflegekind immer stärker an seine Pflegeeltern. Diese werden für das Kind irgendwann zu seinen gefühlten Eltern. Man spricht hier auch von psychologischer, faktischer oder sozialer Elternschaft. Gleichzeitig haben die leiblichen Eltern noch eine starke Rechtsstellung inne. Zum Streit kommt es in der Praxis häufig, wenn die leiblichen Eltern nach einiger Pflegedauer die Herausgabe des Kindes aus der Pflegefamilie fordern, obwohl dieses sich inzwischen eng an seine Pflegeeltern gebunden hat. Auch um Art, Umfang und Ausgestaltung von Umgangskontakten zwischen dem Pflegekind und seinen leiblichen Eltern wird häufig vor Gericht gestritten.

Wie aber kommt es überhaupt zur Vermittlung des Kindes in eine Pflegefamilie? Grundsätzlich ist es natürlich so, dass leibliche Eltern das Recht – und durchaus auch die Pflicht – haben, »ihr« Kind selbst großzuziehen. Die leibliche Familie hat hier eine starke Rechtsstellung. So ist das Elternrecht nicht zuletzt durch das Grundgesetz (Artikel 6 Abs. 2 Satz 1 GG) geschützt. Allerdings wird das Elternrecht durch das Kindeswohl begrenzt. Laut herrschender Rechtsprechung ist das Kindeswohl dem Elternrecht vorrangig. Der Staat, in Form des Jugendamtes, hat über das Wohlergehen von Kindern zu wachen. Auch dieses sog. »Wächteramt des Staates« ist im Grundgesetz verankert (Artikel 6 Abs. 2 Satz 2 GG). Nicht selten kommt es vor, dass leibliche Eltern nicht in der Lage sind, ihr eigenes Kind kindeswohlgerecht großzuziehen. Die Hintergründe sind hier vielfältig. Sie reichen von völlig überforderten, ihre Kinder vernachlässigenden oder misshandelnden Eltern über Eltern, welche eventuell aufgrund von psychischen Erkrankungen oder Suchtmittelabhängigkeiten nicht in der Lage sind, ihr Kind selbst großzuziehen. Auch schwere Schicksalsschläge (Unfall, Krankheit usw.) können dazu führen, dass Menschen, die an sich durchaus erziehungsgeeignet sind, als Eltern für ihr Kind ausfallen. Ausgangspunkt für die Vermittlung eines Pflegekindes ist letztlich immer, dass die leiblichen Eltern selbst nicht in der Lage sind, das Kind angemessen und kindeswohlgerecht zu pflegen und zu erziehen. In diesem Fall haben die Eltern Anspruch, vom Jugendamt eine sogenannte »Hilfe zur Erziehung« zu erhalten. Wenn ein Kind wegen Ausfall der leiblichen Eltern »andere Eltern« braucht, muss das Jugendamt für das Kind eine Pflegefamilie suchen und auswählen. Juristisch spricht man von der Einrichtung einer »Vollzeitpflege«, § 33 SGB VIII.

Engagierte Menschen, die sich vorstellen können, einem Kind ein zweites Zuhause zu bieten, können sich beim Jugendamt als Pflegeeltern bewerben. Sie werden nach strengen Kriterien geprüft und ausgewählt. Ein Kind, das nicht mehr in seiner leiblichen Familie leben kann, wird vom Jugendamt dann an solche Pflegeeltern vermittelt. Im Gegensatz zu einer Adoption bleiben die leiblichen Eltern rechtlich gesehen aber weiterhin die »Eltern«. Es finden also regelmäßig Umgangskontakte des Kindes mit seinen Eltern statt. Ferner ist die Unterbringung eines Pflegekindes am Anfang grundsätzlich so angelegt, dass eine Rückkehroption besteht. Denn das Jugendamt soll zunächst versuchen, die Erziehungsbedingungen in der Herkunftsfamilie so weit zu verbessern, dass die leiblichen Eltern wieder selbst in der Lage sind, »ihr« Kind großzuziehen.

Allerdings ist es so, dass Kinder nur eine gewisse Zeit auf ihre leiblichen Eltern warten können. Denn es ist wissenschaftlich völlig unstrittig, dass Kinder in der sogenannten bindungssensitiven Phase Bindungen an erwachsene Bezugspersonen entwickeln. Der Schwerpunkt dieser Bindungsphase wird allgemein zwischen dem 6. Lebensmonat und dem 3. Lebensjahr gesehen. Wenn die gleichen Bezugspersonen jeden Tag die kindlichen Bedürfnisse nach Nahrung, Liebe, Trost, Kuscheln, Sicherheit usw. erfüllen, entwickelt das Kind zunächst eine Beziehung zu diesen Menschen und später eine *Bindung*. Psychologen nennen die Bindung auch das »Urvertrauen«. Hat ein Pflegekind also längere Zeit in der Pflegefamilie gelebt, dann entsteht irgendwann eine solch enge *Bindung*, die bedeutet, dass die Pflegeeltern die faktischen Eltern des Kindes geworden sind. Es ist wissenschaftlich völlig unstrittig, dass ein Kind diese Bindung zu gleichbleibenden Bezugspersonen entwickelt und dass dies in keiner Weise eine Blutsverwandtschaft voraussetzt. Es ist für ein Kind existentiell wichtig, möglichst sichere Bindungen entwickeln zu können. Störungen in der Bindungsentwicklung können massive schädliche Folgen für das ganze weitere Leben haben.

Die Dramatik für ein Pflegekind entsteht häufig gerade durch diese natürliche Entwicklung. Die Pflegeeltern sind nach einer gewissen Pflegedauer zu den »gefühlten Eltern« des Kindes geworden. Im Vergleich zu leiblichen oder adoptierten Kindern fällt jedoch für das Kind die erlebte bzw. gefühlte Elternschaft (der Pflegeeltern) und die rechtliche Elternschaft (der leiblichen Eltern) auseinander. Anders als leibliche oder adoptierte Kinder hat das Pflegekind oft nicht die notwendige Sicherheit, in seiner Pflegefamilie bleiben zu dürfen. Oftmals konfrontieren leibliche Eltern das Pflegekind mit ihren Ansprüchen, stellen klar, dass sie die »richtigen« Eltern seien, und fordern die Herausgabe.

Weil inzwischen wissenschaftlich gesichert ist, dass der Abbruch einer einmal entstandenen Bindung des Kindes an seine Pflegefamilie dieses dauerhaft schädigen kann, hat der Gesetzgeber Pflegeeltern Rechte eingeräumt. Fordern leibliche Eltern ein Kind nach längerer Pflegedauer aus der Pflegefamilie heraus, dann kann die Pflegefamilie beim Familiengericht beantragen, dass eine Verbleibensanordnung erlassen wird (§ 1632 IV BGB). In dem Verfahren wird letztlich von den Gerichten geprüft, ob die leiblichen Eltern inzwischen (wieder) erziehungsgeeignet sind, ein Kind also überhaupt großziehen könnten. Ferner wird geprüft, ob die Herausgabe für das betroffene Pflegekind noch zumutbar ist, insbesondere vor dem Hintergrund seiner Einbindung in die Pflegefamilie. Die höchstrichterliche Rechtsprechung betont hier immer wieder, dass letztlich das Kindeswohl das Elternrecht verdrängen muss. In solchen Verfahren wird in der Regel ein kinderpsychologisches Sachverständigengutachten zur Klärung der Folgen für das Kind eingeholt. Möglich ist ein Antrag auf Verbleibensanordnung jedoch nur, wenn die leiblichen Eltern die Herausnahme des Kindes faktisch angedroht und später nicht wieder zurückgenommen haben. Ein präventiver Schritt, der für die Pflegefamilie grundsätzlich mehr Sicherheit schafft, ist ein Antrag auf Verbleibensanordnung also nicht.

Natürlich stehen Pflegeeltern in solchen Konflikten leiblichen Eltern nicht alleine gegenüber. Während des gesamten Pflegeverhältnisses begleitet das Jugendamt die Pflegefamilie und natürlich auch die Herkunftsfamilie. Das Jugendamt berät und unterstützt und führt regelmäßig Gespräche »am runden Tisch« durch, sogenannte Hilfeplangespräche. Das Jugendamt versucht hier natürlich auch, bei Konflikten zu vermitteln. Oft genug aber ist dies nicht möglich und die entsprechenden Verfahren müssen vor Gericht ausgetragen werden.

Für das betroffene Kind, das – je nach Alter – die Auseinandersetzung bewusst miterlebt, stellen solche Verfahren selbstverständlich eine enorme Belastung dar. Auf einmal stehen sein Verbleib in der Pflegefamilie und damit sein gesamtes Leben und der zukünftige Lebensmittelpunkt auf dem Prüfstand. Gesetzgebung und Rechtsprechung versuchen natürlich, derartige Verfahren so schonend für ein Kind wie möglich zu gestalten. Hier sind inzwischen auch deutliche Verbesserungen zu verzeichnen. Eine Szene, wie sie Frau Kunze noch in den 1980er Jahren vor Gericht erleben musste, ist heute eigentlich kaum vorstellbar. Auch heutzutage muss und soll ein Gericht das betroffene Kind persönlich anhören, wenn und so weit es um dessen Wünsche oder Bindungen geht (§ 159 FamFG). Dass ein Kind – wie Frau Kunze – jedoch einer Anhörung ausgesetzt wird, bei der sogar die leibliche Mutter anwesend ist, ist heutzutage nicht mehr üblich. Richterinnen und Richter gehen hier mittlerweile sehr viel sensibler vor. Die Anhörung des Kindes erfolgt heute normalerweise in Abwesenheit übriger Verfahrensbeteiligter, damit sich das Kind frei und ohne Loyalitätskonflikte äußern kann. 1998 wurde außerdem das Instrument des sogenannten »Verfahrensbeistands« geschaffen. Der Verfahrensbeistand gilt als »Anwalt des Kindes« und ist eine erwachsene Person, welche die Kindesinteressen und die Kindesrechte im Verfahren vertritt. Der Verfahrensbeistand streitet parteiisch für das Kind und hat das Recht, bei einer Kindesanhörung dabei zu sein (§ 159 Abs. 4 FamFG).

Insgesamt hat sich hier inzwischen also in den letzten Jahrzehnten vieles zum Positiven entwickelt. Gleichwohl sind derartige Verfahren immer noch eine große Belastung für jedes Kind. Und gleichwohl bleibt das Grunddilemma bestehen, dass Pflegekinder – und Pflegeeltern – nicht die nötige Rechtssicherheit haben.

Rechtsanwalt
Steffen Siefert
Aachener Str. 197–199
50931 Köln
Telefon: 02 21-9 40 56 70
Telefax: 02 21-9 40 56 78
www.pflegeelternrecht.de